노 동 법 I

(집단노동관계법)

유 각 근 지음

선문대 출판부

머리말

집단노동법은 노동법 영역에서도 가장 기본적인 부문으로, 현재 우리나라 사회가 안고 있는 노사문제 중에서 매우 중요한 과제로 부각하고 있는 노동조합 활동에 대한 집단 노사관계의 총체이다. 특히, 최근 공무원 노조법이 시행됨에 따라 공공부문에서의 노동조합이 허용되어 집단 노동법 영역은 확대되었다. 또한 일반 사업장에서의 복수노조 허용이 2009년 하반기부터 시행됨에 따라 노조 전임자 문제를 비롯하여 쟁의행위와 관련하여 필수유지업무 제도, 노동쟁의의 조정, 산별노조의 확산에 관한 문제, 필수공익사업의 범위에 관한 문제 등 노사관계를 둘러싸고 전개되는 새로운 동향에 대하여 그 법적 문제에 대해 언급하였고 특히 부당노동행위에 관한 부분은 최근의 판례를 참고·인용하여 새로운 노사관계 정립을 위한 기초자료로 손색이 없도록 개정법의 내용을 반영하여 재구성 하였다.

최근 경기침체, 외환위기 이후, 최대의 실업사태와 장기간 계속되는 경제위기는 고용 불안정으로 이어지고 비정규 고용의 확산으로 인한 노동시장의 이중 구조화, 노동력 공급구조의 변화 등에 따라 경제상황 및 노동환경의 변화에 맞는 노동법제의 근본적 개혁을 요구받고 있는 때이다. 따라서 현 정부에서 단기적으로 추진하는 것이 불가능하다면 중·장기적 개선과제로서 향후 노동관계법을 「노동시장 전체를 대상으로 하여 내부노동시장과 외부노동시장 사이의 근로자 간 균형 있는 이해관계를 조절할 수 있는 룰」로 거듭날 수 있도록 이에 대한 준비를 철저히 해나가는 것이 필요하다.

그간 국내에는 노동관계법 관련 다양한 강의서가 많이 출간되었고 여러 학자들의 참신하고 새로운 연구물이 축척되어 관심가지고 살펴 볼 부분이 많아졌다. 그러나 기존 강의서의 대부분은 노동법 전체(노동법Ⅰ, 노동법Ⅱ 등)를 총 망라한 교재로 볼륨이 너무 방대하여 한・두 학기에 완전하게 이해하기에는 다소 무리가 있었다. 이 책에서는 그와 같은 강의서와 수강자 사이의 괴리를 해소하고자 새로운 법 규정에 대한 해설 내지는 기본적 내용습득에 중점을 두어 내용별・체계별 「집단노동관계법(노동법Ⅰ), 개별노동관계법(노동법Ⅱ)」로 분리하여 구성・집필하였다. 또한 수강생의 이해도를 높이기 위해 법리에 관련된 사례를 추가하여 알기 쉽게 한 것도 특징이다. 오랫동안 집필자는 학생들에게 공부에 대한 부담은 줄여주고 노동법에 대한 관심은 향상시킬 수 있는 강의서의 부재에 안타까워했는데, 이번에 용기를 내어 책을 출간하기에 이르렀다. 아직은 완성판이라기보다는 시험판이라는 자평이 지배적이지만, 부족한 부분은 지속적인 애정과 노력으로 보완할 수 있을 것으로 기대한다.

이 책이 나오기까지 여러 날을 교정・판례검색에 이르기까지 모든 작업에 도움을 준 신용협 군(대학원 박사과정 사회법전공)의 헌신적인 노고에 특별히 고마움을 전하고 싶다. 또한 짧은 기간에 이 책을 출간하기 위해 애써주신 선문대학교 출판부 직원 여러분께도 고마움을 표하고자 한다.

2009년 8월 10일

삼룡동 연구실에서

유 각 근

차 례

제2장 노동조합

제3장 노동조합의 운영과 활동

제4장 단체교섭

제5장 단체협약

제6장 단체행동권

제7장 노동쟁의 조정

제8장 부당노동행위

제9장 공무원노조법

제10장 교원노조법

부 록

▌주요약어

- ·노조법 ··························· 노동조합 및 노동관계조정법
- ·근기 ·· 근로기준법
- · 징수 ·· 보험료징수법
- · 근참 ························ 근로자참여및협력증진에관한법률
- · 직능 ·································· 근로자직업능력개발법
- · 고평 ·· 남녀고용평등법
- · 산재 ····································· 산업재해보상보험법
- · 최임 ·· 최저임금법
- · 공무원노조법 ····· 공무원의노동조합설립및운영등에관한법률
- · 교원노조법 ············ 교원의노동조합설립및운영등에관한법률
- · 중노위 ······································ 중앙노동위원회
- · 지노위 ······································ 지방노동위원회
- · 파견 ·· 근로자파견법
- · 영 ·· 시행령
- · 칙 ·· 시행규칙
- · 노위칙 ····································· 노동위원회규칙
- · 헌재 ·· 헌법재판소
- · 대판 ·· 대법원판결
- · 서울행판 ································· 서울행정법원판결
- · 민지 ·· 민사지방법원

참고문헌

· 김형배, 노동법, 박영사, 2009 ······························· 김형배
· 이상윤, 노동법, 법문사, 2007 ······························· 이상윤
· 임종률, 노동법, 박영사, 2009 ······························· 임종률
· 김유성, 노동법1, 법문사, 2005 ······························· 김유성
· 하경효, 노동법사례연습, 박영사, 2007 ······················ 하경효
· 유각근, 공무원노사관계의 이해, 한국노동교육원, 2008 ········ 유각근
· 유각근, 교원노사관계의 이해, 한국노동교육원, 2008 ··········· 유각근
· 유각근, 노동법II, 학예사, 2009 ······························ 유각근
· 하갑래, 근로기준법, 중앙경제, 2009 ························ 하갑래
· 菅野和夫、일본노동법, 법문사, 2007 ························ 이정譯
· 菅野和夫、労働法、弘文堂、2005 ························ 菅野和夫
· 西谷敏、労働法 2， 法律文化社、2006 ····················· 西谷敏
· 日本労働法学会、21世紀労働法、有斐閣、2003 労働法学会
· 片岡昇、労働法 1 、青林書院、2003 ························ 片岡昇
· Douglas L. Leslie, Labor Law, 1992 ···· Douglas L. Leslie
· Gould, William B, A Primer on American Labor Law ·· Gould, William

제 1 장 총 설

제1절 노동법의 개념
제2절 헌법상 노동기본권
제3절 한국노동법의 변천사

제1절 노동법의 개념

1. 노동법의 체계 및 생성·발전

(1) 노동법의 체계

노동법은 경제적 약자인 근로자를 보호하기 위한 법으로서 대략 50여개의 단행 법률로 구성되어 있는데 여기서는 그 규율대상에 따라 개별적 근로관계법(노동법Ⅱ)과 집단적 노사관계법(노동법Ⅰ)으로 구분하고 있다. 개별적 근로관계법이란 개별노동 관계법이라고도 하는데 개별적 근로관계, 즉 근로자개인과 사용자 사이의 근로관계의 성립·변경·전개·종료와 관련된 내용 등을 규율하는 법을 말한다. 근로기준법, 남녀고용평등법, 최저임금법, 산업안전보건법 등 대다수의 노동법이 이에 해당되며 근로관계의 복잡화·다양화로 이 분야의 법률이 다수 생성되고 있는 추세이다. 이에 반하여 집단적 노사관계법은 집단적 노사관계, 즉 근로자의 노동관계상의 이익을 대변하는 노동조합의 조직·운영과 단체교섭 및 단체행동에 관한 내용을 규율하는 법을 말한다. 노동조합 및 노동관계조정법(이하, 노조법이라 함)이 대표적인 법률이라고 할 수 있으며 노동위원회법, 교원의 노동조합설립 및 운영 등에 관한 법률(이하, 교원노조법이라 함), 공무원의 노동조합설립 및 운영 등에 관한 법률(이하, 공무원노조법이라 함) 등이 이에 해당된다.

노조법은 단결권, 단체교섭권, 단체행동권 등 노동3권을 기초로 하여 이루어지는 노동조합의 결성, 단체교섭, 단체협약, 노동쟁의 및 그 조정, 쟁의행위, 사용자의 노동3권 침해행위인 부당노동행위에 관한 노동법의 영역을 말한다. 종래 우리나라 노동법은 노동조합의 설립 및 운영과 노동조합의 평화적 행위인 단체교섭·단체협약의 체결에 관하여는 노동조합법에서 규정하고, 노동조합의 투쟁적인 행위인 쟁의행위와 그 조정에 관하여는 노동쟁의 조정법에서 규정하고 있었는데, 1997년 법 개정 시에 현행법과 같이 통합하여 규정하게 되었다. 이는 종래의 노동조합법과 노동쟁의 조정법이 단체협약의 체결을 위한 근로조건의 집단적 규율과 노사의 평화적 질서형성을 위한 공동의 목적을 가지고 있기 때문에 하나의 법률로 규정하는 것이 당연한 입법태도라는 것이 일반적 지적에 따른 것으로 바람직한 것이라고 본다. 즉 노동조합의 단체교섭은 사용자와 단체협약을 체결하기 위한 노동조합의 목적활동이며 조정제도는 목적활동인 단체교섭에 대한 보조적 수단이고 쟁의행위는 단체교섭의 원활화를 위한 보조적 촉진수단이기 때문에 상호 밀접한 관련을 갖는다. 또한 단체협약은 노사의 교섭에 의하여 체결된 노사의 집단적 약정이기 때문에 노동조합·단체교섭·조정·쟁의행위·단체협약 등의 제도는 협약 자치라는 집단적 노사관계법의 이념 하에 유기적·통합적으로 파악되어야 한다[1].

⑵ 노동법의 생성·발전

노조법은 집단적 노사관계법의 대표적인 법률로 이해되고 있다. 집단적 노사관계법은 근로자개인의 권리·의무관계에서 경제적 약자인 근로자를 보호하기 위한 근로조건의 보호법인 개별적 근로관계법과 아울러 노동법의 다른

---

1) 임종률, 노동법, p7.

한 영역을 차지하고 있다. 근대적 의미의 근로자의 생활관계는 근로자 보호법상의 근로조건의 최저기준으로는 그 보호에 한계가 있기 때문에 근로자의 실질적인 근로조건의 향상을 위한 대등한 당사자로서의 지위를 보장하는 집단적 노사관계에 대한 법적보장 장치가 필요하다. 즉, 근로자의 단결체인 노동조합에 대한 법적보호 장치로 근로자와 사용자간의 실질적 평등을 실현함으로써 근로자의 경제적 지위향상을 도모하고 자주적인 노동법형성의 기반을 마련할 수 있다. 이러한 집단적 노사관계법으로서의 노조법의 이해는 노사관계의 생성과 발전, 개별적 근로관계법의 발전과 함께 이해 할 수 있다.

먼저, 노동법의 생성과 발전에 대하여 살펴보면 노동관계는 자유와 평등을 사상적 근저로 하는 자유체제, 즉 자본주의 사회의 출발로 비롯되었다. 초기단계에서는 노사관계를 성립시키는 근로계약이 경제적 강자인 사용자와 경제적 약자인 근로자간에 자유와 평등이라는 미명하에 아무런 제약 없이 이루어져 오히려 근로자들을 착취하는 불평등한 계약이 이루어 졌다. 이러한 근로자들을 착취하는 사회적 문제해결을 위한 움직임의 일환으로 19세기 초부터 영국에서 공장법이라는 노동보호법이 등장하여 근로자의 열악한 근로조건을 보호하는 장치가 마련되었다. 이러한 개별적 근로관계의 보호법규 제정활동은 산업사회의 발전과 더불어 계속적으로 확대되어 산업사회의 발전과 함께 근로자들의 최저한의 근로조건을 보호하기 위한 수많은 입법들이 이루어지게 되었다.

그러나 이러한 개별적 근로관계법은 국가가 개별적 근로관계의 보호를 위한 제도적 장치를 마련하여야만 근로자가 보호를 받을 수 있다. 또한 그 보호도 국가가 정한 최저한의 기준에 따른 최저한의 보호에 그치는 것으로 되어 근로자 보호에 한계를 가질 수밖에 없었다. 이에 노동보호법에 따른 근로조건의 최저기준에 만족하지 않고 근로자들이 단결하여 노동조합이라는 단결체를 결성하고 단체교섭을 쟁취하는 등 자신들의 근로조건 결정을 가능하게 하는 집단적 노사관계 법을 구축할 필요가 있었다. 즉 근로자와 사용자간의 실질적 평등을 실현함으로써 근로자의 지위향상을 도모하고 자주적인 활동을 보장하기 위한 근로자들의 자주적 조직체로서 노동조합이 나타나게 되었다.

역사적으로 열악한 환경에 있던 근로자들의 자발적 조직 형태로 나타난 노동조합에 대하여 갖는 시대적 태도는 부정적인 관점에서 출발하여 수용하는 입장으로 발전하다가 다시 긍정적으로 보는 시각(국가로부터의 자유)을 거쳐 적극적으로 보호하는 입장(국가를 통한 자유)으로 변천을 거듭하였다[2].

결론적으로 집단적 노사관계법의 대표적 법률인 노조법의 궁극적 목표는 근로자의 경제적 또는 사회적 지위 향상에 있음은 더 말할 필요가 없다. 근로자로 하여금 자주적 단결체인 노동조합을 결성하고 단체협약을 체결하며 단체교섭의 보장을 위하여 일정한 범위에서의 단체행동의 정당성을 인정하고 민·형사책임을 면하게 하고 있다. 근로자들의 단결권, 단체교섭권, 단체행동권 등 노동3권을 보장하고 있는 것이다. 이러한 노동3권은 헌법적인 기본권으로 인정되고 노조법에서 그 내용을 구체화하고 있다. 즉, 노조법은 근로자들로 하여금 사용자에게 대등한 당사자로서의 지위를 인정하기 위하여 단결할 수 있는 권한을 행사할 수 있게 하고 단체교섭권을 구체적으로 실행할 수 있도록 하고 있다. 더 나아가 일정한 범위에서의 쟁의행위의 정당성을 보장, 단체교섭권의 실효성을 확보하여 근로자들로 하여금 자신의 열악한 경

---

2) 산업사회 초기단계에는 노동조합에 대하여 부정적인 시각이 팽배하였다. 당시 시대적 이념인 자유와 평등의 원리로 볼 때 근로자들의 집단체인 노동조합은 노동공급의 독점으로 자유체제 원리에 부합되지 않는 것이었기에 금지되고 처벌되었다. 그러나 19세기 중엽 이후에는 허용되기 시작하였으며 급기야 법으로 보호되기에 이르렀다.

제적·사회적 지위를 향상시킬 수 있게 하였다.

2. 노동 종속성

(1) 거래의 불평등

근로기준법에서 근로자는 사업장에서 임금을 목적으로 근로를 제공하는 자[3]라고 규정하고 있으나 노동법의 적용을 받기 위해서는 사용자와 근로자의 관계 내지 근로자의 노무제공의 성질 및 모습이 보다 구체적으로 규정되지 않으면 안 된다. 노무를 제공하는 자가 사용자와 대등한 독립적 관계에서 노동력을 제공하고 임금이나 보수를 받는 대등한 지위에 있는 경우에는 근로자 보호법은 적용될 여지가 없다고 보아야 하기 때문이다. 대등한 당사자 관계에서는 계약의 내용인 급부(노무제공)와 반대급부(보수지급)의 결정에 있어서 양당사자는 대등한 거래를 가지는 것이 보통이고 어느 일방당사자가 상대방의 지배를 받지 않기 때문에 특별한 보호를 받을 필요가 없다는 것이다[4]. 이와 같은 당사자들은 계약자유의 원칙에 의하여 그들의 권리·의무의 내용을 스스로 자유롭게 결정할 수 있으며 그렇게 함으로써 급부와 반대급부 사이에 실질적 공정성이 유지될 수 있기 때문이다. 따라서 여기서는 법이론상 계약자유의 원칙을 기초로 하는 민법의 규정이 지배하고 노동법은 원칙적으로 적용될 여지가 없을 것이다. 그러므로 노동법이 적용되는 근로관계는 근로자가 종속적 근로를 제공하는 경우에 인정된다. 이 경우에 이른바

---

3) 근로기준법(제2조1항1호)상의 근로자(협의의 근로자)와 노조법(제2조1호)상의 근로자(광의의 근로자)의 개념을 비교정리 하여 노동법상의 권리·의무의 주체에 대하여 명확히 구분하는 것이 필요하다(노동법Ⅱ, "근로자의 구별"을 참조할 것).

4) 김형배, 노동법, p41.

근로자와 사용자의 계약관계가 형식상 고용계약・위임계약・도급계약 또는 조합계약이냐 하는 것은 크게 문제되지 않는다.

(2) 인적 종속성

근로자가 사용자의 지시와 지배를 받으며 노무를 제공하는 지위에 있을 때에는 이들 사이에 대등한 계약관계가 성립할 수 없는 것이 일반적이다. 근로자는 사용자와의 계속적 채권관계를 유지하면서 사용자의 지배영역인 경영조직에 편입되어 노무를 제공하고 사용자가 노무제공의 구체적 내용을 결정하거나 그 완급을 결정하면 이에 따라야 한다. 따라서 근로계약 관계에 있는 근로자의 노무제공은 다음과 같은 특성을 지니고 있다[5]. 첫째, 근로자의 노무제공은 그의 인신과 분리하여 제공될 수 없으므로 근로자의 신체・건강・노동력 유지라는 보호가 요청되고, 둘째, 사용자의 지배영역인 경영조직 하에서 그의 지시 하에 노무를 제공하므로 근로자는 인격적으로 보호되어야 하며, 셋째, 사용자는 노동력의 수급을 결정・조절할 수 있으므로 임금이나 해고로부터 근로자를 보호할 필요가 있다. 특히 근로자가 사용자의 지시・명령에 복종해야 하는 지위에 있다는 점에서 인적 종속성이 그리고 노동력의 수급과 단절을 사용자가 정할 수 있다는 점에서 경제적 종속성이 문제된다. 여기서 인적 종속성이라 함은 우선 근로자가 부담하는 노무의 내용에 따라 달라질 수 있다. 그러나 근로자의 노무는 대부분의 경우 처음부터 그 구체적 내용이 확정되어 근로자가 독립적 또는 자의적으로 실현할 수 있는 것은 아니다. 즉 사용자는 근로자가 제공하는 노동력을 그의 구체적인 경제적 목적에 활용하기 위하여 지시권을 행사하게 된다. 그리고 일반적으로 근로자의

---

5) 김형배, 앞의 책, p41 이하 참조.

노무제공은 그 시간과 장소 및 구체적 내용이 사용자의 경영조직 속에서 사용자의 지배하에 행하여진다. 이와 같은 노무제공의 타인 결정성을 일반적으로 노무의 비독립성 내지 인적종속성이라 한다.

(3) 경제적 종속성

근로자의 종속성과 관련해서 중요시되고 있는 또 다른 하나의 내용은 이른바 경제적 종속성이다. 오늘날 경제적 종속성의 개념은 인적 종속성의 개념과 함께 근로계약 관계에 있는 근로자에게는 고유한 의미를 가지고 있다. 즉 근로계약 관계에 있는 근로자는 아니지만 경제적인 종속성으로 인하여 근로자와 유사한 지위에 있는 자를 보호하기 위한 근거로 활용되고 있다.

인적 종속성이 사용자의 경영 내에 편입되어 사용자의 지시에 따라 조직적인 노무를 제공하여야 하는 데 있다면 경제적 종속성은 근로자가 자신의 노동력 전부를 사용자의 처분에 맡김으로써 그와 같은 취업관계가 계속되고 있는 동안은 다른 소득을 얻을 수 없다는 데 있다. 다시 말하면 근로자는 자신의 생계유지 활동을 사용자의 처분에 맡김으로써 그 결과 경제적으로 종속적인 지위에 서게 된다. 따라서 근로자의 노무급부에 대한 사용자의 반대급부는 근로자의 노동력 처분권의 양도에 근거한 것이라고 볼 수 있으며 이와 같은 근거에서 노동법의 보호규정과 사회보장적 조치는 경제적으로 종속된 자에게 적용될 수 있는 것이라고 할 수 있을 것이다.

근로관계에 있어서는 근로자가 자신의 노동력을 포괄적으로 사용자의 처분에 맡김으로써 독자적인 사업자로서의 자기 노동력의 투입이 불가능하게 된다. 이와 같은 근로자의 지위는 스스로 자기 노동력을 자신의 자유로운 결정에 따라 일정한 영업목적에 투입할 수 있는 자영사업자와 구별된다. 따라서 노무를 제공하면서도 자신의 노동력에 대한 자율적인 가치 실현권을 가지고 그로부터 발생되는 이익과 위험을 부담하는 사업자와 근로자는 구별된다. 종래 인적종속성 개념만이 근로자 개념의 중심적 표지로서 인정되어 왔으나 근래에 와서는 경제적 종속성이 인적종속성과 함께 근로자 개념 내지는 근로자의 보호 필요성의 근거로서 인정되고 있다.

3. 노동법의 기능

(1) 근로자 보호기능

노동법은 모든 법질서가 가지고 있는 속성을 가지고 있다. 즉 노사 간에 존재하는 전형적인 불만과 불균형을 해결하고 그들의 분쟁을 조정·해결하는 기능 이른바 법적 평화를 유지하는 기능을 가지고 있다. 다른 법 영역에서와 마찬가지로 노동법도 대립적인 이해의 조절을 그 실질적 목적으로 하고 있다고 볼 수 있다. 다만, 현재의 전형적인 사회적 상황을 고려할 때 노사 간의 이해조정은 종속근로자의 보호라는 기본방향을 근간으로 하고 있다. 근로자의 종속적 지위는 물론 사회·경제구조에서 비롯된 것임에 틀림없다[6]. 그런 관점에서 근로자들에게 국가에 의한 보호(근기법, 산재보험법 등)와 집단적 제도가 허용되고 있다. 당사자들 사이의 법률관계는 기본적으로 사적자치에 의해서 형성되는 것이 원칙인데, 노동법의 규정들은 이른바 사회적 약자인 근로자의 보호를 위하여 사용자에 대해서 강행력을 가지며, 이 규정과 다른 약정은 그 내용이 근로자에게 유리한 때에만 효력을 가진다.

---

6) 김형배, 앞의 책, p55.

(2) 사회 안정기능

노동법은 전체 사회질서를 위하여 평화유지적 기능을 한다. 노동법은 국민의 다수를 차지하는 근로자들의 이해관계와 주장을 흡수하면서 이를 구체적으로 반영시키는 기능을 한다. 노동문제는 일부국민의 이해관계에 한정되어지는 분야가 아니므로 노동법은 적어도 국가적 차원에서 기능하지 않으면 안 된다. 다시 말하면 노동법은 전체 국민적 이익을 함께 고려하면서 근로자의 보호와의 조화를 이룰 수 있는 질서를 창출하여야 한다. 노동법을 근로자집단이라는 사회적 계급에 대한 법으로서 현재의 자본주의 경제체제를 유지하기 위한 수단으로 이해하는 것은 정당하지 않다. 다시 말하면 노동법을 가진 자와 노동자계급 사이의 휴전선으로 또는 대립관계에 있는 노사의 행동규칙으로 파악하는 것은 옳지 않다. 이러한 견해에 의하면 노동법은 근로자들이 그 상대방인 사용자에 대하며 그들의 이익을 관철하기 위하여 행동할 수 있는 한계로서의 의미를 가질 뿐이다[7].

우리나라와 같은 산업국가에 있어서는 노동법이 적용되는 범위는 어느 일부 계층에 한정되어 있다고 볼 수 없다. 노동법은 모든 근로자와 그들의 가족에 대해 직·간접적으로 적용 또는 영향을 주는 법이다. 이들은 국민의 과반수를 초과하는 유권자에 해당할 것이다. 그런 의미에서 근로자들을 일반시민과 구별되는 하나의 노동자계층으로 이해하는 것은 잘못이다. 정신적·물질적·교육적 차이에서 오는 획일적인 사회적 계층화는 오늘날 그 의미를 상실해가고 있다. 따라서 근로자들을 無産者계층으로 보는 것은 타당하지 않다. 근로자들은 그들의 노동력의 투입 내지는 처분을 생활수단으로 하고 있으며 기업 경영의 주체적 활동을 하는 경영자가 아님은 더 말할 필요가 없

---

7) 김형배, 앞의 책, p55.

다. 그러나 고도의 전문적 기술과 교육의 배경을 가지고 기업 내에서 상당한 조직상의 권한을 가진 전문기술자들도 근로자이며, 이들은 결코 무산계층으로 분류될 수 없다. 그러므로 우리나라에서 노동법을 계급법인 것처럼 규정짓는 것은 옳지 않다. 노동법을 계급법으로 이해하는 경우에는 근로조건, 집단적 노사관계, 공공이익 등의 구체적 문제들을 법 정책적 관점에서 개방적으로 논하는 것은 매우 어렵게 될 것이다. 노동문제에 대한 논의가 어떤 성과를 거두기 위해서는 각종의 정책적 입장과 경험들이 함께 고려되지 않으면 안 된다. 노동법이 국가전체의 이익을 고려하면서 근로자의 지위개선을 추구할 수 있는 기능을 발휘할 수 있기 위해서는 노동법의 해석과 입법에 영향을 줄 수 있는 기관(행정부, 국회, 법원, 노동위원회 등)에서 노동법에 대한 사회적 기능을 올바로 이해・실천하는 것이 필요할 것이다[8].

(3) 분배적 기능

노동법의 분배적 기능은 넓은 의미에서 근로자의 보호기능에 속하는 것으로 볼 수 있지만, 여기서 분배적 기능이라 함은 경제구조와 관련해서 생산을 통하여 발생된 재화의 분배에 노동법이 중요한 기능을 담당함을 뜻한다. 경제적 관점에서 고찰할 때 노동법은 기업집단과 근로자집단 사이 그리고 근로자집단의 내부에 대하여 중요한 분배지수를 정하는 기능을 한다. 특히 단체협약을 통하여 마련된 임금협정은 하나의 좋은 예라고 할 수 있다. 그러나 현대적인 산업 생산사회에서 기계화 내지 기술화라는 시설개선의 필연성으로 인하여 임금분배의 폭이 제한되는 경우가 적지 않다. 따라서 어느 기업에서는 제품생산으로 부터 발생된 이득을 마음대로 임금인상에 반영할 수 없

---

8) 김형배, 앞의 책, p56.

고 생산시설의 확대개선이나 현대화에 지출하지 않으면 안 된다. 특히 기업간의 경쟁이 심화될수록 생산성을 높이기 위하여 이와 같은 요청은 그만큼 증가될 수밖에 없다. 즉 생산과정에서 노동에 의하여 창출된 가치가 그 상당부분이 기업에 투자되고 임금지급이라는 형식으로 분배되지 않는다는 점이 분배상의 문제로서 제기된다. 임금을 마음대로 인상하지 못하는 만큼 기업주의 이윤 참여율도 감소되지 않을 수 없다. 물론 생산의 증가를 상회하는 임금인상이 실행되는 경우에 인플레의 발생으로 인하여 실질 임금의 상승에는 부정적 결과를 가져오게 되며 또한 과도한 임금인상은 고용을 둔화시키는 효과를 가져오게 마련이다. 이로 인하여 발생하는 실업은 다시 분배과정을 교란하게 될 것이다.

그러나 여기서 우리가 유의하지 않으면 안 될 것은 다음과 같은 사실이다. 즉 생산성 증가 내지 시설확장을 목적으로 투자된 재산적 가치는 생산소유자 일방에게 귀속된다는 점이다. 생산과정을 통해서 노동에 의하여 창출된 가치가 마땅히 임금으로 분배되어야 할 부분까지 기업에 대한 재투자의 형식으로 기업주에게 귀속된다는 것은 모순이 아닐 수 없다. 따라서 근로자에 의하여 창출된 기업재산에 대하여 근로자들이 참여할 수 있는 방안이 강구되지 않으면 안 된다. 이에 대해서는 종업원인 근로자들을 위하여 예컨대 종업원 지주제, 주식회사에 있어서의 일정한 배당금 지급 등 각종의 근로자 재산형성을 강구할 수 있을 것이다. 그러나 여기서 근로자들이 기업재산에 참여함으로써 근로자의 종속성을 기초로 하는 노동법의 여러 규정과의 마찰이 예상될 수 있다. 또한 근로자들이 기업재산으로 부터 얻는 소득과 임금이 합산되어 이에 대한 종합소득을 지급해야 하는 부담이 생길 것이다. 이에 대해서는 근로자의 재산형성이라는 관점에서 국가에 의한 정책적 개입이 필요할 것이다[9].

제2절 헌법상 노동기본권

1. 서설

우리나라 노동법의 특징은 노동법의 기본적 원칙 내지 권리를 국가의 최고규범인 헌법에서 명확하게 선언·보장하고 있다는 데 있다. 근로의 권리(헌법 제32조 1항·6항), 근로조건의 법정주의(동법 제32조 3~5항), 노동3권 보장(동법 제33조)이 그것이다. 헌법의 이들 규정은 모두 인간다운 생활을 할 권리(동법 제34조 1항)를 중심으로 하는 생존권적 기본권의 일종이고 복지국가의 이념에 근거하여 근로자의 인간다운 생활을 실질적으로 보장하기 위하여 설정된 것이다. 생존권적 기본권은 국가의 적극적 배려·개입(국가를 통한)을 요구할 권리라는 점에서 국가의 부당한 간섭·방해를 받지 않을 권리인 자유권적 기본권(국가로부터)과는 구별된다.

근로의 권리·근로조건 법정주의·노동3권 보장은 생존권적 기본권의 일종이면서도 노동관계라는 독자적 분야를 대상으로 하여 각각 특유의 개별적인 원칙 내지 권리를 규정한 것이다. 따라서 이들은 생존권적 기본권으로서의 효과, 즉 근로자의 인간다운 생활의 확보를 위한 국가의 적극적 정책의무 및 그러한 정책을 실현하기 위한 입법을 요구·수권하는 효과를 공유하면서도 다른 한편으로는 각각 독자의 법적 의의나 효과를 가지고 있다[10].

---

9) 김형배, 앞의 책, p57.
10) 임종률, 앞의 책, p12.

2. 근로권(헌법 제32조 1,2,6항)

(1) 헌법 제32조 1항은 모든 국민은 근로의 권리를 가진다고 규정하고 있다. 이 규정은 노동시장에서의 노동관계의 법적규율에 관한 기본원칙을 표명한 것이다. 여기서 국민이란 노동의 의사와 능력을 가진 국민, 즉 실업근로자(또는 취업중인 근로자)를 말한다. 근로의 권리란 국가에 대하여 근로의 기회를 요구할 권리(취업중인 근로자에게는 취업의 안정을 보장받을 권리)를 말한다. 그러나 자본주의 사회에서 국가는 스스로 일반근로자를 채용하거나 사기업이나 공기업에 고용을 강제할 수 없으므로 근로의 기회를 제공하기 위하여 국가가 할 수 있는 일은 실업근로자가 최대한 근로의 기회를 받을 수 있도록 적극적으로 노동시장을 정비하고 그래도 근로의 기회를 받지 못하는 자에게는 생계를 보장하는 것일 뿐이다. 따라서 근로의 권리는 실업근로자 개개인이 국가를 상대로 근로의 기회를 제공해 줄 것을 요구하거나 이를 갈음하여 생활비의 지급을 요구할 수 있는 구체적인 권리가 아니라 국가가 실업근로자에게 적절한 근로의 기회를 제공할 수 있도록 입법·정책을 취하라고 요구할 수 있는 추상적 권리에 불과하다[11].

그렇다면 이 규정은 기본적으로 국가의 두 가지 정책의무를 의미한다고 할 수 있다. 첫째는 실업근로자가 자기능력과 적성에 맞는 근로의 기회를 받도록 국가가 노동시장의 체재를 정비할 의무이다. 헌법은 이에 관하여 사회적·경제적 방법으로 근로자의 고용의 증진에 노력해야 한다고 규정하고 있다. 여기서 사회적·경제적 방법이란 사회정책 또는 경제정책에 의한 노동시장 정비의 방법을 말한다. 고용의 증진에 노력한다는 것은 모든 국민에게 근로의 권리를 보장한 점에서 완전고용을 위하여 노력한다는 것을 말 한다고 보

11) 권영성, 헌법학원론, p658 재인용, 헌재,2002.11.28, 2001헌바50도.

아야 할 것이다. 이 정책의무에 대응하는 입법이나 정책으로서 고용정책기본법, 직업안정법, 직업능력법, 장애인고용법, 고령자고용촉진법 등이 있다.

둘째는 능력과 적성에 맞는 근로의 기회를 받지 못한 실업근로자에게 국가가 생계비를 지급할 의무이다. 이 정책의무에 대응하는 입법으로서는 고용보험법에 따른 실업급여제도가 있다. 근로의 권리는 위와 같은 정책의무에 명백히 반하는 국가의 입법·행정행위를 위헌무효로 하는 자유권적 효과도 포함한다.

(2) 헌법 제32조 2항은 모든 국민은 근로의 의무를 진다. 국가는 근로의 의무의 내용과 조건을 민주주의 원칙에 따라 법률로 정한다고 규정하고 있다. 여기서의 근로의 의무는 국가는 일하지 않는 자를 돌볼 의무 즉 노동의사를 가지지 않는 자를 위하여 그 인간다운 생활을 확보하기 위한 시책을 강구할 의무가 없다는 입법상의 지침을 표명한 것이다.[12] 이와 관련하여 고용보험법은 실업급여의 일종인 구직급여를 근로의 의사를 가지고 구직활동을 할 것을 요건으로 지급하도록 제한하고 있다. 이와 같이 근로의 의무는 근로의 권리를 향유하기 위한 전제로서의 의미를 가진다[13].

(3) 헌법 제32조 6항은 국가의 고용증진 책무의 일환으로서 헌법은 국가유공자, 상이군경 및 전몰군경의 유가족은 법률이 정하는 바에 따라 우선적으로 근로의 기회를 부여받는다고 규정하고 있다. 이는 국가를 위하여 공로가 있거나 희생된 자에 대하여 국가가 보상하기 위하여 그 유가족의 우선적 취업에 노력하라는 것이다. 이 정책의무에 대응한 입법으로서 국가유공자 등

12) 권영성, 앞의 책, p707 재인용.
13) 임종률, 앞의 책, p14.

예우 및 지원에 관한법률이 있다.

3. 근로조건 법정주의(헌법 제32조 3~5항)

(1) 헌법 제32조 3항은 근로조건의 기준은 인간의 존엄성을 보장하도록 법률로 정한다고 규정하고 있다. 이것은 개별적 노동관계의 법적 규율에 관한 기본원칙을 밝힌 것이다.

근로조건은 원래 근로계약 당사자 사이의 자유로운 합의에 따라 정하는 것이지만 이를 당사자에게만 맡기지 않고 국가가 직접 적극적으로 개입하여 그 최저기준을 법률로 정할 정책의무를 부담한다는 것이다. 법률로 정하도록 한 것은 근로조건 기준의 설정이 근로자 및 사용자를 중심으로 하며 국민의 이해에 중대한 관계가 있기 때문이다. 이러한 정책의무를 국가가 가지는 이상, 국회에 대하여 이러한 입법도 수권된 것으로 본다.

인간의 존엄성을 보장한다는 것은 인간다운 생활을 보장한다는 것과 같은 뜻이다. 따라서 국가는 건강하고 문화적인 생활을 할 수 있을 정도의 수준을 근로조건의 최저기준으로 정해야 한다. 이 정책 의무에 대응하는 입법으로서는 근로기준법, 퇴직급여법, 임금채권보장법, 산업안전보건법, 산재보험법 등이 있다.

국가가 근로조건을 법률로 정하는 것은 적정임금의 보장에 노력하는 것과 최저임금제를 시행하는 것이다. 임금은 근로자의 생활의 원천이 되고 근로조건 중에서 가장 중요한 것이기 때문에 국가는 근로자가 인간다운 생활을 하는데 필요한 정도의 임금을 받을 수 있도록 정책을 강구해야 하며 일정수준 이상의 임금지급을 사용자에게 강제하는 입법을 해야 한다는 것이다.

⑵ 헌법 제32조 4항 전단 및 5항은 여성과 연소자의 근로는 특별한 보호를 받는다는 것이다. 연소자와 여성은 산업화 과정에서 혹사되어 왔지만 연소자는 정신적·육체적으로 성장과정에 있고 여성은 어머니의 역할을 해야 하기 때문에 이들의 근로를 특별히 보호할 정책 의무를 국가에 부여한 것이다. 이 정책의무에 대응하여 근로기준법에서는 연소자와 여성에 대한 특별보호 규정을 두고 있다.

⑶ 헌법 제32조 4항은 여성이 고용·임금 및 근로조건에 관하여 부당한 차별을 받지 않도록 해야 한다는 것이다. 노동관계에서 여성을 차별대우하는 것은 뿌리 깊은 관행으로서 국가는 고용·임금, 그 밖의 근로조건에 관하여 부당한 차별을 제거하도록 적극적으로 개입해야 한다는 것이다. 이 정책의무에 대응하는 입법으로서 근로기준법상의 남녀차별 금지규정과 고용평등법 등이 있다[14].

4. 노동3권(헌법 제33조)

① 취지

헌법 제33조 1항에서는 근로자의 근로조건 향상을 위하여 자주적인 단결권, 단체교섭권 및 단체행동권을 가진다고 규정하고 있다. 이것은 집단적 노동관계의 법적규율에 관한 기본원칙을 천명한 것이다. 시민법적 자유 아래서는 근로조건이 실질적으로 사용자의 의사에 따라 결정되는 결과, 근로자는 비인간적 생활을 강요당하게 되며 노동보호입법도 최저 근로조건을 정하는 데 불과하고 때로는 실효성도 낮기 때문에 근로자의 생활을 개선하는 데 한

---

14) 임종률, 앞의 책, p15.

계가 있다. 따라서 근로자의 인간다운 생활을 확보할 수 있으려면 근로자들이 스스로 단결체를 조직하고 쟁의행위를 무기로 단체교섭을 함으로써 사용자와 실질적으로 대등한 관계에서 근로조건을 결정·개선할 수 있어야 한다. 이와 같이 단체교섭을 통한 근로조건의 대등한 결정과 단체교섭의 조성을 기본적인 목적으로 하여 보장된 것이 노동3권이다. 즉 노동3권의 기본취지는 단체교섭을 중심으로 하는 집단적 노사자치에 법적근거를 부여하는 데 있다.

② 법적 성질

노동3권이 시민법상의 자유주의적 법 원칙을 수정하는 정책으로서 등장한 생존권적 기본권의 일종이라는 점은 부인할 수 없다. 선진국의 역사에서 근로자의 노동3권은 처음에는 형사책임을 과하는 입법이나 법리에 따라 억압되고 다음에는 민사책임·제재를 과하는 법리에 따라 억제되었으나 이러한 입법과 책임법리가 철폐·수정됨으로써 노동3권의 법적승인이 이루어졌다.

현행법상의 노동3권 보장은 집단적 노사자치에 법적근거를 부여하는 데 그 1차적 의의가 있다[15]. 따라서 노동3권은 그 실현을 위하여 반드시 국가의 적극적 개입과 배려를 필요로 하는 것이 아니라, 헌법의 규정만으로도 권리의 내용이 상당부분 실현될 수 있는 구체적 권리이다. 바꾸어 말하면, 노동3권은 그 행사를 국가가 적극적으로 보호·조장하여 주도록 요구할 수 있는 생존권으로서의 성질뿐만 아니라, 그 행사에 대하여 국가의 부당한 방해나 간섭을 받지 않을 자유권으로서 성질도 함께 가지는 기본권이다.

③ 법적 효과

15) 헌재,1998.2.27, 94헌바44.

노동3권은 자유권적 효과와 면책부여의 효과를 가진다. 단결권, 단체교섭권, 단체행동권은 이에 대한 금지입법의 철폐와 시민법상 민·형사책임 법리의 수정에 따라 법적으로 승인된 것이다. 따라서 단결권·단체교섭권·단체행동권을 보장한다는 것은 1차적으로 노동3권 등의 활동을 입법으로 억압해서는 안 된다는 자유권적 효과를 부여한 것이며 또한 근로자의 이러한 활동에 대한 민·형사책임을 면제하는 효과를 부여한 것을 의미한다.

노동3권은 정책의무로서의 효과도 가진다. 헌법 제33조의 단결권, 단체교섭권, 단체행동권은 바이마르 헌법에서의 단결의 자유를 모태로 하여 이를 발전시켜 충실하게 한 것으로서 생존권적 기본권으로서의 성질을 가진다. 따라서 이들 기본권은 우선 국가가 그 정책목표인 집단적 노사자치의 허용·조성에 관하여 입법체제를 정비할 정책의무를 선언한 의의를 가진다[16]. 이 정책의무에 대응하여 제정된 법률이 노조법이다.

노동3권은 사인(私人) 간의 효력, 특히 사회질서 설정의 효과도 가진다. 헌법상의 기본권은 원래 국민과 국가의 관계에서 적용되는 것이고 제3자인 사인 간에도 적용되는지 여부에 관하여는 논란이 있다[17]. 그러나 노동3권은 근로자의 인간다운 생활을 확보하기 위해 집단적 노사자치를 가능하게 하는 것, 본래 사인 간의 행위를 전제로 한 것이고 사용자나 그 밖의 사인이 근로자의 단결활동을 방해하거나 억압하도록 방치하면 무의미하게 되는 성질의 기본권이다. 따라서 단결활동권의 보장은 사인 간의 관계에 대하여도 직접효력을 미친다고 보아야 한다.

---

16) 헌재,1998.2.27, 94헌바13 또는 26.

17) 노동3권에 대한 대사인적 효력에 대하여 학계에서는 직접적용설과 간접적용설로 나누어져 있는데, 사례에서(서울민지,1994.12.30,94가합39968)에서 헌법 제33조와 관련된 기본권은 노사간의 법률관계에 직접 적용될 수 없다고 했다. 그러나 노동기본권의 취지가 생존권을 보장한다는 기본이념으로부터 판단하건 데, 직접 적용설이 타당하다고 생각된다.

④ 권리주체

노동3권의 주체는 근로자로 한정되어 있다. 결사의 자유가 국민 일반의 권리인 것과 대조된다[18]. 따라서 사용자는 단결활동권의 주체가 될 수 없고 근로자의 단결활동권의 행사에 대한 상대방으로서의 지위를 가질 뿐이다. 물론 사용자도 사용자 단체를 조직하거나 이에 가입할 권리, 단체교섭할 권리, 직장폐쇄를 할 권리를 가지지만 이들은 헌법상 노동3권 보장 규정에 근거한 것은 아니다. 또 노동의사가 없는 자, 자영업자 등도 근로자가 아니므로 노동3권을 가지지 않는다.

그러나 단결활동권의 주체로서의 근로자는 사업체에 고용되어 있는 자로 좁게 한정할 이유는 없다. 노조법에서 근로자를 "임금이나 그 밖에 이에 준하는 수입으로 생활하는 자"로 정의함으로써 자유 노무자나 노동의사를 가진 실업자에게도 노동조합의 조직·가입을 허용하고 있다.

(1) 단결권

단결권은 근로자가 근로조건의 향상을 위하여 자주적으로 노동조합이나 그 밖의 단결체를 조직·가입하거나 그 단결체를 운영할 권리이다. 노동조합을 조직·운영할 권리가 그 주된 것 이지만, 일시적 단결체를 조직·운영할 권리도 포함된다. 노동조합은 산업별 또는 직종별 노조의 형태이든 기업별 노조의 형태이든 관계없다[19].

단결권은 근로조건의 향상을 위하여 보장된 것이며 근로자 상호간의 상조

18) 우리가 일반적으로 사용하는 파업권과 결사·집회권과의 차이점을 구별할 필요가 있다(권리주체의 구별).

19) 노조의 형태에 대해서는 후술하는 노동조합의 종류에서 설명한다.

회, 정치운동을 목적으로 보장한 것이 아니다. 근로자를 구성원으로 하더라도 공제, 정치목적의 단체는 단결권으로 보호 받을 수 없다. 그러나 근로자가 노동조합의 목적을 달성하기 위하여 집회의 개최, 참가, 리본·머리띠 등의 착용, 유인물 배포, 벽보부착, 연설 등의 행위를 하는 경우가 있는데 이와 같이 노동조합의 목적을 달성하기 위한 행위 중에서 단체교섭이나 쟁의행위에 속하지 않는 행위를 노동조합 활동으로 단결권이라 부른다.

(2) 단체교섭권

단체교섭권은 근로자가 그 단결체의 대표를 통하여 사용자측과 단체교섭할 권리이고 넓게는 그 단체교섭의 결과, 합의된 사항을 단체협약으로 체결할 권리도 포함한다[20]. 헌법상 단체교섭권의 주체가 근로자로 규정되어 있는 것은 권리의 원천이 근로자 개인에게 있다는 것을 의미하고 그 실현을 위한 권한은 노동조합이나 그 밖의 단결체가 가진다. 단체교섭권은 사용자와의 교섭을 통하여 근로자의 근로조건을 집단적으로 보장하기 위한 것이기 때문에 근로자측이 교섭할 대상에는 내재적인 한계가 있다. 즉 근로조건과 무관한 것에 관하여는 단체교섭을 할 수 없는 것이다. 따라서 사용자의 경영권이나 투자자의 이윤, 취득권에 속하는 사항은 원칙적으로 단체교섭의 대상이 될 수 없지만 경영·인사사항이라도 근로조건에 직접 관련되거나 근로조건에 중대한 영향을 미치는 경우에는 단체교섭의 대상이 된다.

---

20) 헌재,1998.2.27,94헌바13 또는 26에서 헌법 제33조1항이 노동3권을 보장하는 뜻은 근로자가 사용자와 대등한 지위에서 단체교섭을 통하여 자율적으로 임금 등 근로조건에 관한 단체협약을 체결할 수 있도록 하기 위한 것이고 비록 헌법이 위 조항에서 단체협약 체결권을 명시하여 규정하고 있지 않다고 하더라도 근로조건의 향상을 위한 근로자 및 그 단체의 본질적인 활동의 자유인 "단체교섭권"에는 단체협약 체결권이 포함되어 있다고 본다.

(3) 단체행동권

단체행동권은 근로자가 파업이나 태업 등 그 주장을 관철할 목적으로 업무를 저해하는 행위, 즉 쟁의행위(파업)를 할 권리이다. 즉 단체행동권은 파업·태업 등 업무를 저해하는 행위로서 본래 민·형법상으로는 위법한 행위이지만 근로자의 인간다운 생활을 확보하기 위해서는 할 수 있도록 법적으로 승인·보장된 권리이다. 그러나 예컨대 유인물 배포나 벽보의 부착 등 업무를 저해하지 않는 행위를 할 권리를 단체행동권으로 보장하였다고 볼 수 없는 것이다. 이러한 조합활동권은 근로자가 노동조합을 운영할 권리, 즉 단결권으로 보장한 것이라고 보아야 할 것이다[21].

단체행동권 보장의 범위는 무제한의 권리가 아니라 그 보장의 기본취지에 비추어 쟁의행위의 주체나 목적 및 수단·태양 등의 면에서 일정한 내재적 한계가 있는 권리이다. 앞에서 언급한 것처럼 단결활동권의 기본취지는 단체교섭을 중심으로 하는 집단적 노사자치에 법적근거를 부여하는 데 있으므로 쟁의권은 기본적으로는 단체교섭에서 노사의 대등성을 확보하고 교섭을 유리하게 전개하기 위한 권리라고 파악해야 할 것이다.

쟁의권은 헌법 제33조 제1항이 명시적으로 규정하고 있는 바와 같이 근로조건의 향상을 목적으로 보장된 것이다. 그러므로 다른 노동조합의 쟁의행위를 지원할 목적으로 하는 파업은 정당성을 갖지 못한다. 그리고 사용자의 경영사항이나 권리분쟁사항도 근로조건의 향상이라 볼 수 없다는 점에서 정당성이 결여될 것이다. 또한 헌법에서는 쟁의권과 함께 재산권도 보장하고 있으므로 쟁의행위는 사용자의 기업시설에 대한 소유권이나 그 밖의 재산권과 조화를 이루는 수단·형태로 이루어져야 정당성이 인정될 것이다. 그러므로

---

21) 임종률, 앞의 책, p24.

시설 · 설비의 파괴행위, 원료 · 기계를 손괴 혹은 은닉하는 적극적인 태업행위, 사용자의 생산시설을 점거하는 행위, 쟁의행위 기간에 긴급작업을 수행하지 않는 행위, 2차 파업 등은 정당성이 인정되지 않는다.

5. 노동3권의 제한

노동3권은 어떠한 경우에도 제한할 수 없는 절대적인 권리가 아니라 그 자체 내재적 한계를 갖고 있으며 또한 권리의 주체 · 성질 및 헌법상의 기본원리 등에 의하여 제한될 수 있는 상대적 권리이다. 다만, 이러한 노동3권 제한은 그 본질적 내용을 침해하여서는 안 된다.

(1) 내재적 한계

노동3권의 내재적 한계라 함은 노동기본권에 내재되고 있는 본질적 성격으로 인하여 노동3권의 행사범위가 당연히 제한되는 원리를 말한다. 예를 들면, 헌법 제33조 제1항은 근로자의 근로삼권이 근로조건의 향상을 위하여 자주적으로 행사될 것을 명문으로 규정하고 있다. 그러나 노동3권이 근로조건의 향상을 위하여 행사되어야 한다는 의무는 헌법의 규정에 의하여 부과되는 창설적 규정이 아니라 노동3권에 내재하는 본질적인 한계이기 때문이다. 근로조건의 향상을 위하여 행사될 것이 요구되는 까닭에 근로조건의 향상과 관계없는 파업 등은 내재적 한계를 일탈한 것으로 헌법상 노동3권 보장 대상이 아니다.

(2) 공공부문 근로자의 제한

헌법 제33조 제2항은 공무원인 근로자 및 교원은 법률이 정하는 자에 한하여 노동3권을 행사할 수 있다고 규정하고 있다. 이에 근거하여 노조법 제5조 단서는 공무원과 교원의 노동조합 조직과 가입의 자유는 따로 법률(공무원노조법 및 교원노조법)로 정하도록 하고 있으며 각 개별법에서 공무원 및 교원의 노동3권을 각기 규정하고 있다. 법률로 규정되지 아니한 공무원은 노동3권이 인정되지 아니한다.

또한 헌법 제33조 제3항이 정하는 주요방위산업체에 종사하는 근로자의 단체행동권은 법률이 정하는 바에 의하여 이를 제한하거나 인정하지 아니할 수 있다.

(3) 헌법 제37조 제2항의 법률유보

헌법 제37조 제2항에서는 국민의 모든 자유와 권리는 국가의 안전보장, 질서유저 또는 공공복리를 위하여 필요한 경우에 한하여 법률로써 제한할 수 있으며, 제한하는 경우에는 자유와 권리의 본질적 내용을 침해할 수 없다고 규정하고 있다.

제3절 한국노동법의 변천사

1. 노동입법의 성립

1948년7월17일 대한민국 헌법이 공포되자 한국의 노동운동과 노동법사에 있어서는 새로운 전환점이 마련되었다. 즉 제헌헌법 제17조에 의하여 근로조건의 기준은 법률로 정하도록 되었으며 여성과 소년의 근로는 특별한 보호대상이 되었다. 그리고 동 헌법 제18조에 의하여 단결권·단체교섭권 및 단체행동권과 근로자의 이익균점권이 보장되었다. 다시 말하면 근로조건의 최저기준은 국가가 이를 법률로 정하고 그 이상의 기준은 근로자들이 스스로 단결하여 쟁취할 것을 내용으로 하는 국가의 기본 틀이 마련된 것이다. 우리나라 최초의 노동입법이 설치된 것은 헌법이 제정된 지 5년이 경과한 후의 일이었다. 즉 1953년 3월, 노동조합법, 노동분쟁조정법, 노동위원회법 등이 제정·공포되었고 동년 5월 근로기준법이 탄생하게 되었다.

노조법은 근로자들의 자주적 단결권과 단체교섭권의 구체적인 보장에 의하여 노동조합 운동을 보호·육성함으로써 근로자들의 경제적·사회적 지위 향상을 도모할 것을 목적으로 하는 법률이었고 노동쟁의조정법은 근로자의 단체행동권을 보장하는 동시에 노동쟁의 해결절차를 규정한 법률이었으며, 노동위원회법은 국민경제의 발전과 노동행정의 민주화를 기하며 노사관계의 공정한 조정을 위하여 노동위원회를 설치할 것을 목적으로 한 법률이었다.

1953년의 노동관계법은 한국전쟁 후(1950년~1953년), 미국의 맥아더 군정에 의하여 노동정책이 이루어졌고 법체계는 일본노동법의 영향을 받은 것이었다. 따라서 일본노동법이나 한국노동법은 전체적인 법체계와 특히 근로계약 및 단체협약에 대한 법 이론적인 면에 있어서는 대륙법적 기초위에 있으면서도 미국노동법상의 제도를 받아들인 혼합적인 법체계가 되었다. 구체적으로 설명하면 근로기준법은 근로계약을 중심으로 하여 구성되어 있었고, 노조법은 단체협약에 관한 부분 또한 대륙법적 기본이론 위에 부당노동행위제도, 노동쟁의조정법의 냉각기간 제도, 노동위원회에 의한 조정방법, 노동위원회법에 의한 노동위원회제도 등은 미국의 제도를 계수한 혼합법적 형태로 제정되었다.

2. 국가 안전보장 및 경제우선 정책

1961년5월16일, 군사정부는 노동정책의 중요성을 새롭게 인식하고 특히 장기경제계획의 성안과 더불어 노동문제를 신중하게 다루려는 태도를 취하였다. 그리하여 1961년12월에 처음으로 근로기준법이 일부 개정되었으며 다시 제3공화국 수립 후 1963년4월과 12월에는 노동조합법, 노동쟁의 조정법, 노동위원회법 등을 각각 개정하였다.

개정된 주요내용은 다음과 같다. 먼저, 노조법에서는 조합(조직)이 기존 노동조합 정상적인 운영을 방해하는 것을 목적으로 하는 경우를 노동조합의 결격사유로 한 것(복수노조 금지조항), 노사협의회의 설치에 관한 규정, 노동조합의 정치활동 금지에 관한 규정, 노동조합 임시총회의 소집권자를 행정관청이 지명할 수 있도록 한 것, 단체협약의 여후효(餘後效)를 인정하는 규정을 신설한 것, 사용자의 부당노동행위에 대하여 처벌주의와 달리 원상회복주의를 채택한 것, 노동조합의 조직형태에 관하여 구법에서 아무런 규정을 두지 않은 데 반하여, 개정법에서는 전국적 규모의 단일 조직형태를 지향 내지는 전제하는 규정들을 신설한 것 등을 그 개정 내용으로 하고 있다.

이상, 위에서 살펴 본 바와 같이 노동관계법의 개정과 제정에서 이 시기의 노동입법의 변모 양상은 국가의 개입강화, 공익중심의 노동행정, 노동쟁의 제한, 부당노동행위에 대한 구제제도의 마련, 노사협의제의 도입, 노동보호법의 강화 등으로 요약할 수 있다.

결론적으로 우리나라 노동입법의 변천은 1960년대에는 국가의 근대화를 달성하기 위하여 경제 우선주의를 표방하여 경제성장을 꾀하였다. 그리고 1971년대 초에는 국가 안전보장을 위한 비상사태를 선언 하는 등 정부시책은 국가안전보장 우선주의로 전환되어 "國家保衛에 관한 特別措置法" 등이 공표·시행되고 급기야 1972년10월에는 유신(維新)체제로의 개혁이 단행되어 1972년12월, 유신헌법이 공포되기에 이르렀다. 이에 따라 노동기본권을 보장한 헌법 제29조의 내용도 개정되어 단결권·단체교섭권 및 단체행동권은 법률이 정하는 범위 안에서 보장받게 되었고 또한 공무원과 국가·지방자치단체·국영기업체·공익사업체 또는 국민경제에 중대한 영향을 미치는 사업체에 종사하는 근로자들의 단체행동권은 법률이 정하는 바에 의하여 이를 제한하거나 인정하지 아니할 수 있게 되었다. 결론적으로 1960년대는 경제성장 제일주의의 시대이고 1970년대는 안보우선주의의 시대로 요약되고 "선성장후분배(先成長後分配)"정책이 추진되었다.

3. 민주화와 노동법 개정

1987년6월29일, 이른바 "민주화 선언"은 정치적·사회적 제도의 개혁뿐만 아니라 경제적 분배제도의 민주화에 대해서도 많은 영향을 미쳤다. 이로 인하여 노사관계 제도의 개혁과 임금을 포함한 각종 근로조건의 개선을 위한 노사분규가 폭발적으로 발생되어 경제가 마비상태에 이르게 되었으며[22], 노동관계 법규 및 기타 관련 법규가 전혀 무시되는 가운데 노동쟁의는 과격한 양상을 띠었다. 그 결과 사회질서는 혼란에 빠졌으며 경제는 짧은 기간 내에 후퇴하였다. 민주화 선언 후, 동년10월 말까지 노사분규의 총수는 3,250건에 달하며 이 중에서 업종별로는 제조업 분야에서 가장 많이 나타났다. 이처럼 6.29선언 이후 발생한 폭발적인 노사분규의 원인에 관해서는 여러 가지 판단이 가능할 것이지만, 1960년대 이후의 계속적인 경제성장에도 불구하고 이에 상응하는 적극적인 분배정책이 실시되지 못했다는 데서 그 근본적 원인을 찾아야 할 것으로 생각된다. 그런 의미에서 6.29선언 이후의 사태를 계기로 노동법의 개정 및 분배제도의 개선이라는 차원에서 논의되기 시작하였다[23]. 다시 말해 국민소득의 증가에 상응하는 소득과 분배제도의 개선은 이루어지지 않아 노사자치 제도의 마비로 인하여 노사 간 대화는 실질적으로 단절된 상태가 계속되었고 노사 사이에는 위화감이 지배하는 비협조적 경향이 발생하게 되었던 것이다. 특히 1980년 말의 노동법 개정 이후에 가속화 되어 산업화 과정에서 자연적으로 생성되는 근로자들의 사회적·경제적 요구는 국가적 차원에서 제도적으로 수용되어야 함에도 불구하고 이를 계속 외면·억제해 왔다는 데 근본적인 문제점이 있었다고 판단된다.

민주화 선언 후, 기업의 경쟁력을 제고시키고 동시에 근로자의 삶의 질을 향상시킴으로써 노사상생의 제도적 기반을 갖추었다는 취지하에 노사자율과

---

22) 이때는 한 해에 전국적으로 노사분규가 3,600여 건이 발생하였고 노사문제로 인한 사회적 혼란은 심각한 수준에 이르렀다. 이 격동의 시기를 시점으로 임금향상, 노동시간단축, 노동기본권 보장 등 많은 조치가 단행되었다.

23) 참고로, 우리 국민의 1인당 국민소득은 1965년: 105$, 1970년: 248$, 1975년: 591$, 1980년: 1,589$, 1985년: 2,032$, 1994년: 8,493$ 정도였다.

책임을 강화하여 민주적 노사관계를 지향하며 국제적 규범 준수와 우리현실의 조화를 도모하는 방향으로 노동관계법은 대폭적인 개정(1997년)이 단행되었다.

4. 노사관계 선진화와 노동법

1997년 초반부터 대기업들의 부도사태 등으로 심각해진 경제적 위기상황은 급기야 우리 경제주체들의 자체 노력만으로는 극복될 수 없는 상태에 도달하였다. 따라서 우리 정부는 이러한 위기를 해소하기 위하여 1997년11월, 국제통화기금(이하, IMF라 약칭 함)에 구제금융지원을 요청하게 되었으며 동년12월, 우리정부와 IMF간에 구제금융 지원조건에 대한 합의가 이루어짐으로써 우리경제에 대한 IMF관리 체제가 시작되었다. IMF측은 구제금융을 지원해 주는 대가로 금융산업을 비롯한 전체 산업에 걸친 구조조정 등을 요구하였고 노동부문에서는 노동시장의 유연성 제고 및 고용보험제도의 강화를 요구하였다. 이와 같은 배경 하에서 당면한 경제위기의 타파를 위한 방안을 모색하기 위하여 근로자 대표, 사용자 대표, 정부 대표로 구성된 "노사정위원회"가 1998년1월15일에 발족하여 경제위기 극복을 위한 사회협약을 체결하였고 동 협약의 후속조치의 일환으로 노동관계법의 개정 및 제정이 이루어 졌다. 이러 한 노동관계법의 개정 및 제정의 취지는 한 마디로 기업의 구조조정의 원활화를 기하기 위하여 노동시장의 유연성을 제고하고 이로 인하여 발생되는 사태에 대처하려는 것이었다.

그 주요내용을 보면 첫째, 근로기준법에서는 고용요건을 보다 명확히 하였으며(2001년), 주로 여성과 소년에 관한 규정이 개선되었고(2003년), 근로시간을 중심으로 크게 개정되었다. 특히 주당 법정근로시간은 40시간으로 단축되었는데 이는 우리 노동법사에 있어서 획기적인 일이라 할 수 있다. 또한 휴가 제도를 국제기준에 맞추어 조정하였고 실 근로시간을 단축하였다. 기타 남녀고용평등법에서의 육아 휴직 제도를 개선하고 직장 내 성차별과 성희롱을 해소하기 위한 성희롱 예방교육 및 그 구제절차를 규정하였다(2002년). 그리고 최근 핫 이슈로 등장한 비정규직 보호법은 합리적 고용관행을 발전시키기 위하여 기간제 및 단시간근로자 보호 등에 관한 법, 파견근로자 보호 등에 관한 법 등을 제정하였다(2006년). 둘째, 노조법에서는 공무원노조법이 제정되었고(2007년 시행), 노조 전임자 규정 및 복수노조 허용(2009년) 등 집단노사관계에서의 선진화 입법이 개정 및 제정되었다.

제 2 장 노동조합

제1절 노동조합의 의의

1. 노동조합의 의의

노동조합은 헌법상의 노동3권에 기하여 조직된 단체로서 노조법상 엄격한 설립요건을 갖추어 설립된 좁은 의미의 근로자단체이다. 즉 근로자들이 주체가 되어 자주적으로 단결하여 근로조건의 유지·개선 기타 근로자의 경제적·사회적 지위의 향상을 도모함을 목적으로 조직하는 단체 또는 그 연합단체를 말한다. 역사적으로 볼 때 노동운동을 통하여 결성되었으며 나중에 입법적으로 정당화 및 보호를 받게 되었음은 이미 앞에서 본 바와 같다. 노동조합은 역사적·경제적·사회적 사정에 따라 산업별·기업별 또는 직종별로 그 조직형태가 다를 수는 있으나 근로자들의 단체라는 점에서 특수한 성격을 가지고 있으며 다른 법 분야의 단체와는 다른 법적 지위를 갖고 있다[1].

그러나 우리 노조법에서는 법인으로의 성립요건은 아닐지라도 일정한 요건을 갖추어야 노동조합으로 인정한다. 우리 노동법에서는 노동조합이라는 개념이 대단히 중요하다. 노동조합이라고 인정되어야 만이 노동법에서 정하는 단체교섭권과 단체행동권을 가질 수 있기 때문이다. 우리 노동법은 이러

1) 민법이나 상법상의 단체는 일정한 법적인 요건인 법인으로서 설립등기를 하지 않으면 법적인 지위가 인정되지 않는데 반하여, 노동조합은 법인으로서 등기를 하였는가 여부와는 무관하게 노동법상의 지위가 동등하게 인정된다. 노동법은 노동조합으로 하여금 자유로운 활동을 보장하는 데 그 의의가 있는 만큼 시민법상의 법인인지 여부는 문제 삼을 필요가 없다는 데에서 이해할 수 있다.

한 노동조합 개념의 중요성으로 인하여 노동조합의 요건을 자세하게 규정하고 있다. 즉 우리 노동법에서는 노동조합이라는 조직은 노동법상 강력한 보호를 받을 수 있는 위치에 선다. 따라서 노동법에서는 노동조합에 대한 실질적 요건 및 형식적 요건을 설립신고 요건으로 요구하고 있다. 예컨대 노조법 제2조 제4호에서 노동조합이란 "근로자가 주체가 되어 자주적으로 단결하여 근로조건의 유지·개선 기타 근로자의 경제적·사회적 지위의 향상을 도모함을 목적으로 조직하는 단체 또는 그 연합단체"를 말한다고 규정하고 있는 것이 실질적 요건이고, 형식적 요건으로는 노조법은 제10조와 제12조에서, 관할 행정관청에 설립신고서를 제출하도록 하고 있으며 설립 신고증을 교부받은 경우 설립신고서가 접수된 때에 설립된 것으로 본다고 규정하고 있다[2].

2. 노동조합의 조직형태 및 유형

(1) 노동조합의 조직형태

노동조합의 조직형태는 자유이다. 노조법도 제5조에서 "근로자는 자유로이 노동조합을 조직하거나 이에 가입할 수 있다"고 하여 조직의 자유를 보장하고 있다. 일반적으로 헌법 제33조 제1항이 보장하는 단결권의 내용에 조직형태 결정의 자유가 포함되며 조직형태 결정의 자유는 노동3권의 보장이념인 단결자치의 전제조건이라 할 수 있다.

그러나 노조법에는 앞에서 본 바와 같이 동일한 사업장내에서 복수의 노동조합이 존재함에 따른 교섭창구의 다양화로 인한 교섭상의 혼란을 방지하기

2) 대판,1979.12.21, 76누189.

위하여 동일한 사업장내의 복수 노동조합 조직형태 결정의 자유를 제한하는 취지의 규정을 두고 있다. 복수노조 금지조항(부칙 제5조)은 하나의 사업 또는 사업장을 조직대상으로 하는 단위노조가 조직되어 있는 경우에 동일한 형태의 제2노조의 설립을 금지하고 있다.

[표 1] 노동조합의 조직형태

기업별 노동조합	직종별조합 (직업별조합)	산업별조합	일반조합
동일기업 근로자 등이 결성한 조합	작업성질, 기술이 같은	동일산업 종사자끼리 결성	특정산업과 무관하게 결정
㉠ 근로조건의 통일적·종합적 결성 가능 ㉡ 노사협조가 원할 ㉢ 동일기업 내 근로자간의 형평성 도모	㉠ 임금 기타 근로조건의 향상을 위하여는 가장 유효하고 단결력이 강하다. ㉡ 직장단위가 조직 중심이 아니므로 실업근로자도 가입할 수 있다.	㉠ 동종의 산업에 종사하는 근로자 지위의 통일적 개선 ㉡ 미숙련근로자의 권익보호에 적합	최저생활 확보
㉠ 동일기업내 각 직종간의 근로조건 개선에 공평을 기하기가 어렵다. ㉡ 각 직종간의 반목과 대립이 우려됨 ㉢ 어용조합화의 우려가 가장 큰 형태이다.	㉠ 배타적·독선적 경향이 있다. ㉡ 미숙련근로자, 여성·연소근로자를 포함하지 못하는 한계가 있다.	㉠ 내부조직의 방대함으로 전 조합원의 의사반영이 어려움 ㉡ 직종별, 기업별 특수성이 반영된 근로조건의 확립이 곤란함	결속력이 약함
우리나라, 일본	영국의 초창기 형태	서구 일반적 형태	예) 연합노조

다만, 연합단체인 노동조합은 동종 산업의 단위노동조합을 구성원으로 하는 산업별 연합단체와 산업별 연합단체 또는 전국규모의 산업별 단위노동조합을 구성원으로 하는 총연합단체의 경우는 연합단체의 조직형태 결정의 자

유를 제한하는 노조법 제10조 제2항의 규정은 한정적 · 열거적인 것으로 보기보다는 예시적인 규정으로 보는 견해가 일반적이다. 연합단체를 산업별 형태로만 조직할 수 있는 것이 아니라 직종별 · 지역별 · 기업별 등의 다른 조직형태로 결성하는 것도 허용된다.

(2) 노동조합의 유형

노동조합의 유형은 조직범위와 구성원의 성격에 따라 크게 구분이 된다. 먼저 조직범위에 따라 동일기업(사업장)으로 한정하는 기업별노조, 기업(사업장)단위를 초월하는 노동조합 조직형태로 동종 직업 또는 직종에 한정하는 직업별노조, 동종산업 또는 업종으로 한정하는 산업별노조, 잡다한 산업이나 직종에 걸치는 일반노조 등으로 구분된다. 다음으로 구성원에 따라 구성원이 근로자 개인인가 노동조합인가 또는 개인과 노동조합 양자인가의 기준으로 크게 단위노조와 연합노조 및 혼합노조로 나누어진다. 단위노조 중에서 지부 · 분회 등 산하조직을 둔 경우를 특히 단일노조라고 한다[3]. 구성원을 근로자 개인으로 하는 단위노조는 단체교섭권을 가지나 구성원이 노동조합인 연합노조는 단체교섭권을 가지는 단위노조가 단체교섭권을 위임하지 않으면 원칙적으로 단체교섭권을 가지지 못한다.

이들 두 가지 구분 방법을 결합하면 구체적인 조직형태는 산업별단위노조, 산업별연합단체, 기업별단위노조, 기업별연합노조, 지역별단위노조, 지역별연합노조 등 다양하게 나타날 수 있다. 우리나라의 경우 기업별단위노조가 일반적으로 산업별연합노조 또는 일반연합노조에 가입하지만 간혹 기업별연합노조에 가입하고 이 기업별연합노조가 다시 산업별연합노조에 가입하는

3) 임종률, 앞의 책, p39.

경우도 있다. 산업별단위노조, 직업별단위노조, 일반단위노조가 지역규모인 경우에는 직업별연합노조, 산업별연합노조 또는 일반연합노조에 가입하기도 한다. 전국규모의 단위노조나 연합노조는 다시 전국단위의 최상급노조인 총연합노조에 가입하고 있다.

각 조직형태의 장점과 단점을 비교하여 보면 다음과 같다. 기업별단위노조는 기업(사업장)차원의 요구에 대처하기 쉽고, 기업의 당면문제를 노사협력으로 해결하기 쉬운 반면, 조직과 관심의 범위가 좁고 교섭력이 약하며 노조의 운영에 있어서 사용자의 지배를 받을 가능성이 있다는 점이다. 기업에 취업되어 있지 않은 근로자를 흡수할 수 없으며 임시직근로자를 포함한 비정규근로자 등의 보호문제가 노동조합 조직에서 배제되는 취약성이 있다. 이에 반하여 산업별단위노조는 기업단위를 초월하여 실업자, 비숙련근로자를 포함한 방대한 산업별 조직을 배경으로 강력한 교섭력을 가지지만, 근로자의 기업(사업장)차원의 요구에 대처하기 어렵다는 것이다. 직업별 단위노조는 시장독점을 배경으로 강력한 교섭력을 가지는 반면, 숙련근로자 중심의 활동으로 비숙련근로자가 배제되는 배타성이 단점이다.

제2절 노동조합의 설립

1. 노동조합의 설립요건

노동조합의 설립요건은 크게 실질적 요건과 형식적 요건으로 구분할 수 있다[4]. 노동조합의 실질적 요건은 노동조합이 실제로 대외적 자주성과 대내적 민주성을 갖추기 위한 실체적 요건으로서 노조법 제2조 제4호의 노동조합의 요건을 충족하고 동법 제11조의 조합규약을 갖추어야 한다. 이 경우 노조법 제2조 제4호는 대외적 자주성의 요건이며 동법 제11조는 대내적 민주성의 확보에 관한 요건이다. 노동조합의 형식적 요건은 노동조합의 설립에 관한 절차적 요건으로 노조법 제10조에 따라 노동부장관에게 노동조합의 설립신고를 하여야 한다.

2. 노동조합의 실질적 요건

노동조합은 산업사회에서 근로자들이 자발적으로 조직한 단체이지만 법적으로는 일정한 요건을 갖추어야만 보호를 받을 수 있다. 무분별하게 모든 단체들을 노동조합으로 인정할 수는 없기 때문이다. 법적인 요건의 구비 여부에 대하여 국가기관의 해석에 맡기는 나라와 법률로 규정하는 나라가 있다. 우리 노조법은 후자와 같이 법에서 명문규정을 두고 노동조합의 요건을 명확히 하고 있다. 앞에서 본 바와 같이 노조법 제2조 4호에서 "노동조합이란 근로자가 주체가 되어 자주적으로 단결하여 근로조건의 유지·개선 기타 근로자의 경제적·사회적 지위의 향상을 도모함을 목적으로 조직하는 단체 또

4) 이상윤, 노동법, p504~505 참조, 이 견해에서는 노동조합의 성립요건을 다음과 같이 분류하고 있다. 우선 노조법 제10조는 노동조합의 설립신고를 의무화하고 있고 이러한 신고절차를 마치지 아니한 노동조합을 노조법상의 노동조합으로 보지 아니하므로, 동법 제10조를 노동조합의 설립요건에서 제외하는 견해에는 찬동할 수 없고 또한 동법 제11조의 조합규약의 기재는 노동조합의 민주성 과 관련된 요건인바, 민주성은 노동조합 설립의 실질적 요건으로서 자주성과 함께 병렬적 지위에 있는 요건이므로 동법 제11조를 형식적 요건으로 분류하는 견해에도 찬동할 수 없다. 따라서 노조법 제2조4호 및 제11조는 각각 노동조합 설립의 자주성 및 민주성 확보하기 위한 실질적 요건을, 동법 제10조는 노동조합 설립의 절차로서의 형식적 요건을 규정하고 있는 것으로 보고 있다.

는 그 연합단체를 말한다고 규정하고 있다. 또한 단서에서 다만, 소정의 사유에 해당하는 경우에는 노동조합으로 보지 아니한다고 규정하고 있다. 이러한 노조법의 규정내용을 노동조합으로 인정하기 위한 요건을 정의한 것으로 해석하고 있다. 또한 그 요건을 노동조합으로 인정되기 위해 갖추어야 할 요건으로 적극적 요건과 노동조합으로 인정되기 위해서 갖추지 말아야 할 요건으로 소극적 요건을 규정하고 있다.

(1) 적극적 요건

① 주체성

노조법 제2조 4호에서 노동조합이라 함은 "근로자가 주체가 되어" 자주적으로 단결하여 조직하는 단체 또는 연합단체를 말한다고 규정하고 있다. 근로자가 주체가 되어란 의미는 근로자가 노동조합의 운영·활동을 주도한다는 의미도 포함하지만 근로자를 구성주체로 한다는 것, 즉 근로자가 노동조합 단체 구성원의 주요부분을 차지하고 있다는 것을 의미한다. 근로자가 주체가 되어라는 것에는 첫째 근로자의 의미가 무엇인지, 둘째 근로자가 주체가 된다는 것의 의미가 무엇인지가 구체적으로 논의되어질 필요가 있다.

먼저 근로자 의미는 노조법에서 정의하고 있는 근로자를 말한다(노조법 제2조1항). 즉 직업의 종류를 불문하고 임금, 급료 기타 이에 준하는 수입에 의하여 생활하는 자, 즉, 광의의 근로자를 말한다. 이는 근로자를 매우 광범위하게 인정하고 있는 것으로 임금으로 생활하는 모든 자를 말하는 것이 된다. 이것은 단결권의 보장취지에 부합되는 개념이기 때문에 노동3권 주체로서의 근로자 개념과 일치한다. 정규직이든 또는 비정규근로자이든 모두 노동조합을 결성할 수 있는 근로자에 해당된다. 또한 공기업과 사기업의 근로자를 불문하며 생산직, 사무직 근로자인지도 불문한다. 그러므로 도급노무를 제공하고 있는 자도 이에 해당될 수 있다. 심지어 해고자, 실직자도 이에 포함될 수 있다는 것이 학설 및 판례의 입장이다[5].

최근에 사업장단위의 노조가 아닌 지역단위 노조 및 산업별 노동조합에 대하여는 특정 사업체에 고용되어 있지 않은 실업자도 노동조합에 가입할 수 있다고 하여 이러한 학설의 입장에 따르고 있다. 다만, 기업별 노동조합에 대하여는 당해 판례의 취지를 감안할 때 실업자, 구직자의 노동조합 가입을 인정한다고 보기 어렵다. 초기업단위 노조에서 실업자를 가입대상으로 허용하는 판례의 태도는 당장 노무를 제공하고 있지 않다하더라도 자신의 임금소득으로 살아가고 있고 장래에도 임금소득으로 살아가야 할 처지에 있는 자로서 그 지역 내 또는 산업내의 근로조건 결정에 이해관계가 있기 때문에 노조법상의 보호를 필요로 한다고 보고 있기 때문이다.

또한 임금소득 뿐만이 아니라 자산소득 등으로 살아가는 자는 여기에서 말하는 근로자에 포함시킬 수 있는가 하는 문제가 제기될 수 있으나 임금이 주된 소득인 경우뿐만 아니라 임금소득이 있으면 근로자 보호차원에서 일주일에 몇 시간의 노무를 제공하고 있는 자도 근로자로 보아야 한다는 견해가 일반적이다. 특히 이러한 문제는 노동조합의 조직형태가 기업별노

---

5) 대판,2004.2.27,2001두8568에서 산업별·직종별·지역별 노동조합 등의 경우에는 원래부터 일정한 사용자에의 종속관계를 조합원의 자격요건으로 하는 것이 아닌 점에 비추어, 노조법 제2조 제4호 라목 단서는 기업별 노동조합의 조합원이 사용자로부터 해고됨으로서 근로자성이 부인될 경우에 대비하여 마련된 규정으로 이와 같은 경우에만 한정적으로 적용되고 원래부터 일정한 사용자에의 종속관계를 필요로 하지 않는 산업별·직종별·지역별 노동조합 등의 경우에까지 적용되는 것은 아닌 점 등을 근거로 노조법 제2조 제1호 및 제4호 라목 본문에서 말하는 근로자에는 특정한 사용자에게 고용되어 현실적으로 취업하고 있는 자 뿐만 아니라 일시적으로 실업·구직중인 자도 노동3권을 보장할 필요성이 있는 한 그 범위에 포함된다. 따라서 지역별 노동조합의 성격을 가진 원고가 그 구성원 구직중인 여성 노동자를 포함시키고 있다 하더라도 구직중인 여성노동자 역시 노조법상의 근로자에 해당한다.

조인가 산업별노조인가에 따라 그 허용여부가 중요한 판단문제로 될 수 있다. 기업별 노조에서는 실업자 보호문제가 중요하지 않지만 산업별·지역별 노조에서는 실업자도 그 산업별·지역별 근로조건 결정에 중요한 이해관계가 있기 때문이다.

다음으로 근로자가 주체가 된다는 것의 의미는 노동조합을 근로자가 스스로 만들지 않고 사용자나 정부 또는 정당 등이 결성하는 경우에는 노동조합으로서의 요건에 미달한다는 것이다. 이러한 경우에는 근로자의 단결체로서 보호할 필요성이 없고 사업장 단위의 복수노조가 제한되어 있는 현행법 아래에서는 더 나아가 사용자가 유령노조를 먼저 결성하여 진정으로 근로자들이 스스로 노동조합을 결성하는 것을 제한되게 하여 단결하는 것을 저지할 수 있기 때문에 금지하고자 하는 것이다.

노동조합을 조직할 수 있는 근로자의 구체적인 구성원의 주체 및 범위는 노조법상에 별도의 제한규정이 없기 때문에 노동조합이 정한 규약에 의해 자유로이 정해진다. 노동조합의 구성원의 주체가 개개 근로자인 경우를 단위노동조합이라고 하며 단위노동조합들이 주체가 되어 조직하는 노동조합을 연합단체라고 한다. 단위노동조합을 결성할 수 있는 근로자들의 노동조합 조직형태의 범위에는 제한이 없다. 개별 사업 또는 사업장에서 근로관계를 맺고 있는 근로자들이 중심이 되어 사업 또는 사업장 단위로 노동조합을 결성할 수 있는 것은 물론이고 그 밖에 사업 또는 사업장 단위를 벗어나서 산업별, 직종별, 지역별 등의 조직 단위를 하는 노동조합의 결성도 가능하다. 연합단체의 결성에 대하여는 노조법 제2조 4호의 본문과 동법 제10조 제2항과 관련하여 조직결성의 주체인 단위노동조합이 어떠한 경우에 가능한가와 관련하여 논란이 있다. 동법 제2조에서는 연합단체인 노동조합의 조직형태에 관하여 아무런 제한을 두고 있지 않으나 동법 제10조 제2항은 연합단체인 노동조합은 동종 산업의 단위노동조합을 구성원으로 하는 산업별 연합단체와 산업별 연합단체 또는 전국 규모의 산업별 단위노동조합을 구성원으로 하는 총연합 단체를 말한다고 규정하여 동종 산업의 단위노동조합을 구성원으로 하는 산업별 연합단체와 산업별 연합단체 또는 전국 규모의 산업별 단위노동조합을 구성원으로 하는 총연합단체만이 연합단체인 노동조합의 조직형태로 인정되어 설립신고를 할 수 있는 것처럼 해석될 수 있다. 이에 대하여 위 산업별 연합단체의 개념을 어떻게 이해할 것인가에 대하여, 동종산업을 하나의 동일한 업종을 의미할 것인지 아니면 하나의 동일한 업종만을 말하는 것이 아니라 여러 가지의 업종도 의미한 것으로 해석할 것인가라는 의견으로 나뉘어 있다. 판례[6]에서는 "현대 산업사회에 있어서 업종의 다양화와 복합화로 인하여 동일 업종의 범위를 한정하는 것이 용이하다고는 할 수 없고 과거에는 동일 업종에 속하였던 것이 산업의 고도화로 인하여 서로 다른 업종으로 분화되기도 하고 산업기술의 혁신에 의하여 그 반대 현상이 나타날 수 있겠지만 동일업종 여부는 위 법 규정의 입법목적의 관점에서 판단할 수 있을 것이며 경우에 따라서는 예컨대 은행업과 보험업과 같이 동일하지는 아니하거나 유사하거나 상호 관련성이 있는 2개 이상의 업종이 함께 복합 산업별 연합단체를 구성하는 것도 가능하다고 보아야 할 것이나 건설업, 요식업, 의료업 등 전혀 이질적인 55개 업종이 포함되고 더구나 다른 산업별 연합단체에 속하지 아니하는 기타 업종까지 모두 포함하는 업종을 대상으로 하는 단위노동조합으로 구성되는 산업별 연합단체(전국연합노동조합연맹)는 인정의 필요성도 적고 산업별 연합단체 본래의 기능을 하기도 어렵다고 보여지며 노조법 제10조 제2항 소정의 동종업종의 단위노동조합으로 구성되었다고 볼 수도 없으므로 위 법 규정의 산업별 연합단체는 아니라고 보아야 한다고 하여 후자의 견해를 취하는 것 같다.

---

6) 대판,1993.5.25, 92누14007.

② 자주성(민주성)

여기서 자주적으로 단결하여 라는 의미는 노동조합을 결성한 근로자들이 대외적으로 국가, 정당, 종교단체, 사용자로부터 간섭을 받지 않고 근로자 스스로 노동조합을 조직 결성하고 운영하여야 한다는 것을 의미한다. 또한 대내적으로 노동조합을 민주적으로 운영하여야 한다는 것을 말한다.

대외적인 자주성이라는 의미는 사용자에 대한 대결, 투쟁만을 전제로 하는 것은 아니다. 사용자와 타협・협력하더라도 노동조합의 독자적 운영방침에 따른 경우에는 자주성을 가진다고 보아야 한다. 근로자를 강제로 가입시키는 유니온 숍이나 클로즈 숍 등은 개별 근로자의 입장에서 볼 때에는 자주적인 단결이 아니며 적법한 노동조합으로 보기가 곤란한 면도 있을 수 있다. 그러나 개별근로자 입장이 아니라 노동조합의 입장에서 볼 때에는 유니온 숍과 클로즈 숍은 오히려 자주성을 유지하고 높이는 효과를 가져 올 수 있는 제도가 된다. 오늘날 자주성을 높이기 위하여 유니온 숍 제도를 노동조합 스스로 사용자에게 요구하고 있다. 우리 노조법도 제81조에서 예외적으로 유니온 숍 제도를 허용하고 있다.

대내적인 민주성에 대하여는 노동조합의 요건이 될 수 있는가라는 의문이 제기될 수 있으나 자주적 단결을 광의로 해석하여 이것도 당연히 포함된다고 하거나 또는 근로자의 주체란 바로 대내적 민주성을 뜻한다고 해석할 수도 있기 때문에 포함된다고 보는 견해가 지배적이다. 그러나 민주성을 포함할 경우 그 판단기준을 어떻게 할 것인가의 문제가 있다. 민주성은 정도의 문제이며 현실적으로 민주성이 다소 문제가 있는 노동조합이라 할지라도 그 조직을 노동조합이 아니라고 할 수 없다. 다만 이러한 민주성이 문제되는 경우에는 현행 노조법에서도 노동조합 내부적으로 시정을 다투거나 행정기관에 구제를 요청할 수 있는 제도가 마련되어 있다(노조법

제18조, 21조, 26조).

③ 목적성

헌법(제33조 1항)에서 정한 "근로조건의 향상을 위하여"라는 범위보다 더 넓게 근로조건의 유지·개선뿐만 아니라 경제적·사회적 지위향상을 도모하고 있다는 점에서 목적성을 넓게 인정하는 특징이 있다.

근로조건이란 임금·근로시간 등 근로관계의 내용을 말하며 기타 근로자의 경제적·사회적 지위란 물가·조세·사회보장 등 근로조건 이외의 근로자의 생활 이익 전반을 말한다. 전자는 주로 사용자를 상대로 하는 단체교섭에 의하여 개선될 수 있는 사항이고 후자는 주로 정부나 사회일반을 상대로 한 교섭이나 주장표명 등의 활동을 통하여 달성될 수 있다. 그러나 노동조합은 근로조건의 유지·개선을 주된 목적으로 하여야만 하고 근로자의 경제적·사회적 지위 향상은 부차적인 목적으로 하여도 무방하다. 즉 노동조합은 근로조건의 유지·개선과 기타 근로자의 경제적·사회적 지위의 향상을 동일한 비중으로 추구하지 않아도 된다. 근로조건의 유지·개선이라는 목적성은 노조법의 목적과의 체계적 관련에서 단체협약의 체결이라는 목적활동으로 구체화된다. 그러므로 공제·수양 기타 복리사업만을 목적으로 하는 경우, 주로 정치운동을 목적으로 하는 경우에는 노동조합으로 보지 아니 한다.

④ 단체성

노동조합은 조직하는 단체 또는 연합단체이어야 한다. 단체란 근로자 개인을 구성원으로 하는 노동조합 즉 단위노조를 말하고 연합단체란 노동조합이라는 단체를 구성원으로 하는 노동조합을 말한다. 단체라 함은 그 기본규칙 즉 조합규약과 운영조직 즉 기관과 재정을 구비한 가운데 계속적으로 활동하는 복수의 인적 결합체를 의미한다. 노조법은 노동조합을 구성하는 최소 인원에 대하여 별도 규정하고 있지는 않지만 최소 구성 인원은 2인 이상이라고 할 것이다. 단체의 정체성과 실체성을 갖출 수 있는 일시적 결합체가 아닌 이상, 2인 이상을 구성원으로 하면 단체성을 인정하는 것이 일반적 견해이다[7]. 노동조합은 계속적 결합체이어야 하기 때문에 근로자의 일시적 결합체(예컨대 비상대책위원회, 쟁의단 등)는 단체성을 가질 수 없기 때문에 노동조합으로 인정되지 않는다.

(2) 소극적 요건

노조법은 제2조 제4호에서 앞의 과 아울러 소극적 요건으로 다섯 가지를 규정하고 있다. 즉 제4호 단서에서 노동조합이 되려면 가목 내지 마목에 해당하지 않아야 한다고 규정하고 있다. 첫째, 사용자 또는 항상 그의 이익을 대표하여 행동하는 자의 참가를 허용하는 경우(가목). 둘째, 경비의 주된 부분을 사용자로부터 원조 받는 경우(나목). 셋째, 공제・ 수양 기타 복리사업만을 목적으로 하는 경우(다목). 넷째, 근로자 아닌 자의 가입을 허용하는 경우(라목). 다섯째, 주로 정치운동을 목적으로 하는 경우(마목) 등을 규정하고 있다.

구법상의 소극적 요건 복수노조금지 조항은 1997년 법제정시 삭제되었으나 경과규정 개정으로 2009년 12월 31일까지 유효한 바, 검토할 필요가 있다.

① 사용자 또는 그 이익 대표자의 참가

7) 대판,1998.3.13, 97누19830.

사용자 또는 그 이익 대표자의 참가를 노동조합의 소극적 요건의 하나로 규정한 것은 사용자 또는 그 이익대표자가 노동조합에 가입할 경우 그 직무상 책임이 조합원으로서의 성실성과 충돌할 뿐만 아니라 노동조합 운영에 있어서 사용자의 이해가 개입되어 노동조합의 자주성을 침해할 수 있기 때문이다. 따라서 이러한 자들의 노동조합 가입을 제한하여 노동조합의 자주성을 보장하려 한 것이다.

여기에서 사용자라 함은 사업주·사업의 경영담당자 또는 그 사업의 근로자에 관한 사항에 대하여 사업주를 위하여 행동하는 자를 말한다[8]. 사업주는 개인사업인 경우 개인 사업주 법인사업인 경우 법인 그 자체를 말한다. 사업의 경영담당자는 사업주로부터 경영의 전부 또는 일부에 관하여 포괄적 위임을 받아 그 경영에 대하여 책임을 지고 대외적으로 사업을 대표하거나 대리하는 자를 말한다. 그리고 근로자에 관한 사항에 대하여 사업주를 위하여 행동하는 자라 함은 노무관리의 기획·집행에 관여하는 자와 전보·승진·해고 등의 인사사항 또는 임금·근로시간·휴식 기타 근로조건에 대하여 결정권한이 있는 자를 말한다. 노무과장, 인사과장, 생산과장 등이 이에 해당한다.

다음으로 사용자의 이익대표자라 함은 통상 사용자에 전속되어 그의 업무를 보조하는 자와 회사재산을 보호하기 위하여 출입자를 감시하는 업무를 맡고 있는 자를 말한다. 즉 관리직에 해당하는 간부는 아니지만 직무상 경영비밀을 접하게 되는 경영진의 비서나 전속운전기사 또는 근로자의 근태를 감시·단속하는 수위 등을 의미 한다[9].

---

8) 노조법 제2조 제2호, 임종률, 앞의 책, p35. 여기서 사용자의 개념을 광의로 해석하면 관리자가 사용자와 이익 대표자에 이중으로 포함되어 용어상의 혼돈이 초래된다고 하여 협의의 사용자 개념을 적용할 것을 주장하는 견해가 있는데 이 견해에 의하면 사용자란 사업주와 사업경영 담당자만을 의미한다.

9) 임종률, 앞의 책, p46.

사용자 또는 사용자의 이익 대표자에 해당하는가의 여부는 부장·과장 등의 형식적인 지위나 명칭을 기준으로 할 것이 아니라 그자가 당해 사업에 있어서 실제로 담당하는 기능에 따라 실질적으로 판단되어야 한다.

사용자 또는 이익대표자가 노동조합에 참가하는 것을 허용하는 경우에 노동조합으로서 인정여부에 대하여 판례는 노동조합의 자주성이 현실적으로 침해될 우려가 있는 경우에만 노동조합의 지위를 상실한다고 한다[10].

② 경비의 주된 부분의 원조

근로자단체가 경비의 주된 부분을 사용자로부터 원조 받는 경우에는 노동조합으로 볼 수 없다. 사용자에 의해 경비의 주된 부분이 원조되어 사용자의 재정 지원하에 운영되는 노동조합이라면 일반적으로 사용자에 대하여 자주성을 가지는 단체라고 볼 수 없기 때문에 노동조합의 재정적 자주성을 보장하기 위해 소극적 요건으로 규정하고 있다. 경비란 노동조합의 존립·활동을 위하여 지출되는 경비를 말하며 원조란 금품 기타 경제적 이익을 제공받고 있거나 받을 예정인 것을 말한다. 그 제공형태가 현금이든 현물 기타 금전외적 이익 공여이든 가리지 아니하고 경비원조로 판단한다.

그러나 금지되는 경비원조는 일체의 것이 모두 금지되는 것이 아니라 노동조합의 자주성을 침해할 위험성이 큰 경우 즉 노동조합의 경비지출에 있어서 주된 부분을 사용자로부터 원조 받는 경우이다. 그러므로 노동조합이 사용자로부터 일정한 경제적 지원을 받는 경우에도 그것이 노동조합 운영의 주된 부분을 차지하는 것이 아닌 한, 본 조항에 해당하지 않는다. 따라서 최소규모의 조합사무실을 제공하는 것, 근로자가 근로시간 중에 사용자와 협의·교섭하는 경우에 임금의 삭감 없이 허용하는 것, 근로자의 후생·복리기금

---

10) 서울고판,1997.10.28, 97라94.

의 기부 등은 허용된다.

경비의 주된 부분을 사용자로부터 원조 받는 경우에는 사용자의 경비원조에 의하여 노동조합의 자주성을 잃을 위험성이 현저하게 있는가를 기준으로 보고 판단할 것이기 때문에 자주성을 잃을 위험성만 존재하면 현실적으로 자주성이 상실하였느냐 여부를 불문하고 노동조합으로 인정되지 않는다.

③ 공제목적의 배제

근로자 단체가 공제·수양 기타 복리사업만을 목적으로 하는 경우에 해당하는 경우에는 노동조합으로 볼 수 없다는 것이다. 공제·수양 등 사용자와 이해관계의 대립이 없는 사업만을 목적으로 하는 근로자 단체라면 노동3권의 목적인 근로조건의 향상과는 직접 관련이 없기 때문이다. 통상 이러한 경우는 협동조합, 공제회, 상조회, 사우회 등으로 사용자도 함께 구성원이 되거나 사용자의 기부금에 의존하는 경우가 많다. 노동조합으로서 노동법에서의 보호가 필요 없는 단체이기 때문에 노동조합으로 인정되지 않는 것이다.

공제라 함은 조합원 및 그 가족의 질병·사고·사망 등에 대하여 보조금 지급, 생활에 필요한 금전의 대여 등을 말하며, 복리사업이라 함은 주택의 구입, 장학금의 지급, 시설이용의 기회부여 등 경제적 이익의 제공을 말한다. 수양이란 구성원의 정신적·문화적 욕구를 충족시키기 위한 것으로 신앙, 독서, 연극, 합창 등과 관련된 활동을 말한다.

④ 근로자 아닌 자의 가입

근로자가 아닌 자의 가입을 허용하는 경우에는 노동조합으로 볼 수 없다는 것이다. 근로자가 아닌 자가 노동조합에 가입하면 일반적으로 노동조합 내부관계 내지 기업 내 노사관계를 혼란스럽게 할 가능성이 있다는 취지에서 규정된 조항이다. 다만, 해고된 자가 노동위원회에 부당노동행위의 구제신청을 한 경우에는 중앙노동위원회의 재심판정이 있을 때까지는 근로자가 아닌 자로 해석해서는 아니 된다고 규정하여 해고된 자도 일정한 범위까지 근로자로 인정하고 있다. 근로자가 아닌 자의 가입을 허용하는 경우 노동조합의 소극적 요건으로 규정하여 노동조합을 부정하면서도 단서를 두어 일정한 예외를 인정하고 있어 근로자가 아닌 자와 해고의 효력을 다루는 자의 의미가 무엇인지에 대하여 검토한다.

가. 근로자가 아닌 자의 의미

근로자가 아닌 자의 의미는 노조법상 근로자의 의미가 무엇인지의 문제와 관련이 된다. 이에 대하여는 노조법상의 근로자 개념을 협의로 해석하고자 하는 견해(판례)[11]와 광의로 해석하고자 하는 견해(학설)로 구분된다. 그러나 최근 대법원에서도 그간의 태도를 변경하여 초기업 단위의 노조에는 근로자 개념을 확대하여 해석하는 경향이 있다[12].

---

11) 대판,1992.2.11, 91도1342에서 노조법상의 근로자의 개념을 특정 사업과 근로계약을 맺고 있는 취업근로자, 즉 협의의 근로자 개념에 따르는 종래의 의하면, "근로자가 아닌 자"에는 학생·자영업자 등 근로·취업의사가 없는 자는 물론, 취업의사를 갖고 있으나 실직된 자와 임의 퇴직자 또는 해고자 모두를 포함하게 되어 근로자가 아닌 것이 된다. 이 견해에 의하면 단서의 해고된 자에 대한 예외규정은 중요한 의미를 지니게 된다. 특별히 해고된 자에 대해 예외적으로 근로자성을 인정하는 조항의 의의를 가지게 된다. 그러나 이러한 입장은 하역·건설 등 부문에서 불특정 다수인을 위하여 수시로 근로를 제공하는 건설 일용근로자의 경우에는 취업근로자가 아니다는 이유로 노동조합을 결성할 수 없는 결과를 초래하는 문제가 발생한다.

12) 대판,2004.2.27, 2001두8568에서 산업별·직종별·지역별 노동조합 등의 경우에는 원래부터 일정한 사용자에의 종속관계를 조합원의 자격요건으로 하는 것이 아닌 점에 비추어, 노조법 제2조 제4호 라목 단서는 기업별 노동조합의 조합원이 사용자로부터 해고됨으로서 근로자성이 부인될 경우에 대비하여 마련된 규정으로 이와 같은 경우에만 한정적으로 적용되고 원래부터 일정한 사용자에의 종속관계를 필요로 하지 않는 산업별·직종별·지역별 노동조합 등의 경우에까지 적용되는 것은 아닌

나. 해고의 효력을 다투는 자의 의미

노조법은 해고된 자가 노동위원회에 부당노동행위의 구제신청을 한 경우에는 중앙노동위원회의 재심판정이 있을 때까지는 근로자가 아닌 자로 해석해서는 아니 된다고 규정하고 있다(제2조 제4호 라목 단서). 이러한 규정을 둔 취지는 기업별노조의 경우 해고자도 "근로자가 아닌 자"에 포함되기 때문에 사용자가 노조를 결성하거나 노조활동에 적극적이고 기업경영진과 갈등을 야기하는 특정 조합원을 해고하면 조합원자격을 상실하여 노조활동이 불가능하게 되는 것을 방지하기 위해서이다. 즉 해고자가 나중에 부당해고 구제절차로 구제되더라도 노동조합 설립이 좌절되거나 해고자 개인이 노동조합에서 격리되어 노동조합은 단결력을 가질 수 없게 될 수도 있다. 이러한 것을 방지하기 위하여 해고에 의해 노동조합의 설립·존립·운영이나 해고자 개인의 지위·활동이 방해받지 않도록 보호할 필요가 있다. 따라서 근로자가 아닌 자로 해석하여서는 아니 된다는 것은 노동조합의 가입이 허용된다는 것, 조합원의 자격·지위가 유지된다는 노조법상의 근로자인 것을 의미한다[13]. 그러나 해고의 효력을 다투는 근로자에게 그 사업의 근로자로서 종업원의 지위(근로기준법상의 근로자), 공법상의 지위를 유지한다는 의미는 아니다.

점 등을 근거로 노조법 제2조 제1호 및 제4호 라목 본문에서 말하는 근로자에는 특정한 사용자에게 고용되어 현실적으로 취업하고 있는 자 뿐만 아니라, 일시적으로 실업상태에 있는 자나 구직중인 자도 노동3권을 보장할 필요성이 있는 한 그 범위에 포함되고 따라서 지역별 노동조합의 성격을 가진 원고가 그 구성원 구직중인 여성노동자를 포함시키고 있다 하더라도, 구직중인 여성노동자 역시 노조법상의 근로자에 해당한다고 하였다.

13) 조합원 자격이 유지된다는 의미는 노동조합의 설립과 존속만이 보장되는 것이 아니라 조합원의 지위로서 사업장 출입·조합임원 출마·단체교섭 또는 쟁의행위에의 참가 등을 행할 권리까지 보장한다는 의미이다.

⑤ 정치목적의 배제

노조법 제2조 제4호 단서 마목은 주로 정치운동을 목적으로 하는 경우를 노동조합의 소극적 요건으로 하고 있다. 이것은 구 노조법상 정치활동 규제조항(제12조)을 1997년 개정 시 삭제하면서 노동조합이 정치 단체화하는 것을 방지하기 위하여 규정한 것이다. 주로 정치운동을 목적으로 하는 것을 금지한다는 취지이기 때문에 부수적으로 정치활동을 하는 경우에는 허용된다. 즉, 근로조건의 유지・개선과 근로자의 경제적・사회적 지위의 향상이라는 주목적을 달성하기 위하여 필요한 범위에서 정치활동을 할 수 있다. 근로자단체가 노동조합이 되기 위해서는 정치운동을 주된 목적으로 하지 않아야 한다는 것은 노동조합의 근로조건의 유지개선과 경제적・사회적 지위의 향상의 목적성의 노동조합의 실질적 요건에 대한 소극적 요건이라고 볼 수 있다.

구 노조법상 노동조합의 정치활동의 금지가 위헌이라는 논란이 있었으나 현행법상으로는 정치활동이 허용되기 때문에 위헌시비가 있을 수 없다. 따라서 노동조합은 공직선거 및 선거부정방지법이나 정치자금에 관한 법률 등에 의하여 제한 또는 금지되지 않는 범위 안에서 각 정당과의 정책협의, 정책에 관한 지지・비판 활동, 선거와 관련한 공명선거 추진활동, 후보자 토론회 개최 등의 정치활동이 가능하다. 특히 노동조합은 공직선거 및 선거부정방지법 제87조 단서에 따라 일반 사회단체와 달리 선거기간 중에 그 명의 또는 그 대표의 명의로 특정 정당이나 후보자를 지지・반대하거나 지지・반대할 것을 권유하는 행위까지 가능하여 정치활동이 보장되고 있다.

⑥ 복수노조 금지

구 노조법상 복수노조 금지조항(제3조 단서 제5호)이 근로자의 단결권을 침해한다는 비판에 따라 1997년에 이 규정이 삭제되면서 원칙적으로 노조법 제5조에 따라 근로자들이 자유롭게 노동조합 설립이 허용됨에 따라 복수노조 설립이 가능하게 되었다. 다만, 복수노조 허용에 따라 단체교섭창구의 혼란을 방지하기 위하여 경과규정으로 노조법 부칙 제5조는 교섭창구 단일화를 위한 단체교섭의 방법·절차 기타 필요한 사항을 강구하기 위하여 조직대상을 중복으로 하는 복수노조를 2001년 12월 31일까지 금지하였다. 그러나 교섭창구 단일화를 위한 방안이 마련되지 않아서 유예기간이 다시 8년 연장되어 2009년 12월 31일까지 사업장 단위의 복수노조가 금지되고 있다. 즉 복수노조를 원칙적으로 허용하되(제5조), 다만 기업별노조가 일반적인 형태인 우리나라에서 기업단위에서의 복수노조 출현으로 인한 단체교섭구조의 혼란을 방지하기 위하여 기업단위에서의 복수노조 설립만을 한시적으로 2009년 말까지 금지하고 있는 것이다[14].

3. 노동조합의 형식적 요건

(1) 의의

대외적으로 자주성을 대내적으로 민주성을 갖추어 노동조합의 실질적 요건을 충족한 노동조합은 설립신고서에 조합규약을 첨부하여 행정관청에게 노동조합의 설립신고를 하여야 한다. 이러한 신고절차를 노동조합의 형식적 요건이라고 한다. 즉 노동조합을 설립하고자 하는 자는 노동조합으로서의

14) 1997년 3월 노조법 개정 시에는 2001년 말까지만 유예하여 복수노조를 금지하였는데 단체교섭창구를 단일화 하지 못하여 2001년, 2006년 다시 개정하면서 유예기간이 8년 연장되어 2009년 말 까지 유예기간이 연장되었다.

과 소극적 요건 상 결함이 없는 속에서 설립신고서에 규약을 첨부하여 행정관청에 제출하고(노조법 제10조의 설립신고제도), 행정관청은 이를 심사하여 신고서 접수일로부터 3일 이내에 신고증을 교부(동법 제12조의 설립심사제도)하여야 한다.

⑵ 설립신고제도

가. 설립신고

노동조합을 설립하고자 하려면 소정의 사항을 기재한 설립신고서에 규약을 첨부하여 행정관청에 설립신고를 하여야 한다. 노동조합의 조직형태는 불문하고 단위노조 뿐만 아니라 연합노조 또는 상부연합단체노조는 설립신고를 하여야 노동조합으로 인정된다. 그러나 지부·분회 등 단위노조나 연합노조의 산하조직은 노동조합의 효율적인 관리를 위한 내부기구에 불과하고 그 자체로서 독자적인 노동조합이 아니기 때문에 설립신고의 주체가 될 수 없다.

그러나 노조법 시행령은 근로조건 결정권이 있는 독립된 사업 또는 사업장에 조직된 노동단체는 지부·분회 등 명칭 여하를 불문하고 …노동조합의 설립신고를 할 수 있다고 규정하고 있다.

설립신고서에는 ①명칭 ②주된 사무소의 소재지 ③조합원수 ④임원의 성명과 주소 ⑤소속된 연합단체가 있는 경우에는 그 명칭 ⑥연합단체인 경우에는 구성단체의 명칭·조합원수·주된 사무소의 소재지 및 임원의 성명·주소를 기재하여야 한다. 또한 설립신고서에 첨부하여야 하는 규약에는 노동조합 조직의 자주적 민주적 운영을 보장하기 위하여 ①명칭 ②목적과 사업 ③주된 사무소의 소재지 ④조합원에 관한 사항 ⑤소속 연합단체가 있는 경우에는 그 명칭 ⑥대의원회를 두는 경우에는 대의원회 및 대의원의 선거절차에 관한 사항 ⑦임원의 선거절차 · 대표자와 임원의 규약위반에 대한 탄핵 · 기타 대표자와 임원에 관한 사항 ⑧회의 · 조합비 기타 회계 · 해산 · 쟁의 · 규약변경 · 규율과 통제에 관한 사항을 규정하고 게재하여야 한다.

설립신고서는 법령에서 정하는 서식에 따라 작성하여 규약 1부, 임원의 성명 및 주소록 1부 등을 첨부하여 연합단체인 노동조합과 2 이상의 특별시 · 광역시 · 도에 걸치는 단위노동조합은 노동부장관에게, 2 이상의 시 · 군 · 구(자치구를 말한다)에 걸치는 단위노동조합은 특별시장 · 광역시장 · 도지사에게, 그 외의 노동조합은 특별자치도지사 · 시장 · 군수 · 구청장(자치구의 구청장을 말한다.)에게 제출하여야 한다.

나. 신고의 법적성격

노동조합의 설립신고제도는 신고행위만으로 그치는 것이 아니라 신고사실에 대하여 행정관청이 심사를 실시하도록 되어 있으므로 과연 신고의 법적 성질이 무엇인가에 대하여 견해가 나뉘고 있다.

㈎ 신고주의: 신고주의에 의하면 설립신고란 근로자의 자주적 조직으로서의 노동조합이 결성되었음을 행정관청에 단순 통지하는 것에 불과하다고 본다[15]. 이러한 견해는 노동조합의 설립신고는 행정상의 편의도모를 위하여 자유설립주의에 신고주의를 결합한 것이라고 한다. 이 설에 의하면 노조법 제10조의 신고를 행정법상의 신고개념으로 파악하고 있으며 이 경우 설립신고증의 교부는 노동조합의 설립을 대외적으로 확인 · 발표하는 의미를 갖

---

15) 김치선, 노동법, p320 ; 김유성, 노동법, p70 ; 이영희, “노동조합의 설립신고제도와 문제”,(한국노동법학회, 1987) ; 박상필, 노동법, p406 ; 신인령, “노동기본권 옹호를 위한 현행 노동관계법 소고” 등 재인용.

는다고 한다. 우리나라의 다수설이다.

㈏ 허가주의: 허가주의에 의하면 노동조합은 일정한 법적 규제 하에서만 인정・보호되는 것이므로 설립신고는 국가로부터 인정・보호받기 위한 법적 절차로써의 허가를 신청하는 것이라고 본다. 이러한 견해는 노동조합의 자유설립주의를 사실상 부정하고 있다. 이 설에 의하면 노조법 제10조의 신고를 행정법상의 허가개념으로 파악하고 있으며 이 경우 설립신고증의 교부는 허가증의 발급과 동일한 의미를 갖는다고 한다.

㈐ 준칙주의: 준칙주의에 의하면 노동조합이 노조법상의 보호를 받기 위한 일정한 자격을 갖추었음을 심사하여 달라는 청구가 설립신고라고 본다[16]. 이러한 견해는 노동조합의 설립신고는 자유설립주의에 준칙주의를 결합한 것이라고 한다. 이설에 의하면 노조법 제10조의 신고를 행정법상의 인가 개념으로 파악하고 있으며 이 경우 설립신고증의 교부는 인가증 발급과 동일한 의미를 갖는다고 한다[17].

이상윤 교수는 노동조합의 설립요건을 규정하고 이러한 설립요건을 규정한 경우에만 노사관계법상의 노동조합으로 인정받게 되므로 준칙주의가 타당하다고 보고 있다. 즉 신고주의에 의하면 노동조합이 설립신고를 하는 경우 행정관청은 반사적・무조건적으로 이를 접수하고 노조법 제12조의 규정에 의하여 신고증을 교부하여야 한다. 다만, 신고주의는 노동조합 설립과정에서 되도륵 행정관청의 관여를 배제하기를 원하는 노동 정책적 차원에서 고려되어질 수 있다고 본다[18].

---

16) 임종률, 앞의 책, p51. 이영희, 노동법, p158 재인용.
17) 이상윤, 앞의 책, p520.
18) 이상윤, 앞의 책, p520.

(3) 설립심사제도

노동조합이 행정관청에 설립신고를 하는 경우 행정관청은 이의 적법성 여부를 심사하고 있다. 이를 노동조합의 설립심사제도라고 한다.

헌법 제33조 제1항은 근로자의 자유로운 단결권을 보장하고 있으며 노조법 제5조는 근로자는 자유로이 노동조합을 조직하거나 이에 가입할 수 있다고 규정하여 노동조합의 자유설립주의를 원칙으로 하고 있다. 따라서 노동조합 설립신고에 대한 심사제도는 노동조합의 설립에 대한 행정관청의 간여를 의미하므로 노동조합의 자유설립주의를 침해하는 것이 아닌가라는 문제점을 야기하고 있다.

그러나 노동조합이 단순히 행정관청에 신고를 하는 것만으로 노동조합의 성립을 허용하는 것은 노동조합의 민주성 및 자주성이라는 실질적 요건조차 갖추지 못한 비자격 조합의 난립을 허용함으로써 오히려 어용조합화 되거나 조합 내부의 민주성을 침해할 우려가 있다. 따라서 노동조합 설립심사제도는 단순한 행정편의를 도모하고자 하는 것이 아니라 근로자의 자주적이고 민주적인 단결권 등의 행사를 위하여 필수적인 것으로 평가되어야 할 것이다.

주요 선진국의 입법례는 크게 ①일본·미국 등 노동조합의 설립은 자유이나 노동조합이 단체교섭을 하기 위하여는 일정한 법적요건을 구비하도록 요구하고 이의 구비 여부를 심사하는 제도와 ②우리나라와 같이 노동조합의 설립시에 일정한 법적 요건을 구비하도록 요구하고 이를 심사하여 일단 노동조합으로서 설립되면 자유로이 단체교섭을 할 수 있도록 허용하는 제도의 두 가지 형태로 구분하여 볼 수 있다. 단체교섭은 노동조합 설립의 주요 목적으로 이는 사용자의 재산권·경영권과 조화·균형을 이루어 행사되어야 하고 따라서 일정한 자격요건을 갖춘 근로자 단체에게만 인정되는 것이 원칙이므로 세계 주요 선진국의 대부분은 그 자격요건의 기준 및 인정 방법,시기만 다를 뿐 자격요건의 구비여부를 심사한다는 점에서는 일치하고 있다. 다만 이러한 심사제도는 근로자 및 노동조합의 헌법상 단결권을 침해하지 아니하도록 자유설립주의 원칙하에 최소한도로 운영되도록 하여야 할 것이다[19].

제3절 노동조합의 성립과 법적효과

1. 노동조합의 성립

노조법은 제12조 제4항에서 노동조합이 신고증을 교부받은 경우에는 설립신고서가 접수된 때에 설립된 것으로 본다고 규정하고 있다. 노동조합은 설립 신고증을 받아야 설립되며 그 성립시기는 설립신고서가 접수된 때로 소급한다는 것을 밝히고 있다. 이렇게 설립시기 소급은 노동조합의 설립여부도 중요한 문제이지만 설립시기도 중요한 문제이기 때문이다. 설립여부는 대외적으로 특히 행정관청이나 노동위원회 등 정부기관으로부터 공적으로 인정받는 시기로 할 필요가 있기 때문에 신고증을 교부받은 시점으로 하고 있다. 이에 반하여 설립시기는 행정관청의 신고증 교부 지체로 불이익을 받을 수 있다는 점과 노동조합 내부적으로는 창립총회를 거치면서 노동조합으로 활동하고자 하는 실질적인 사정을 감안하여 창립총회와 근접한 시기인 설립신고서 접수 시로 하고 있다. 그러나 노동조합 설립 신고증을 교부받는 것이

19) 이상윤, 앞의 책, p523.

설립의 기준이 되기 때문에 설립신고서를 접수하였으나 설립신고서가 반려된 경우에는 노동조합으로서 설립된 적이 없는 것으로 간주되며 또한 설립심사를 받고 있는 기간에도 아직은 설립된 것이라 할 수 없다. 다만, 설립신고증이 교부되면 소급하여 성립되어 노동조합 활동으로 인정된다.

2. 노동조합의 설립효과와 법외조합

(1) 설립효과

일반적으로 노조법에 의하여 설립신고를 마친 노동조합을 법내조합이라고 하고 설립 신고증을 교부받지 않은 노동조합을 법외조합이라고 부른다. 법내조합은 노동조합의 을 구비하고 결격요건에 해당하지 않으며 설립절차를 마쳐서 절차상의 흠도 없는데 반하여, 법외조합은 적극적요건 뿐만 아니라 결격요건에도 문제가 있을 수 있으며 형식적인 절차상의 설립신고도 하지 않은 상태의 노동조합을 말한다.

법내조합은 노조법이 정한 요건을 모두 갖추었기 때문에 노조법상의 각종 보호를 받는다. 즉 노동위원회에 노동쟁의의 조정 또는 부당노동행위의 구제를 신청할 수 있고 노동조합이라는 명칭을 사용할 수 있다(노조법 제7조). 등기를 하여 법인으로 할 수 있으며(동법 제6조) 세법에 정하는 바에 따라 조세가 면제된다(동법 제8조). 또한 단체교섭을 하거나 단체협약을 체결할 수 있고(동법 제29조) 단체교섭을 요구하여 사용자측에 단체교섭 의무를 발생시키며 정당한 단체교섭이나 쟁의행위를 한 경우에는 민·형사책임이 면제된다.

그리고 사용자와 체결한 단체협약의 규범적 효력과 일반적 구속력을 가지며(동법 제33조, 제35조, 제36조) 조합원을 보호할 수 있게 된다. 뿐만 아니라 노조법 이외에 노동위원회법에 의하여 노동위원회의 근로자위원을 추천할 수 있는 권한을 가지며 근로자참여 및 협력증진에 관한 법률에 의하여 일정한 조건 아래서 노사협의회 근로자위원을 위촉할 수 있다.

(2) 법외조합

법외조합에 대해서는 학설의 견해가 나뉘어져 있다. 일부 학설은 법외조합에 대하여는 노조법상의 모든 보호를 부인하고 있다[20]. 즉 노동조합의 실질적요건과 형식적요건 중 어느 하나라도 결여된 경우에는 근로자단체에 불과하여 아무런 법적인 보호도 받을 수 없다는 것이다. 부당노동행위 구제신청도 불가능하고 단체교섭을 요구할 수 없을 뿐만 아니라 단체협약 체결도 불가능 하다. 또한 노동쟁의조정 신청도 할 수 없기 때문에 단체행동권도 행사할 수 없다고 본다. 노동조합 설립의 형식적 요건은 단순한 절차적 요식행위가 아니라 무자격 노동조합의 난립을 방지하여 근로자의 노동3권 및 사용자의 재산권을 보호함과 동시에 실질적 요건을 갖춘 노동조합의 노동3권 행사를 사용자가 침해하지 못하도록 함으로써 노동조합이 자유롭게 노동3권을 행사할 수 있도록 보장하여 주는 제도적 장치이기 때문이다. 예컨대 실질적 요건을 갖춘 노동조합이 단체교섭을 요구하였으나 사용자가 실질적 요건을 갖추지 못하였다는 것을 확인하여 주는 제도적 장치가 없다면 노동조합은 단체교섭권을 행사할 수 없게 되고 결국 헌법상 노동3권의 보장은 그 의미를 상실하게 된다고 한다[21].

---

20) 이상윤, 앞의 책, p526.
21) 이상윤, 앞의 책, p527.

한편 다수의 법외 노조설은 실질적 요건을 갖추었으나 설립신고만을 하지 않은 법외조합과 설립신고를 하지 않았을 뿐만 아니라 실질적요건 마저 갖추지 못한 법외적 단체로 구분하여 논의하고 있다. 즉 전자의 경우에는 노조법 제7조가 규정한 부당노동행위 구제신청 및 노동쟁의조정 신청 단체협약의 효력확장 등의 보호를 받지 못하고 노동위원회법의 근로자대표의 추천을 할 수는 없다. 그러나 이러한 단체는 헌법상의 노동기본권의 보호대상이 되기 때문에 헌법이 보장한 이익의 향유를 방해받지 않는다고 한다. 따라서 단체협약 체결능력 뿐만 아니라 정당한 쟁의행위시 민·형사상의 면책의 이익을 받을 수 있다고 한다. 그리고 이러한 단체에 대한 사용자의 침해행위는 위법한 행위가 되므로 근로자에게 손해배상청구권이 인정되어야 할 것이며 또 사용자의 침해행위가 근로자의 해고로 나타날 때에는 이를 무효로 해석해야 한다고 주장한다[22]. 한편 후자의 경우와 같이 노동조합으로서의 형식적 요건뿐만 아니라 실질적 요건을 갖추지 못하여 완전히 노동조합으로서 인정을 할 수 없는 법외적 단체, 소위 무자격조합의 경우에는 단체교섭을 하거나 단체협약을 체결할 자격도 없을 뿐만 아니라 쟁의행위에 대한 민·형사상 면책도 인정되지 않는다고 한다[23].

한편 노조법 제7조 제2항에 따라 법외조합에 대한 부당노동행위에 있어서 해석상 유의할 점이 있다. 물론 동법 제7조 제1항에 따르면 사용자가 노조법 제81조에서 정한 부당노동행위가 행하여졌을지라도 법외조합 스스로가 노

---

22) 임종률, 앞의 책, p63. 이러한 노동조합을 헌법상의 조합이라 하여 단체교섭 및 단체협약체결의 자격과 그 정당한 단체교섭이나 쟁의행위에 대한 민·형사면책은 부정되지 않는다고 하는 견해가 있다. 특히 노동조합이 단체교섭을 체결할 수 있고 노동조합의 정당한 단체교섭이나 쟁의행위에 대하여는 민·형사책임을 면제한다는 노조법상의 규정은 헌법상 노동3권의 당연한 법적 효과 내지 보호를 확인한 것에 불과하고 노조법이 그러한 효과를 창설한 것은 아니라고 한다.

23) 임종률, 앞의 책, p64 ; 김형배, 앞의 책, p510.

동위원회에 구제신청을 할 수는 없다. 그러나 동규정은 동조 제2항에 따라 법 제81조 제1호, 제2호 및 5호의 규정에 의한 근로자의 보호를 부인하는 취지로 해석해서는 아니 된다. 따라서 법외조합의 구성원인 근로자 개인에 대한 불이익 대우(노조법 제81조1항), 비열계약(동법 동조 2항), 지배개입(동법 동조 제3항) 등의 부당노동행위에 대하여는 피해 근로자 개인의 신청으로 구제받을 수 있다.

제 3 장 노동조합의 운영과 활동

제 1 절 노동조합의 운영

1. 조합운영의 원칙

노동조합은 근로자가 자신들의 권익을 유지·발전시키기 위한 자주적인 단결체로서 그 운영방법을 원칙적으로 노동조합 스스로 결정하여야 한다. 사용자 기타 외부의 간섭이나 방해가 배제되어야 한다. 따라서 노동조합은 내부운영의 방식을 스스로 정하고 자주적으로 운영하여야 하는 원칙, 즉 조합자치주의 원칙이 지켜져야 한다.

그러나 또 한편으로 노동조합은 자치적으로 운영하는 속에서 집행부 일부에 의하여 독재적으로 운영될 위험도 있다. 이에 조합원들에게 평등한 참여의 기회가 주어지고 민주적인 토론에 의하여 운영되어질 필요가 있다. 이에 조합의 민주적인 운영이 확보되어질 수 있는 제도적 장치가 필요하고 우리 노조법은 이에 대한 제도적 장치를 두고 있다.

노동조합이 그 구성원인 근로자 개인과는 별개로 권리·의무의 주체가 될 수 있는 독자적 존재로서의 단체성을 갖추기 위해서, 근로조건의 유지·향상 등 그 고유의 목적을 가지고 사단적 성격을 가지는 규약을 만들어 이에 근거하여 의사결정기관 및 업무집행기관인 대표자 등 임원을 두는 등의 조직을 갖출 것을 전제로 하고 있다. 또 그 기관의 의결이나 업무집행방법이 다수결의 원칙에 의하여 자주적·민주적으로 행하여지며 조합원의 가입·탈퇴와는 관계없이 독자적인 단체로서의 존속이 인정되고 그 조직의 자치적인 규범에 의하여 대표의 방법, 총회나 이사회 등의 운영, 자본의 구성, 재산의 관리 기타 단체로서의 주요사항이 확정되어 있을 것을 규정하고 있다. 이러한 노동조합운영의 민주성을 노조법은 행정관청으로 하여금 임시총회 소집 등 일정한 경우에 개입하게 하여 노동조합의 민주성을 확보하고자 하고 있다. 노동조합의 자주성이 중요 하지만 자주성만이 강조되어 노동조합 운영에 대한 개입이 전혀 없었을 때 노동조합 다수의 집행부가 독단적으로 운영하여 소수의 조합원이 침해를 당할 수도 있기 때문에 이에 대한 제어장치로 행정관청의 개입을 규정하고 있다. 이에 대하여는 필요 최소한의 개입에 대한 법 규정이 있어야 할 것이고 해석도 엄격하게 제한적으로 해석하여야 할 것이다.

2. 조합원의 지위

(1) 조합원 자격

사용자나 이익대표자 또는 근로자가 아닌 자는 노조법의 규정에 따라 노동조합의 구성원이 될 자격이 없다. 한편 노조법상으로는 조합원 자격이 있는데도 노동조합의 규약에 따라 그 조합원이 될 수 없는 경우가 있다. 노동조합은 근로자의 자발적인 단결에 기초한 임의적 단체이므로 근로조건의 유지·개선의 목적 달성을 위하여 어떤 이해집단을 결합하는 것이 효과적인가라는 관점에서 그 조합원이 될 수 있는 자격 내지 범위를 자율적으로 결정·제한할 수 있다. 따라서 근로자가 속하는 산업·사업·사업장·직종·종업원의 종류·지역 등에 따라 조합원 자격을 결정할 수도 있고, 근로자의 인종·국적·종교·신조·성별·연령·근속연수 등을 기준으로 결정할 수도 있다.

또 단결 방위를 위하여 노동조합에서 제명된 자에 대하여 일정한 기간 동안 조합원 자격을 부인하는 것도 허용된다.

조합원에 관한 사항은 규약의 필요적 기재사항이므로 조합원자격의 제한은 규약으로 정해야 한다. 일반적으로 조합원 범위 또는 비조합원 범위의 형식으로 규정되고 있다.

(2) 조합원 지위의 취득

조합규약 상 조합원 자격을 가지는 자라도 조합원의 지위를 취득하려면 가입이라는 자발적 행위가 있어야 한다. 근로자는 노동조합에 가입할 것인지 여부의 자유를 가지기 때문이다. 유니언 숍 조항도 가입하지 않으면 해고의 불이익을 준다는 것이지 가입행위 없이 당연히 조합원이 된다는 의미는 아니다.

노동조합은 조합원 자격을 가지는 근로자에 대하여는 가입을 거부할 수 없다. 노동조합은 근로조건 규제의 임무를 달성하려면 가급적 조직을 확대해야 하며 노동조합이 조합원 자격을 결정한 것은 그러한 자격이 있는 자의 가입을 환영·촉진한다는 의미이지 노동조합이 가입을 원하는 자 중에서 선발하여 조합원의 지위를 부여한다는 의미는 아니기 때문이다. 따라서 근로자가 가입신청을 하고 노동조합 대표자가 이를 승인해야 조합원이 된다고 규정한 경우에 대표자의 승인권한은 규약 소정의 조합원 자격을 가지고 있는지를 확인하는 권한으로 한정된다고 보아야 한다. 조합원 자격을 가지는 자의 가입신청에 대하여 가입비 등을 납부할 것, 임원선거 등에 출마하지 않을 것 등을 조건으로 승인하거나 성별·종교·정당·사용자와의 친인척 관계, 노조운동의 경력 등을 이유로 승인을 거절하거나 보류하는 것은 위법하다고 보는 견해도 있다[1].

(3) 조합원 지위의 상실

조합원은 탈퇴나 제명으로 조합원의 지위를 상실한다. 또 조합원이 규약으로 정한 조합원 자격을 상실하면 탈퇴나 제명이 없더라도 당연히 조합원의 지위를 상실한다. 근로자는 노동조합에 가입할 것인지 여부의 자유를 가지므로 그 당연한 논리적 귀결로서 조합원은 탈퇴의 자유를 가진다. 규약으로 탈퇴의 자유를 침해할 수 없다. 따라서 조합원의 탈퇴에 대표자 등의 승인을 요한다거나 쟁의기간에는 탈퇴할 수 없다는 규정은 무효라고 해석된다. 유니언 숍이나 클로즈 숍도 조합원의 노동조합을 탈퇴하면 해고의 불이익을 받는다는 것이지 탈퇴행위 자체를 금지하는 것은 아니다.

예컨대 탈퇴원서의 제출처럼 요식행위로 하도록 규정하거나 합리적인 예고 기간을 정하는 것은 탈퇴의 자유를 침해할 정도의 것은 아니다. 제명은 노동조합 통제처분의 일종으로 보고 있다[2].

3. 조합규약

(1) 조합규약의 의의

노동조합 규약이란 노동조합이 그 조직·운영에 관한 사항을 정한 내부적인 자치규범이다. 규약에는 기본사항을 정한 것 외에 부수적인 규정(선

1) 임종률, 앞의 책, p67.
2) 임종률, 앞의 책, p68.

거관리규정, 의사규정 등)도 포함되며 그 명칭을 불문하고 노동조합의 조직과 운영에 관한 사항의 규정이면 모두 규약에 해당된다.

규약의 제정과 개정에는 조합원의 전체의사가 반영되어야 하기 때문에 총회에서 조합원의 직접·비밀·무기명 투표에 의하여 재적조합원 과반수의 출석과 출석조합원 3분의 2이상의 찬성으로 의결되어야 한다고 규정하여 의결 정족수를 높게 하고 있다. 규약의 제정·변경에 관한 의결 정족수를 정한 노동법 규정은 강행규정이기 때문에 의결 정족수를 법 규정보다 완화하는 것은 허용되지 않는다. 다만, 이를 법 규정보다 엄격하게 강화하는 것은 조합자치주의에 따라 허용된다. 규약은 조합의 실체이기 때문에 설립신고 시에 신고서에 첨부하여야 하며 노동조합의 주된 사무소에 비치하여야 한다. 규약은 자치규범이기 때문에 모든 조합원에게 적용된다. 규약의 개정에 반대한 조합원이나 규약 성립 후에 가입한 조합원은 물론 규약의 내용을 알지 못하는 조합원에게도 규약은 적용된다.

⑵ 조합규약의 내용

노조법 제11조에서는 규약의 필요적 기재사항을 기록하게 하고 있는데 이는 노동조합의 "민주적·자주적 운영을 보장하기 위함"이다. 곧, 노동조합의 조직과 운영에 관한 기본사항들을 규약에 기재하게 함으로써 조합의 자주적·민주적 운영을 가능하게 하고 있다. 따라서 법에서 정하여진 일정한 사항은 반드시 기재되어야 한다. 그 구체적 내용은 다음과 같다.

① 의무적 기재사항

(a)명칭, (b)목적과 사업, (c)주된 사무소의 소재지, (d)조합원에 관한 사항(연

합단체인 노동조합에 있어서는 그 구성단체에 관한 사항), (e) 소속된 연합단체가 있는 경우에는 그 명칭, (f)대의원회를 두는 경우에는 대의원회에 관한 사항, (g)회의에 관한 사항, (h)대표자와 임원에 관한 사항, (i)조합비 기타 회계에 관한 사항, (j)규약변경에 관한 사항 , (k)해산에 관한 사항, (l)쟁의행위와 관련된 찬반투표 결과의 공개, 투표자 명부 및 투표용지 등의 보존·열람에 관한 사항, (m)대표자와 임원의 규약위반에 대한 탄핵에 관한 사항, (n)임원 및 대의원의 선거절차에 관한 사항, (o)규율과 통제에 관한 사항 등

② 임의적 기재사항

노동조합은 필요적 기재사항 이외에도 노동조합의 자주적 · 민주적 운영과 활동에 필요한 사항을 자유로이 기재할 수 있는바, 이를 임의적 기재사항이라 한다. 이러한 임의적 기재사항은 법정 임의적 기재사항과 자치임의적 기재 사항으로 나누어 볼 수 있다. 특히 쟁의행위와 관련된 찬반투표 결과의 공개, 투표자 명부 및 투표용지 등의 보존 · 열람에 관한 사항은 쟁의행위 의사결정시에 투명성을 제고하기 위해 2006년 법 개정 시에 새롭게 추가된 사항이다.

4. 노동조합의 기관

노동조합에는 ①의사결정을 하는 기관, ②업무집행을 하는 기관, ③조합의 회계 기타 업무집행을 감사하는 기관, ④집행기관을 보조하며 일상적인 사무처리를 하는 기관, ⑤특별임무를 수행하기 위한 기관 등이 있다.

(1) 총회

총회는 노동조합의 최고의사를 결정하는 기관이다. 그러나 조합원 수가 많아서 조합원 전원이 직접 참가하는 것보다 대의원을 통한 간접참가가 효율적인 경우에는 그에 갈음하여 대의원회를 둘 수 있다. 대의원회에는 총회에 관한 규정이 준용된다. 대의원은 조합원의 직접·비밀·무기명투표에 의하여 선출되어야 한다.

총회는 매년 1회 이상 개최되는 정기총회와 대표자가 필요하다고 인정할 때에 개최되는 임시총회가 있다. 또한 조합원 1/3이상이 안건을 제시하여 소집요구를 할 수 있고 대표자는 이러한 요구가 있으면 임시총회를 소집하여야 한다. 소집요구에 대표자가 고의로 회의의 소집을 기피·해태하는 경우에는 조합원 1/3 이상이 행정관청에 소집권자의 지명을 요구할 수 있고 행정관청은 이러한 요구가 있으면 15일 이내에 노동위원회의 의결을 요청하고 노동위원회의 의결이 있는 때에는 지체 없이 소집권자를 지명하여야 한다. 총회의 소집권자가 없는 경우에는 조합원 1/3이상이 행정관청에 회의에 부의할 의안을 제시하고 소집권자의 지명을 요구할 수 있고 행정관청은 이러한 요구가 있으면 15일 이내에 소집권자를 지명하여야 한다.

총회의 소집을 위하여 적어도 회의 개최일 7일전까지 그 회의에 부의할 사항을 공고하고 규약에 정한 방법에 의하여 소집하여야 한다. 다만, 노동조합이 동일한 사업장에의 근로자로 구성된 경우에는 그 규약으로 공고기간을 단축할 수 있다.

총회의 의결은 안건의 성질에 따라 의결정족수를 달리 한다. 일반적인 안건은 재적조합원 과반수 출석과 출석조합원 과반수의 찬성이 있어야 한다. 그러나 규약의 제정·변경, 임원의 해임, 합병·분할·해산 및 조직형태의 변경에 관한 사항은 재적조합원 과반수 출석과 출석조합원의 2/3이상의 찬성이 있어야 한다. 의결방법은 규약에 정한 바에 따르되 규약에 정하지 않은 경우에는 투표·기립·거수·박수 등 상황에 따라 정할 수 있고 다른 사람에게 위임하여 간접적으로 의결권을 행사할 수도 있다. 그러나 규약의 제정·변경, 임원의 선거·해임에 관한 사항은 직접·비밀·무기명 투표에 의하여야 한다. 노동조합이 특정 조합원에 관한 사항을 의결할 경우에는 그 조합원은 의결권이 없다고 되어 있지만[3], 임원·대의원 등의 선거에 관한 사항은 포함되지 않는다고 본다.

총회 또는 대의원회의 소집이나 의결 등에 절차에 형식상 하자가 있다고 하더라도 그러한 하자가 총회 또는 대의원회에서 의결을 함에 있어서 그 구성원의 의사를 실질적으로 반영하는데 어떠한 장애를 초래하지 않았더라면 그러한 하자로 인하여 그 의결을 무효로 볼 수 없다고 할 것이다[4].

(2) 대의원회

노동조합은 규약으로 총회를 갈음할 대의원회를 둘 수 있다(노조법 제17조1항). 조합원 몇 명당 대의원 1명을 둘 것인가 등은 규약으로 정하는 바에

3) 노조법 제20조.

4) 대판,1992.3.27, 91다29071에서 노조위원장을 포함한 임원 전원을 불신임하는 대의원대회의 절차상 하자가 있고 대의원대회 결과 수일 후 별다른 소집공고 등 절차 없이 개최한 임시총회에서 차기 위원장을 선출한 사건에서 비록 규약의 규정 절차를 지키지 않았다하더라도 모든 대의원이 참석하고 대의원회 부의된 사항에 대하여 아무런 이의가 없었다면 위와 같은 하자는 경미한 것이어서 위 대의원회에서 한 의결은 유효하다 할 것이고, 임시총회에서도 90%이상의 조합원이 참석하였고 다른 조합원들이 위원장 입후보등록이나 총회에 참여하여 투표하는 것에 어떠한 지장도 없었다면 위와 같이 소집공고나 입후보등록에 관한 절차상의 하자 역시 경미한 것이어서 위 임시총회에서 의결한 위원장 선출은 유효하다고 하였다.

따른다. 규약으로 총회를 갈음할 대의원회를 두는 경우 대의원회가 노동조합의 최고의사 결정기관이 된다. 대의원회는 조합원의 직접·비밀·무기명 투표에 의하여 선출되어야 한다[5]. 대의원회는 규약에 의하여 선출된 대의원으로 구성되며 대의원의 임기는 3년을 초과할 수 없다. 대의원회는 총회에 관한 규정을 준용한다.

대의원회의 규약 절차상의 하자가 있는 경우에 대의원회의 결과 효력이 어떻게 되는가에 대한 판례의 태도는 형식상의 하자가 있다고 하더라도 그러한 하자가 총회 또는 대의원회에서 의결을 함에 있어서 그 구성원의 의사를 실질적으로 반영하는데 어떠한 장애를 초래하지 않았더라면 그러한 하자로 인하여 그 의결을 무효로 볼 수 없다고 한다[6].

(3) 임원

조합의 임원은 광의와 협의로 구분할 수 있는데, 광의의 임원에는 조합대표자와 협의의 임원이 포함된다. 대표자는 노동조합 업무를 집행하며 대외적으로 노동조합을 대표하는 자를 말한다. 협의의 임원은 대표자를 보좌하여 노동조합 업무를 집행하는 자를 말한다. 노조법은 임원의 선거절차와 탄핵에 관한 사항 등을 규약의 의무적 기재사항으로 정하고 있다(노조법 제11조). 또한 임원의 선출에 관하여 조합원 중에서 직접·비밀·무기명

5) 대판,2000.1.14, 97다41349에서 노동조합의 최고의사 결정기관인 총회를 갈음할 대의원회 대의원을 법 규정과는 달리 조합원이 대의원의 선출에 직접 관여하지 못하도록 간접적인 선출방법을 정한 규약이나 선거관리 규정은 무효라고 하고 있다.

6) 대판,1992.3.31, 91다14413에서 노동조합의 대의원회에 재적대의원 전원이 출석하여 전원의 찬성으로 위원장을 직선으로 선출하는 것을 전제로 규약을 변경하기로 하는 의결을 한 것이라면, 노동조합이 그 규약 변경 안을 회의에 부의할 사항으로 미리 공고하지 아니한 채 대의원회를 개최한 절차상의 흠이 있다고 하더라도 그 대의원회의 의결 자체를 무효로 볼 수 없다고 하였다.

투표의 방식으로 선출하도록 하고 있다. 임원의 임기는 3년을 초과할 수 없다.

임원은 조합원 중에서 선출되어야 한다. 따라서 집행기구(사무국)의 직책 중에서도 선거를 통한 임명이 아닌 임명직을 맡고 있는 자는 임기가 정하여져 있더라도 임원이 아니다. 이들은 임원과 구별하여 직원이라고 부르며 조합원과 총회에 대하여 책임을 지지 않는다.

⑷ 회계감사

노조법은 노동조합의 민주적인 운영을 위하여 감사기관을 두도록 하고 있다. 특히 회계부문의 민주적인 집행을 위하여 감사기관으로 회계감사를 두도록 하고 노동조합의 재정에 관하여 감사할 권한을 부여하고 있다. 대표자는 회계감사원으로 하여금 6월에 1회 이상 그 노동조합의 모든 재원 및 용도 주요한 기부자의 성명 및 현재의 경리 상황 등에 대한 회계감사를 실시하고 그 내용의 결과를 전체 조합원에게 공개하여야 하며(노조법 제25조1항), 회계감사원이 필요하다고 인정할 경우에는 그 노동조합의 회계감사를 실시하고 그 결과를 공개할 수 있다(동조 2항).

회계감사원의 선임방법 · 선임요건 · 임기 등은 조합자치에 맡기고 있으므로 규약으로 정하거나 총회에서 결의한 바에 따른다. 일반적으로 임원에 준하여 조합원의 직접선거에 의하여 선임되고 있다. 감사가 회계감사뿐만 아니라 업무감사의 권한까지 인정할 것인지는 노조법에 규정한 바가 없다. 따라서 조합자치에 따라 결정될 문제이다.

(5) 전임자

노조법 제24조에서 근로자는 단체협약으로 정하거나 사용자의 동의가 있는 경우에는 근로계약 소정의 근로를 제공하지 아니하고 노동조합의 업무에만 종사할 수 있다고 규정하고 있다. 노동조합 전임자는 사업 또는 사업장에서 근로자의 지위를 가지면서 노동조합의 업무만을 전담하는 자를 말한다. 통상 기업별 노조에서 임원이 노조 전임자인 경우가 일반이지만 오늘날 산업별노조의 출범과 더불어 사업장내 노조 임원이 아닌 자 또는 산업별연합단체의 간부를 전임자로 인정하는 경우가 있다.

노동조합 전임자제도가 인정될 수 있는 근거에 대하여는 단결권 보장차원에서 당연하다는 견해(단결권설)와 노동조합에 대한 사용자의 편의제공의 법 규정에서 비롯된다는 견해(협정설)로 나뉘어 있다. 단결권설은 노동조합 전임자제도는 헌법상 인정되는 단결권보장 차원에서 노동조합의 정상적인 활동을 위하여 당연히 인정되어야 한다고 한다. 이에 따르면 법 규정은 확인적 규정에 불과하기 때문에 법 규정의 유무에 불구하고 당연히 노동조합 전임자를 노동조합은 주장할 수 있는 것이라고 한다. 한편 협정설은 노동조합 전임자제도는 당연히 인정되어지는 것이 아니라 법 규정상 노동조합에 대한 편의제공 차원에서 인정되는 것이라고 한다. 따라서 법 규정과 단체협약 및 사용자의 동의가 없이는 인정될 수 없다고 본다[7].

노조 전임자도 사용자와의 사이에는 기본적인 근로관계가 유지되기 때문에 취업규칙의 적용을 받으며 단체협약이나 취업규칙에 특별한 정함이 있거나 관행이 존재하지 않는 한 출·퇴근에 관한 내규를 적용받는다.

현행 노조법 제24조에서는 노조 전임자의 급여지급이 금지되고 있다. 또

7) 대판,1995.11.10, 94다54566.

한 동법 제81조에서는 노동조합 전임자에게 급여를 지원하는 행위를 부당노동행위의 지배·개입 및 경비원조로 규정하고 금지하고 있는데 다만 그 시행을 2009.12.31까지 유예하고 있다.

노동조합 전임자의 근로계약상의 지위에 관하여 판례는 사용자와의 사이에 기본적 노사관계는 유지되고[8] 기업의 근로자로서의 신분도 그대로 가지는 것이지만, 노동조합 전임자의 근로제공 의무가 면제되고 원칙적으로 사용자의 임금지급 의무도 면제된다는 점에서 휴직상태에 있는 근로자와 유사하다고 한다. 따라서 사용자가 노동조합 전임자에게 일정한 금품을 지급한다고 하더라도 이는 근로의 대가인 임금이라고 할 수 없다고 한다[9]. 그러나 노동조합 업무를 수행하거나 이에 수반하는 통상적인 활동을 하는 과정에서 그 업무에 기인하여 발생하는 재해를 산업재해보상보험법 소정의 업무상 재해로 인정하고 있다. 다만 쟁의행위 중의 재해는 산재로 인정하지 않는다[10].

5. 노동조합의 재정

노동조합의 자주적인 운영은 재정에서 자주성이 확보되어야 한다. 이에 노조법은 노동조합의 재정적인 자주성 확보를 위한 규정들을 두고 있다. 사용자로부터 노동조합의 재정지원을 받는 경우 노동조합 자주성이 침해되기 때문에 노동조합의 결격요건으로 하여 노동조합을 부정하고(노조법 제2조 4항 나목) 부당노동행위의 성립을 규정하고 있다(노조법 제81조 4호). 또한 재정사항의 민주적 운영과 자주성을 확보하기 위하여 행정관청이 필요하다고

8) 대판,2004.2.27, 2003다51675.
9) 대판,1998.4.24, 97다5427.
10) 대판,1997.06.10, 96누13866.

판단한 때에 노동조합에게 결산결과와 운영상황을 보고하도록 하여 조사할 수 있게 하고 있다.

조합재정은 조합비로 주로 구성되고 때에 따라서는 기부금, 사업수입금 등으로 구성되기도 한다. 조합비는 조합원이 노동조합 구성원의 지위에서 노조 운영을 위하여 부담하는 일체의 비용을 말하는데 이에는 정기 조합비 이외에 일시적 필요에 의하여 부과되는 파업비용, 회관건립기금, 공제회비 등도 포함된다. 조합비를 납부하지 않은 조합원의 권리를 조합은 규약으로 정한 바에 따라 제한할 수 있다. 조합비공제 제도(check off)는 조합비를 사용자가 사전에 원천공제하고 이를 노동조합에 일괄하여 직접 납부하는 제도를 말한다.

6. 노동조합의 내부통제

(1) 노동조합 내부통제의 의의

노동조합은 조합원의 자치적인 단체이므로 노동조합 자율적으로 조직력을 강화하기 위해 노동조합의 규약이나 결의 · 지시 등을 위반한 조합원에 대하여 제명 · 권리정지 · 벌금부과 · 경고 등 일정한 규제 및 강제를 가할 수 있는데 이러한 자율적 통제를 노동조합의 내부통제라고 한다. 현행 노조법은 명문규정으로 노동조합의 내부통제권을 인정하고 있지는 않으나 학설과 판례는 이를 인정하고 있다. 즉 노조법은 대표자와 임원의 규약위반에 대한 탄핵에 관한 사항 및 규율과 통제에 관한 사항을 규약의 필요적 기재사항으로 규정하고 있을 뿐이지 명문으로 통제권의 내용을 규정하고 있지는 않다. 이에 따라 대체로 노동조합은 규약에서 내부 통제처분의 사유와 종류, 절차 등을 규정하고 있으며 학설과 판례는 이러한 내부통제 규약의 규정을 정당한 것으로 해석하고 있다.

노조법의 명문규정으로 내부통제를 허용하고 있는 것은 아니기 때문에 규약에 조합원의 규약위반, 결의 및 지시의 불복종, 조합명예훼손 등의 행위에 대하여 경고, 견책, 권리정지, 제명 등의 징계처분을 규정한 경우에 징계가 가능하다[11].

내부 통제권의 법적 근거로 ① 계약설로 영미법은 노동조합을 개개의 조합원으로부터 독립한 별개의 법적 실체로 보지 아니하고 조합원 상호간의 계약으로 본다[12]. 이러한 계약설에 의하면 노동조합의 통제권은 조합원간의 계약에 의하여 조합원의 권리와 의무에 관한 조건을 명시하고 있으며 조합원의 신분의 취득과 상실에 관한 조건도 규정하고 있다.

② 단체고유권설로 노동조합을 하나의 일반단체로 보고 단체는 본질상 일정한 목적수행에 필요한 한도 내에서 내부통제권을 가진다고 보는 견해이다[13]. 단체고유권설에 의하면 모든 단체가 그 존립과 고유의 목적수행을 위하여 구성원에 대하여 통제권을 행사하는 것은 당연하다고 한다.

③ 단결권설은 노동조합은 일반단체와는 달리 헌법 제33조제1항에서 인정된 헌법상의 단체로서 보통 단체에서는 볼 수 없는 더욱 강한 통제력을 필요로 하고 이러한 통제권의 근거를 헌법상의 단결권보장에서 구한다. 다만, 단결권설은 일반 단체로서의 성질을 완전 부정하느냐의 여부에 따라 다시 순수단결권설과 절충단결권설로 나누어 진다. 순수단결권설은 노동조합의 일

---

11) 이상윤, 앞의 책, p574.

12) Clyeds W. Summers, Legal Limitations on Union Discipline, 64 Harv. L. Rev.1054; Chafee, Internal Affairs of Association Not for Probit, 43 Harv. L. Rev. 993, 1003(1930). 재인용

13) 김여수, 한국노동법, p155.

반적인 단체로서의 법적성격을 완전히 부정하고 이것과는 이질적인 노동조합의 특성을 기초로 하여 통제권의 법리를 구성한다는 견해이며[14], 절충단결권설은 노동조합의 일반 단체로서의 법적성격을 인정하면시도 단결권 보장에 근거한 보다 강한 통제권이 인정된다고 한다[15].

근로자의 근로3권을 결사의 자유와 별도로 인정하고 있는 현행 헌법제계를 볼 때에 순수 단결권설이 옳다고 본다[16]는 견해에 찬동한다. 즉 노동조합은 단순한 일반 단체가 아니라 헌법 제33조 제1항에서 보호하고 있는 근로자의 특수한 단결체이기 때문이다.

(2) 내부통제의 범위

노동조합의 조합원은 노동조합이라는 단체의 일원으로서 당연히 노동조합 규약의 준수, 방침·결의·지시의 이행, 조합비의 납부 등의 의무를 지므로 일반적으로 조합원의 이러한 의무위반이 통제처분의 대상이 된다. 노조법이 대표자와 임원의 규약위반 및 조합원의 조합비 납부거부 등을 통제처분의 대상으로 예정하고 있으나 이는 예시적 훈시 규정에 불과하다고 보고[17]이외에 다른 사항의 위반에 대하여도 징계 등 통제처분이 가능하다.

노동조합의 지시나 행위가 정당하지 않는 경우에는 그에 따를 의무가 없다고 보기 때문에 법률상 허용되지 않는 쟁의행위를 감행한 경우의 결의·지시에 따르지 않는 행위는 통제처분의 대상이 되지 않는다고 한다. 또한 조합

---

14) 김형배, 앞의 책, p700.
15) 임종률, 앞의책, p89.
16) 이상윤, 앞의 책, p575.
17) 임종률, 앞의 책, p89.

의 통제·징계의 권능도 조합의 목적달성상 필요한 내부규제라는 한도 내에서 행사될 경우에만 정당하다. 조합의 통제권과 징계권은 단결권 보장의 취지에 따라 단결을 유지하고 조합의 진정한 목적을 달성하기 위하여 꼭 필요한 한도 내에서 신중하게 행사되어야 한다[18].

조합원의 언론의 자유와의 관계에서 집행부나 조합의 방침을 건전하게 비판하는 조합원의 행위는 조합민주주의의 활성화 및 그 유지를 위하여 마땅히 허용되어야 한다. 비판의 내용이 사실에 기초하여 공정성을 유지하고 있는 때에는 마땅히 허용되어야 한다. 그러나 사실을 왜곡하거나 집행부에 대한 중상 또는 악의적인 공격을 목적으로 필요 없는 비판을 하는 것은 통제처분의 대상이 된다.

(3) 내부통제 제재의 절차

내부통제는 규약에 정한 바에 따라 진행되어야 한다. 통제처분은 노동조합이 조합원에 대하여 일방적으로 불이익처분을 하는 것이기 때문에 제명, 징계 등의 처분을 당하는 조합원 당사자로서는 커다란 불이익을 가져올 수 있다. 따라서 내부 통제는 사유와 더불어 그 절차도 공정성을 가져야 한다고 본다. 노동조합의 규약에 내부통제의 절차에 관한 규정을 두고 있는 경우에는 반드시 그 절차에 따라야 할 것이며 규약에 이에 관한 규정이 없을 때에는 조합의 본질과 운영의 기본원리에 따라 상당한 정도의 합리성을 가진 일정한 절차가 마련되어야 할 것이다.

내부통제는 규약에서 정하는 바에 따르는 것이 원칙이나 제명처분의 최종결정 권한은 조합 총회나 대의원회의 전권사항이라고 보아야 한다. 그 의결

18) 김형배, 앞의 책, p701.

정족수는 규약에 정함에 따르되 별도 정함이 없다면 일반안건의 의결정족수와 같다고 본다. 제명을 제외한 내부통제를 규약에서 최고의사 결정기관이 아닌 상무집행위원회 등 하급의결 기관에 위임한 경우에 하급기관에서 의결할 수 있는가 하는 문제가 제기될 수 있는데 제명의 경우를 제외하고는 하급기관에 위임할 수 있다고 본다[19].

조합이 조합원에 대하여 내부 통제를 가하는 경우에 당해 조합원에게 변명의 기회를 주어야 하는가 하는 문제가 있다. 제재의 사유를 알리고 제재를 결정하는 기관에 출석하여 방어를 위한 충분한 기회를 주도록 하는 내용을 규약에 규정하여야 하며 규약에 규정이 없다하더라도 변명의 기회를 주는 것이 심리의 공정성을 확보하는 불가결의 요건이며 이러한 규약 소정의 절차를 위반하거나 변명의 기회를 충분히 주지 않은 경우에는 절차상의 중대한 흠으로 그 통제처분이 무효가 된다[20].

(4) 부당한 내부통제의 구제

노동조합의 내부 통제처분이 노조법이나 규약에 위반하는 경우에는 행정관청은 시정명령을 할 수 있다(노조법 제21조). 내부 통제처분이 노동관계법령에 위반하는 경우에는 행정관청은 노동위원회의 의결을 얻어서 시정명령을 내릴 수 있으며 규약위반의 내부통제에 대하여는 이해관계인의 신청이 있는 경우에 한한다.

노동조합의 내부통제에 대하여 법원에 구제가 가능한 것인가 하는 문제가 있는데 자율성을 가진 노동조합의 본질에 비추어 보면 조합내부에서 결정된

---

19) 김형배, 앞의 책, p703.
20) 임종률, 앞의 책, p91 ; 김형배, 앞의 책, p703.

단체 내부문제를 법원이 심판하는 것은 적정하지 못한 면이 있을 수 있으나 통제의 양정이 지나치거나 절차상의 하자로 현저히 공정성을 잃은 경우에는 통제권이 남용되었다고 보고 법원이 개입하여 조합원의 권리를 보호하는 사법구제가 가능하다고 본다.

법원의 개입은 조합의 자주적 통제권의 행사를 존중하여야 한다는 전제하에서 행하여져야 하기 때문에 법원의 개입정도는 신중히 판단하여야 할 것이다. 법원에 의한 사법적 심사에 대하여 조합규약에 내부통제처분에 관한 규정이 없거나 또는 추상적·일반적 규정 밖에 존재하지 않는 경우에는 법원은 당해 위반행위를 이유로 하는 통제처분에 적부에 관한 판단까지 할 수 있으나, 조합규약에 징계사유와 절차에 관한 상세하고 구체적인 규정이 있는 경우에는 당해 처분이 징계사유로부터 현저하게 일탈되어 있다거나 또는 양형이 크게 잘 못 된 경우가 아니면 법원은 조합의 자주적 결정을 존중하여야 할 것이다[21].

제2절 노동조합의 활동

1. 조합활동의 의의

조합활동에 대한 개념정의는 조합활동을 어디까지로 인정할 것인가에 따라 달라진다. 쟁의행위를 제외한 단체행동으로 보는 견해에 의하면 조합활동은 단체행동권의 일부가 되고, 단체교섭 및 쟁의행위도 포함된다고 보는 견

21) 김형배, 앞의 책, p704 ; 이상윤, 앞의 책, p578.

해[22]에 따를 때에는 조합활동은 노동3권과 동일하다. 한편 단체교섭과 쟁의행위를 제외한 활동을 조합활동으로 보는 견해[23]와 노동조합의 조직・가입, 단체교섭 및 쟁의행위를 제외한 나머지 행위를 말한다는 견해도 제기되고 있다[24]. 조합활동을 조합의 업무를 위한 행위로 한정하여 본다면 제일 후자의 견해가 타당하다.

조합활동이 정당한 경우에는 단결권의 보장으로 당연히 보장되어야 한다. 따라서 정당한 조합활동에 대해서는 해고 기타 불이익취급을 할 수 없고 민・형사책임이 면책된다. 현실적으로 조합원이 조합활동을 하는 경우 사용자는 여러 가지 이유로 징계처분을 하는 일이 있다. 이때 조합활동의 정당성을 주장하여 사용자의 불이익취급으로 부터 보호받는 데에 조합활동의 개념적 정의의 실제적 의미가 있다.

조합활동이 현실적으로 행하여진 경우에 그것이 단순한 조합활동으로 정당한 것인지 쟁의행위인지 여부가 문제 된다. 원칙적으로 쟁의행위는 집단적인 주장관철을 목적으로 사용자에 대하여 경제적 압력을 행사하는 행위인 반면, 조합활동은 단결력의 유지・강화를 목적으로 하는 행위라는 점에서 구별될 수 있다. 그러나 조합활동이 노동조합의 주장관철과 연관된 목적으로 하거나 외견상 통상적인 업무의 저해를 수반하는 경우에 쟁의행위와 구별이 문제된다. 즉, 직접적으로 사용자에 대한 주장관철을 목적으로 하는 것은 아니지만, 시기적으로 쟁의기간에 인접하거나 쟁의기간 도중에 단결의 강화 또는 사용자에 대한 단결의 시위를 위하여 행해지는 유인물의 배포 및 부착・조합집회・평상복 근무・집단적인 리본착용 등의 경우에 조합활동으로 볼

22) 김유성, 노동법Ⅱ, p102.
23) 이병태, 노동법, p177.
24) 임종률, 앞의 책, p99.

것인가 쟁의행위로 볼 것인가가 문제된다. 이러한 경우에 쟁의행위와 조합활동의 구별은 행위의 목적과 태양이라는 점에서 구별하여야 한다. 근로자의 집단적 행동이 쟁의행위로 판단되기 위해서는 적어도 다음의 두 가지 요소가 있어야 한다. 그 하나는 행위의 목적에서 보아 근로자의 근로조건 기타 사회적·경제적 지위향상과 관련된 주장의 관철을 위한 것이어야 한다는 점이고 다른 하나는 행위의 태양이 사용자의 정상적인 업무를 저해하는 것이어야 한다는 점이다. 예컨대 조합의 집회·연설, 유인물의 배포, 부착, 리본착용, 머리띠 기타 복장의 착용 등의 경우, 외관상 그 형태가 동일하다고 하더라도 위와 같은 주장관철의 목적과 업무저해의 태양을 갖춘 것이라면 쟁의행위에 해당할 것이지만, 그러한 목적이나 태양이 결여되어 있다면 조합활동에 속한다고 보아야 할 것이다.

2. 조합활동의 정당성

근로자의 조합활동은 그 주체·목적·수단의 각 측면에서 정당한 것이어야 법적으로 보호받을 수 있다.

조합활동은 사업장 내에서의 사용자의 사유재산권 행사와 근로자의 노동기본권의 보장간의 균형을 유지하기 위하여 그 허용의 범위가 논의되어지고 있다. 근로자의 조합활동은 노동기본권으로서 보장되어질 필요성·정당성의 문제와 다른 한편으로 조합활동이 허용됨에 따라 나타날 수 있는 사용자의 사유재산권상 인사경영권 침해의 형량의 문제가 동시에 존재한다. 따라서 조합활동의 정당성은 근로자의 노동기본권과 사용자의 사유재산권의 조화의 문제로 볼 수 있다. 근로자의 행위가 조합활동으로서 정당화되기 위해서는 학설과 판례상 다음과 같은 일반적 기준에 해당되어야 한다.25)

(1) 취업시간 중의 조합활동은 이를 허용하는 단체협약이나 관행 또는 사용자의 승낙이 필요, (2) 취업시간외의 사업장내의 조합활동에 대하여는 사용자의 시설관리권에 바탕을 둔 합리적인 규율이나 제약에 따라, (3) 취업시간 외의 사업장 밖의 조합활동에 대하여는 정당성이 넓게 인정되지만, 근로자의 근로계약상의 성실의무에 위반하지 않을 것 등의 기준이 있다.

①그러나 조합활동은 그 태양에 따라서 근로자의 근로의무나 사용자의 노무지휘권 내지 시설관리권과 충돌하기 때문에 정당성 판단은 어렵고 복잡한 문제를 야기하며 구체적인 태양에 따라 정당성 유무를 검토할 필요가 있다. ②취업시간 중의 조합활동으로서 리본 등의 착용은 성실노동의무에 위반되는지 여부를 판단하여야 하는데, 이에 대해서는 기업의 업종, 근로자의 직무내용, 직장의 양상 및 리본착용의 태양 등 구체적 사정을 고려하여 성실노무제공의무 이행으로서의 정신적·육체적 활동에 지장이 없고 업무에 지장을 미칠 우려가 없는 경우에는 조합활동으로서 정당성을 인정하여야 할 것이다[26]. ③조합집회로서 취업시간 중에 총회, 보고대회 등을 사용자의 승낙을 받지 않고 개최하는 것은 노무지휘권의 침해로서 정당성을 가질 수 없다. 다만, 취업시간중의 개최의 필요성이나 노무지휘권의 침해의 정도 기타 제반사정을 고려하여 예외적으로 정당성을 인정하여야 할 경우도 있다. ④벽보 등의 부착이나 유인물 배포행위에 대하여 사용자의 시설관리권과 조합활동권간의 충돌의 문제가 일어난다. 벽보나 현수막 등의 사업장 시설에 부착하는 행위는 사용자가 관리하는 시설을 이용하는 것이므로 시설관리권의 침해문제가 유인물배포행위보다 크게 일어나기 때문이다. ⑤수인의무설은 기업단위노조는 기업시설을 이용하는 것이 조합활동상 불가결한 것이기 때문에 조

25) 임종률, 앞의 책, p100.
26) 임종률, 앞의 책, p101.

합활동에 기하여 기업시설을 일정범위 안에서 이용하는 권한을 가지며 사용자는 그 이용을 수인할 의무가 있다고 보고, 사용자의 승낙 없이 벽보 및 현수막 부착하는 행위를 정당화하여야 한다. ⑥이에 반하여 승낙설은 근로자의 기업시설 이용은 사용자의 승낙하에 행하여져야 하기 때문에 근로자가 사용자의 승낙 없이 기업시설을 이용하는 조합활동은 사용자의 시설 남용권이라고 인정되는 특별한 사정이 없는 한 정당성이 부정된다고 한다. ⑦또한 위법성 조각설은 노동조합이 당연히 기업시설을 이용할 권한을 가진다고 볼 수는 없으나 불가피하게 기업시설을 이용하는 조합활동의 필요성이 있으며 사용자의 시설관리상의 지장을 초래하지 않는 한 사용자의 승낙을 받지 않았다는 위법성이 조각된다고 본다.

⑧유인물 배포는 벽보 등 부착보다는 사용자의 시설관리권을 침해하는 정도가 낮기 때문에 그 정당성 판단에 있어 다소 탄력적인 위법성조각설이 일반적 견해이다. 수인의무설은 수인의무의 범위에서 유인물 배포를 포함시키는 입장이고, 승낙설은 시설관리권의 남용이라 인정되는 특별한 사정을 더 넓게 하여 정당성을 관대히 평가하는 입장에 있다. 또한 위법성조각설도 위법성 조각의 범위를 넓혀서 해석하고 있다[27].

3. 편의제공

사용자가 조합활동의 편의를 도모하기 위하여 임의로 제공하는 각종 인적·물적지원 및 보장을 편의제공이라 한다. 편의제공에는 조합활동에 대대한 사전양해·사전추인 등 소극적 성질의 것과 조합비 사전공제·노조전임의 인정 및 조합사무소의 제공 등 적극적 성질의 것이 있다[28].

27) 대판,1992.6.23, 92누4253.

단결권설에 의하면 편의제공은 헌법상 보장된 단결권을 근거로 하고 있으므로 사용자는 편의제공을 승인·보장할 의무만을 부담하고 이를 거부할 권리는 없다고 한다. 이러한 견해에 따르면 단체협약, 취업규칙 및 노사관행 등에 의하여 편의제공이 인정되어 있지 아니 한 경우에도 사용자는 편의제공의 적극적 의무를 부담하게 되고 이를 거부한 경우에는 부당노동행위가 성립된다고 한다. 반면, 협정설에 의하면 편의제공은 단체협약, 취업규칙 및 노사관행에 의하여 또는 사용자가 원하는 경우에 임의로 제공하는 것이며 사용자는 편의제공을 승인할 아무런 의무도 없다고 한다[29]. 이러한 견해에 의하면 편의제공은 헌법상 단결권에서 당연히 도출되는 것은 아니며 단체협정, 취업규칙 및 노사관행 등에 의하여 보장되어 있지 아니 한 경우 근로자는 사용자에게 편의제공을 요구할 수 없다고 한다. 사용자가 편의제공을 과도하게 하는 경우 지배·개입에 해당되어 부당노동행위가 성립할 우려가 있다.

제3절 노동조합의 해산과 조직변경

1. 노동조합의 해산

노동조합은 법에 정한 일정한 사유가 발생하면 해산하고 이에 따라 청산절차에 들어가 청산의 목적 범위 내에서 존속하다가 청산절차가 종료된 시점

---

28) 김유성, 앞의 책, p105.
29) 김유성, 앞의 책, p106.

에서 소멸하게 된다. 노동조합의 해산이란 노동조합으로서의 존재를 종료하는 사유를 말한다. 노동조합은 ①규약에서 정한 해산사유가 발생한 경우, ②합병 또는 분할로 소멸한 경우, ③총회 또는 대의원회의 해산결의가 있는 경우, ④노동조합의 임원이 없고 노동조합으로서의 활동을 1년 이상 하지 않은 것으로 인정되는 경우(휴면노조)로서 행정관청이 노동위원회의 의결을 얻은 경우에 해산한다. 노동조합으로서 활동을 1년 이상 하지 않은 것으로 인정되는 경우란 계속하여 1년 이상 조합원으로부터 조합비를 징수한 사실이 없거나 총회 또는 대의원회를 개최한 사실이 없는 경우를 말한다. 노동위원회가 위와 같은 해산의결을 함에 있어서는 위 해산사유 발생일 이후의 당해 노동조합의 활동은 고려하여서는 아니 된다.

해산한 노동조합은 노동조합 본래의 활동인 단체교섭·쟁의행위·단체협약의 당사자가 될 수 없다. 따라서 유효기간 중의 단체협약도 해산에 의하여 청산의 목적 범위 내에서만 효력을 가지고 청산절차를 완료하면 소멸한다.

2. 노동조합의 조직 변경

노동조합의 합병이란 2개 이상의 복수 노동조합이 존속 중에 그 합의에 근거하여 하나의 노동조합으로 되는 것을 말한다. 통합하여 새로운 노동조합을 설립하는 신설합병과 하나의 노동조합이 다른 노동조합을 흡수하여 존속하는 흡수합병이 있다. 합병은 노동조합 간에 합병계약을 하고 각 노동조합은 총회에서 합병을 결의하여야 하고 규약을 변경하여야 한다. 특히 신설합병의 경우에는 신 조합을 설립하여야 한다. 흡수합병의 경우 소멸되는 노동조합은 소멸되고 신설합병의 경우에는 합병의 당사자로 된 기존의 모든 노동조합이 해산·소멸된다. 흡수합병의 경우 합병 전후의 실질적 동일성이 유지되기 때문에 조합원의 지위는 그대로 승계되고 조합원의 권리의무와 단체협약도 포괄적으로 승계된다. 합병에 따라 해산 · 소멸되는 노동조합에서는 해산에 따른 청산절차를 거칠 필요가 없이 그대로 흡수되는 노동조합으로 승계되기 때문에 그 노동조합의 재산관계 및 단체협약의 주체로서의 지위도 그대로 승계된다.

(1) 노동조합의 분할이란 합병에 반대되는 개념으로서 하나의 노동조합이 존속 중에 그 의사결정에 의하여 복수의 노동조합으로 나누어지는 것을 말한다. 분할에 의해 신설된 노동조합은 설립총회를 개최하여 규약을 제정하는 등 노동조합의 설립에 관한 일반적인 절차를 밟아야 한다. 분할에 의하여 기존의 노동조합은 해산 · 소멸한다. 조합원의 일부가 기존 노동조합에서 집단적으로 일탈하여 별개의 노동조합을 신설하는 것은 조합의 분열이지 노동조합의 분할은 아니다. 분할은 합병의 반대 방향의 조직변동이다. 따라서 구조합의 재산과 조합원의 노동조합에 대한 권리 · 의무는 신 조합에 분할 · 승계된다. 또한 단체협약도 승계된다. 이러한 점 등에서 분열과 구별된다.

(2) 조직형태의 변경이란 노동조합이 합병이나 분할이 없이 변경 전후의 노동조합이 그 실질적 동일성을 유지하고 있다는 점에서 합병 또는 분할에 의한 신설노조의 설립과는 다르다. 노조법 제16조에서 조직형태의 변경에 관한 사항을 총회의 의결사항으로 규정하면서 규약의 변경에 관한 사항과 동일하게 재적 조합원 과반수의 출석과 출석 조합원 3분의 2이상의 찬성에 의하여 조직형태의 변경이 이루어질 수 있도록 정하고 있다. 따라서 변경 전후에 그 실질적 동일성이 유지되는 범위 안에서는 기존 노동조합을 해산한 후 새로운 노동조합을 설립하는 번거로운 절차를 거칠 필요가 없이 총회의 결의를 통하여 손쉽게 그 조직형태를 변경할 수 있다. 조직형태의 변경은 다양한 종류가 있으나 크게 세 가지로 구분 된다[30].

①노동조합이 조직을 확대하는 경우

조합의 조직대상을 확대하여 가입 범위를 넓히려는 것으로 총회에서 결의하고 규약을 변경하여야 할 것이다. 조직의 확대에 불과하므로 별도의 설립신고는 필요 없다.

②산업별(지역별)단위노조가 그 지부·분회 등 산하조직을 구성단체로 하는 산업별(지역별)연합단체로 개편하려는 경우로 단위노조의 총회에서 그 취지를 결의하고 규약을 변경한 후 산하조직별로 설립 총회를 하여야 한다. 연합노조로 개편된 단위노조는 변경신고를 하여야 하며 신설되는 단위노조는 설립신고를 하여야 한다.

③산업별(지역별)연합단체가 그 구성단체를 산하조직으로 하는 산업별(지역별)단위노조로 개편하려는 경우로 연합단체의 총회에서 그 취지를 결의하고 규약을 변경한 후 각 구성단체의 총회에서 해산결의를 하여야 한다. 단위노조로 변경된 산업별(지역별)노조는 변경신고를 하여야 한다.

30) 임종률, 앞의 책, p96.

제 4 장 단체교섭

제 1 절 단체교섭의 개념

1. 단체교섭의 의의

법률적인 측면에서 단체교섭이라 함은 노동조합 기타 노동단체가 교섭대표를 통하여 사용자측과 근로조건 등에 관하여 합의에 도달할 것을 주된 목적으로 하여 자주적으로 협의 내지 협상하여 쌍방 간의 타협과 양보의 결과로 합의·결정한 사항에 관하여 단체협약을 체결하기 까지 일련의 과정을 말한다. 단체교섭은 노동조합과 사용자간의 회담·협상이라는 사실행위를 말하지만 광의로는 단체협약의 체결이라는 법률행위도 포함한다.

단체교섭은 기본적으로 개별근로자가 근로조건에 관하여 사용자와 교섭하는 것을 대신하여 교섭대표(교섭담당자)를 통하여 근로조건을 집단적·통일적으로 교섭하는 것이므로 근로조건 결정의 권한을 교섭대표에게 수권한 것을 전제로 한다. 따라서 교섭대표를 정하지 않고 불특정다수의 근로자가 교섭을 하거나 교섭대표이외에 다수의 근로자가 교섭에 참가하는 이른바 대중교섭은 단체교섭이라고 볼 수 없다[1].

단체교섭은 근로조건의 집단적 거래를 노동조합 대표자를 통하여 효과적으로 행할 목적으로 등장하였다. 산업사회 초기에서는 근로자 수는 많은 반면 사업장은 부족하여 근로자는 생존을 위해 자신의 노동력을 불리한 조건

---

1) 임종률, 앞의 책, p108.

에도 불구하고 사용자와 거래하지 않을 수 없었다. 개별 근로계약은 근로자들로 하여금 불리한 조건의 계약을 강요하였고 근로자들은 근로조건을 사용자와 집단적으로 협상하기에 이르게 되었다. 이러한 산업사회 초기단계에서 근로자에 대한 사용자의 우월권에 대항하기 위해 노동조합에 의한 근로조건의 집단적 거래 즉, 단체교섭의 형태로 나타나게 되었다.

단체교섭은 근로조건의 집단적 거래로 근로자의 교섭력을 강화하게 하였고 근로조건의 유지개선 뿐만 아니라, 다수 근로자의 근로조건을 통일적으로 형성하게 되었다. 또한 조합활동의 범위 등에 관한 규정으로 집단적인 규범을 만들어 산업평화를 유지하는 기능도 하게 되었다. 오늘날 단체교섭은 근로조건의 통일적 규정을 위한 기능뿐만 아니라 노사 간의 노동조합과 관련된 행위규범 내지 운영준칙을 형성하는 기능도 아울러 하게 되었다. 이러한 단체교섭의 노사 간의 중대한 기능을 고려하여 오늘날 노동법은 단체교섭의 원활한 보장을 위한 각종 규정을 마련하게 되었다. 그 내용을 보면 다음과 같다.

현행법에서 헌법상 근로자의 단체교섭권 보장(헌법 제33조1항) 규정에 따라 노동조합에게 단체교섭권을 보장하고 있다(노조법 제29조). 단체교섭을 요구하는 행위나 단체교섭과정에서의 정당한 활동에 대하여 민·형사면책을 부여하고(노조법 제3,제4조), 사용자의 단체교섭 거부 및 해태에 대하여 부당노동행위를 규정하고 있다(노조법 제81조제3호). 또한 사용자로 하여금 단체교섭에 응하여야 할 의무를 규정하고 근로시간 중의 단체교섭에 대한 임금지급을 부당노동행위에서 제외하고 있으며 단체교섭을 통한 근로조건의 합의에 대하여 단체협약에 대하여 효력(규범적 효력)을 인정하고 있다.

헌법이 단체교섭권을 보장하더라도 사용자측이 노동조합과의 교섭에 불응하면 단체교섭은 그 기능을 전혀 수행할 수 없게 된다. 노조법은 이 점에 착안하여 단체교섭을 적극적으로 보호・조장하기 위하여 특별히 사용자의 교섭의무를 부과한 것이다[2]. 따라서 사용자의 교섭의무에 관한 노조법의 규정은 확인적 규정이 아니라 창설적 규정이라고 보아야 한다[3]. 물론 사용자의 교섭의무가 사용자에게 양보 또는 합의할 의무까지 포함하는 것은 아니고 교섭장소에 출석하여 성실하게 협상할 의무에 불과하다.

2. 단체교섭의 종류

단체교섭이 근로자들의 집단적 단결체인 노동조합과 사용자간의 힘의 관계를 배경으로 한 근로조건의 집단적 거래인 이상 단체교섭의 형태 및 종류 즉 단체교섭의 방식은 노동조합의 조직형태와 노동조합의 성격에 따라 적절한 방식을 선택할 수 있다. 따라서 단체교섭의 방식은 해당 국가의 노동환경에 따른 노동조합의 조직형태가 다르기 때문에 국가와 시기에 따라 다양한 방식으로 나타나고 있다. 산업별 노조와 직종별 노조가 지배적인 유럽의 단체교섭은 산업별 또는 직종별로 단체교섭이 이루어지고 있고, 미국의 경우에는 유럽과 비슷한 노동조합 조직형태이지만 교섭단위제도에 따라 교섭이 이루어지기 때문에 단체교섭은 주로 개별기업과 그에 상응하는 근로자단체간에 이루어지고 있다. 한편 우리나라와 일본의 경우에는 기업별 노조가 지배적이기 때문에 일반적으로 기업별 교섭이 행하여지고 있다.

---

2) 헌재,2002.12.18, 2002헌바12도에서 사용자의 성실교섭 의무를 소극적 측면에서 규정한 노조법 제81조 3호의 규정은 단체교섭권을 실효성 있게 보장하기 위한 것이라는 등의 이유를 들어 헌법위반으로 볼 수 없다고 하였다.

3) 김유성, 앞의 책, p126 재인용.

(1) 기업별 교섭

특정 기업 또는 사업장에 있어서의 노동조합과 그 상대방인 사용자간에 단체교섭이 행하여지는 것을 말한다. 이 방식은 기업 내지 사업장의 특성에 따른 제약 때문에 노동조합의 교섭력이 약하다는 점과 노사 양측의 교섭담당자가 평소에는 관리자와 피 관리자의 관계에 있기 때문에 교섭과정에서 불필요한 감정적 마찰이 생기기는 경우가 많아 당사자 간에 단체교섭의 비용이 과다하게 지출되는 단점이 있으나 한편으로는 노동조합이 비교적 기업이나 회사의 사정을 잘 알고 있어서 기업의 특성에 부합되는 단체교섭을 할 수 있는 장점도 있다.

(2) 통일교섭

산업별·직종별 노동조합과 이에 대응하는 산업별·직종별 사용자단체간의 단체교섭을 말한다. 노동조합이 명실상부하게 산업별 또는 직종별로 조직되어 있어서 노동시장을 전국적으로 또는 지역적으로 지배하고 있는 경우에 통일적인 단체교섭을 하기 위해 행하여지는 방식이다. 통일교섭은 노동조합의 광범위한 전국적인 조직력을 기초로 하여 노조측이 교섭력이 높아서 통상 유리한 조건의 협상을 할 수 있으며 전국 또는 지역단위 노동시장에 적용되는 근로조건의 통일성을 기할 수 있다는 점은 있으나 개별기업의 지불능력이 무시된 근로조건으로 문제가 일어날 수 있다. 일반적으로 공무원노동조합에서 이를 행하고 있다.

(3) 대각선교섭

산업별 노동조합과 개별 사용자가 행하는 교섭 또는 기업별 노동조합의 상부단체가 개별 사용자와 행하는 단체교섭의 방식을 말한다. 이것은 산업별 노동조합에 대응할 만한 사용자 단체가 없거나 또는 사용자단체가 있다 하더라도 각 기업체에 특수한 사정이 있어 개별사용자가 노동조합의 전국적인 단체에 개별적으로 행하는 단체교섭의 방식을 말한다. 주로 단체교섭권을 위임받은 산업별 연합단체가 개별 사용자와 단체교섭을 행하는 경우가 여기에 해당된다.

(4) 공동교섭

산업별 노동조합과 그 지부가 공동으로 사용자와 교섭하는 것을 말한다. 노동조합의 지부의 교섭에 당해 산업별 노동조합과 그 지부가 사용자와의 단체교섭에 참가하는 것이나 산업별 연합단체에 단체교섭권을 위임한 기업별 노동조합이 산업별 연합단체와 함께 사용자와의 단체교섭에 참가하는 것을 말한다. 공동교섭은 산업별 노동조합 또는 산업별 연합단체가 개별 사업장의 특성을 잘 모르기 때문에 대각선 교섭에서 일어날 수 있는 취약점을 보완하기 위하여 산업별 노동조합의 지부나 개별 사업장 노동조합이 단체교섭에 공동으로 참가하는 방식을 말한다.

(5) 집단교섭

다수의 노동조합과 그에 대응하는 다수의 사용자가 서로 집단을 만들어 교섭에 응하는 형태를 말한다. 기업별 단위 노동조합의 대표자들이 집단을 구성하여 사용자들이 구성한 집단과 단체교섭을 행하는 형태뿐만 아니라 산업별 노동조합이나 산업별 연합단체가 특정 분야에 대하여 특정 집단을 구성하여 사용자 단체와의 단체교섭을 하는 형태를 말하기도 한다.

제2절 단체교섭의 주체

1. 단체교섭 당사자

(1) 당사자의 의의

단체교섭의 당사자란 자신의 이름으로 단체교섭을 행하고 단체협약을 체결할 수 있는 자를 말하는데 근로자측 당사자와 사용자측 당사자로 구분된다. 단체교섭의 당사자는 단체교섭을 자기 자신 스스로 하고 그 법적 효과가 귀속되는 주체이기 때문에 단체협약상의 권리의무의 주체, 단체교섭의 주체가 된다. 단체교섭의 당사자 주체는 노동조합과 사용자로 볼 수 있으며 단체교섭권의 주체와는 구별된다. 단체교섭권은 사용자에게 단체교섭을 요구할 수 있는 것을 의미하기 때문에 단체교섭권의 주체는 근로자 개인과 노동조합이 되며 사용자는 해당되지 않는다. 사용자는 단체교섭의 상대방이 될 뿐이다.

단체교섭의 담당자는 단체교섭을 실제로 수행할 수 있는 법적자격이 있는 자 즉 단체교섭의 권한을 갖고 있는 자를 말한다. 이에 반하여 단체교섭의 주체는 단체교섭을 스스로의 이름으로 행하는 자 즉 단체교섭의 당사자를 말한다. 예를 들면 노동조합의 대표자와 사용자의 대표자가 단체교섭을 하는 경우 단체교섭의 담당자는 노사 양측 대표자이나 단체교섭의 주체는 노동조합과 사용자이다. 단체교섭의 주체의 지위는 상급단체 및 하부조직 등에 위임할 수 없으나 단체교섭 담당자의 지위는 이를 위임할 수 있는 것이 구별된다[4].

(2) 근로자측 당사자

헌법 제33조 제1항에서 개개 근로자가 단결하여 노동조합을 통하여 사용자와 단체교섭을 할 권리를 보장하고 있기 때문에 단체교섭의 근로자측 당사자는 개개 근로자가 아니라, 근로자 단체인 노동조합이 된다. 여기에서 노동조합은 어떤 노동조합을 말하는가에 대하여 서로 다른 견해가 있는 바, 실질적 요건을 갖춘 노동조합을 가리키는 것이라는 다수설[5]과 법내 노조만이 정당한 당사자가 될 수 있을 뿐이고 법외노조는 단체교섭의 당사자가 될 수 없다는 소수설[6]로 나뉘어 지고 있다. 판례는 실질적 요건뿐만 아니라 형식적 요건까지 갖춘 노동조합을 말하고 있다. 단위노동조합과 연합단체 지부 및 분회가 단체교섭 시 근로자 측 단체교섭의 당사자로서 논의되고 있다[7].

---

4) 이상윤, 앞의 책, p593.
5) 김유성, 앞의 책, p127. 사실행위로서의 단체교섭을 할 수 있는 능력과 단체협약을 체결할 수 있는 능력을 구분하여 법외노조의 경우에는 사실행위로서의 단체교섭은 할 수 있는 당사자가 될 수 있으나 규범적 효력을 가지는 단체협약을 체결할 수 있는 당사자가 될 수 없고 법내 노조만이 단체협약 체결능력을 가질 뿐이라는 견해.
6) 정기남, "단체교섭의 주체와 대상", 노동법학 제3호(1991), p24.
7) 대판,1991.6.25, 90누2246.

① 단위노동조합

단위노동조합은 당연히 단체교섭의 당사자가 된다. 단위노동조합은 기업별 노동조합이든 산업별 노동조합이든 그 조직형태를 불문하고 단체교섭의 당사자가 된다. 단위노동조합은 그 조합원수가 적든 많든 불문하고 해당 사용자에게 단체교섭의 당사자로서의 자격을 갖는다.

단위노동조합에 있어서 노조법상의 요건을 모두 갖춘 노동조합만을 말하는가 아니면 실질적 요건을 갖추고 형식적 요건을 갖추지 못한 노동조합의 경우에도 단체교섭의 당사자 자격이 인정되는가의 문제가 제기된다. 이에 대하여 학설은 실질적 요건 가운데서도 을 갖추지 못한 경우에는 당연히 단체교섭의 당사자가 될 수 없다고 하는데 일치하지만 소극적 요건 중의 일부에 해당하는 근로자단체의 경우에는 자주성확보가 인정된다면 단체교섭의 당사자 자격이 인정된다는 견해[8]와 노동조합의 실질적 요건은 헌법상의 단체교섭권을 행사할 수 있는 노동조합으로서의 최소요건을 정한 것이므로 실질적 요건이 결여된 경우에는 이든 소극적 요건이든 불문하고 단체교섭의 당사자로서의 자격이 인정될 수 없다고 하는 견해[9]가 있다. 그러나 법외노조는 단체교섭의 당사자로 인정은 할 수 있지만 노조법 제7조에 따라 사용자가 단체교섭을 거부하거나 해태하더라도 부당노동행위 구제 신청을 할 수 없기 때문에 실질적으로 단체교섭을 법규상 강제할 수 없어서 단체교섭의 당사자로 인정할 실익이 없다는 견해도 있다[10].

② 연합단체

---

8) 김유성, 앞의 책, p129.
9) 이상윤, 앞의 책, p595.
10) 임종률, 앞의 책, p112.

단위노동조합을 소속 구성원으로 하는 연합단체는 원칙적으로 단체교섭의 당사자가 될 수 없다. 연합단체는 단순히 연락・협의기능만을 목적으로 설립되었거나, 단위노동조합에 의한 협약체결권한의 이양이 명백하지 않은 경우에는 당해 연합단체는 단체교섭의 당사자의 지위를 가질 수 없다. 다만, 연합단체가 소속노동조합에 대하여 단체교섭에 관한 통제력을 확보하고 있는 경우에 한하여 예외적으로 단체교섭의 당사자가 될 수 있다. 연합단체가 그 노동조합의 독자적 문제나 소속 단위노동조합의 공통의 문제에 대하여는 고유의 단체교섭권을 가지며 단체교섭의 당사자가 될 수 있을 것이다. 그러나 특정 단위노동조합에 한정되는 사항에 대하여는 규약에 연합단체가 교섭권한을 가진다는 규정이 있거나 그 단위노동조합으로부터 교섭권을 이양 받아야 비로소 단체교섭권을 가진다고 볼 것이다. 한편 위의 경우에 있어서 소속 단위노동조합에 공통되는 사항이라 할지라도 특정 단위노동조합이 단체교섭권을 주장할 경우에는 단체교섭권의 경합의 문제가 일어난다. 학설은 단체교섭권경합의 경우에 사용자는 노동조합측에 교섭사항의 조정을 요구할 수 있고 그 조정이 이루어지기 까지는 단체교섭을 거부할 수 있다고 본다[11].

③ 지부・분회

노동조합의 지부나 분회는 그 조직의 성격에 따라 단체교섭의 당사자 자격이 결정된다. 일반적인 지부나 분회는 단체교섭의 당사자가 될 수 없다. 다만, 지부나 분회가 단위노조에서 설치한 단순한 집행기구가 아니라 독자적인 규약 및 집행기관을 갖춘 실질적으로 독립성을 갖춘 조직체이면 독자적인 단체교섭권과 단체행동권이 인정될 수 있다. 따라서 실질적 독립성을 가지는 분회 또는 지부는 소속 조합원들의 고유한 사항에 관해서는 단체교섭을 할

11) 김유성, 앞의 책, p131.

수 있고 단체교섭이 결렬되어 노동쟁의가 발생한 경우에는 쟁의행위도 할 수 있다고 보는 것이 일반적 견해이다.

그러나 지부나 분회는 단위노동조합은 아니기 때문에 상부조직인 노동조합의 통제에 따라야 할 것이며 상부조직에 위반되는 활동을 할 수 없다고 해석하는 견해가 있다. 즉 단위노동조합이 임금교섭을 하고 있을 때 지부나 분회는 그것을 하향하는 임금교섭을 요구할 수 없고 사용자가 이러한 교섭에 응하면 부당노동행위가 성립될 소지가 있다고 한다[12].

그러나 현행법상 지부 또는 분회라고 하더라도 일정한 경우에는 독자적인 단체교섭의 당사자가 될 수 있다. 노조법 시행령 제7조에서 근로조건의 결정권이 있는 독립된 사업 또는 사업장에 조직된 노동단체인 지부나 분회는 그 명칭에 불문하고 법 규정에 의한 노동조합의 설립신고를 할 수 있다고 규정하고 있는데, 단위노동조합의 지부나 분회도 독자적인 규약을 갖추고 독자적인 단체로서 활동을 하는 경우에는 당해 조직의 특유한 사항에 대하여 단체교섭의 당사자가 될 수 있다고 본다. 현실적으로 지부나 분회는 현행법상 별도의 단위노동조합으로 조직하는데 아무런 제한이 없다. 따라서 단위노동조합과 지부 및 분회의 이해관계는 서로 상반될 수 있으며 이러한 이해관계에 따른 독자적인 교섭당사자로서의 지위를 인정하지 않는다면 별도의 단위노동조합을 설립할 것이다[13].

지부나 분회의 단체교섭의 범위가 단위노동조합에 의하여 제한되어 있다면 지부나 분회의 단체협약체결은 부여된 범위에 국한될 것이지만, 지부·분

12) 김유성, 앞의 책, p131.

13) 대판,2001.2.23, 2000도4299에서 노동조합의 하부단체인 분회나 지부가 독자적인 규약 및 집행기관을 가지고 독립된 조직체로서 활동을 하는 경우 당해 조직이나 그 조합원에 고유한 사항에 대하여는 독자적으로 교섭하고 단체협약을 체결할 수 있고 이는 그 분회나 지부가 노조법 시행령 제7조의 규정에 따라 그 설립신고를 하였는지 여부에 영향을 받지 아니한다고 했다.

회가 내부적인 권한범위를 초월하거나 단위노동조합의 지시나 결정을 무시하고 독자적으로 단체협약을 체결한 경우에도 단체협약은 유효하게 성립된 것으로 보아야 할 것이다. 단체교섭의 당사자로서 인정되는 한 지부나 분회는 단체교섭이 결렬되어 단체행동을 행사하게 될 때에도 규약 상 단위노동조합의 통제를 받아야 하지만 이를 위반하여 쟁의행위를 하였다 하더라도 그것 자체만으로 정당성 여부를 판단할 수 없다. 단체교섭의 당사자로서 자격을 가지는 한, 단체행동권을 행사할 수 있는 것은 당연한 일이다. 왜냐하면 단체행동의 적법성여부는 노조법 제37조 규정에 의하여 판단할 문제이기 때문이다[14]. 그러나 지부나 분회가 독립된 조직성을 갖지 못하고 단지 단위노동조합과 개별근로자 사이의 의사전달 기구로서만 존재하는 경우에는 단체교섭당사자의 지위를 가지지 못한다고 보아야 한다.

(3) 사용자측 당사자

사용자는 헌법상 보장되는 단체교섭권을 갖는 단체교섭의 주체는 아니고 근로자측의 단체교섭 요구에 응하는 단체교섭의 상대방으로서 당사자의 자격을 가질 뿐이다. 그러나 실제 단체교섭 상에서는 사용자도 단체교섭의 일방당사자로서 근로조건에 대한 하향적 수정요구도 할 수 있을 것이다. 단체교섭의 당사자로서의 사용자는 사용자측의 단체교섭의 당사자로서 사업주로서의 사용자와 사용자단체를 의미한다. 여기에서의 사용자는 근로계약의 당사자인 사업주만을 의미하는가 아니면 지배적 지위에 있는 자를 모두 단체교섭의 사용자측 당사자로 볼 수 있는가에 대하여 학설과 판례가 대립되어 있다.

---

14) 김형배, 앞의 책, p733.

① 사용자

단체교섭의 당사자로서의 사용자는 노동법상의 협의의 사용자만을 의미한다. 광의의 사용자인 사업주, 사업경영 담당자 및 근로자에 관한 사항에 대하여 사업주를 위하여 행동하는 자를 말하는 것이 아니라 협의의 사용자, 즉 사업주만을 말한다. 노동조합과 교섭하여 단체협약을 체결할 당사자로서 인정할 수 있는 자로 한정하여 해석하여야 하기 때문이다.

근로자측의 단체교섭의 요구에 응하여야 하는 단체교섭의 상대방이 되는 사용자는 원칙적으로 사업주 즉 근로계약의 당사자 또는 그에 준하는 자이다. 따라서 개인사업에 있어서는 사업주 개인이 법인인 경우에는 당해 법인이 사용자가 된다. 사례에서는 노동조합에 대응하는 교섭당사자로서 노동법상의 사용자라 함은 근로자와의 사이에 사용종속관계가 있는 자, 즉 근로자와의 사이에 그를 지휘·감독하면서 그로부터 근로를 제공받고 그 대가로서 임금을 지급하는 것을 목적으로 하는 명시적·묵시적인 근로계약관계를 맺고 있는 자를 말한다고 한다[15]. 그러나 학설은 이에 대하여 사용자개념의 확장을 주장하고 있다. 즉 단체교섭의 당사자로서의 사용자는 근로계약에 의하여 근로자들을 채용한 계약상의 당사자는 물론이고 근로계약의 사실적 존부와는 관계없이 계속적 취업관계에 있는 근로자들에 대하여 지배적 지위에 있으면서 그들의 근로조건을 결정하는 자도 단체교섭상의 사용자라 할 수 있다고 한다[16]. 단체교섭상의 사용자개념은 노조법의 제도적 취지에 따라 합목적적으로 해석되어야 할 것이기 때문에 개별적 근로계약법의 틀 안에서 제한적으로 해석되어서는 안 된다고 보고 있다. 따라서 원칙적으로 단체교섭상의 당사자로서의 사용자 개념은 근로계약상의 사용자개념과 구별되지 않

---

15) 대판,1986.12.23, 85누 856.
16) 임종률, 앞의 책, p112.

으면 안 되며 단체교섭상의 당사자로서의 사용자는 외부적인 계약형식에 구애됨이 없이 해당 근로자들과의 실제적 관계를 고려하여 실질적으로 사용자 권한을 행사하는 자로서 근로조건의 전부 또는 일부에 대하여 구체적 영향력 내지 지배력을 미치는 자라고 해석해야 할 것이라고 한다[17]. 이러한 견해에 따르면 근로계약상의 사용자는 아니지만 그와 유사한 지위에 있는 모자기업의 모기업, 사외근로자의 사용기업, 사실상 계속취업의 사용기업 등 세 가지가 이에 해당되고 사용자 개념의 확장으로 볼 수 있다 [18]. 첫째, 모자기업의 경우에는 모회사가 그 종업원의 임금·인사 등 근로조건에 대하여도 현실적·구체적으로 지배력을 행사하여 왔다면 모회사는 자회사의 종업원에 대하여 고용주인 자회사와 유사한 지위에 있기 때문에 자회사와 함께 단체교섭의 당사자가 된다고 한다. 둘째, 사외근로자의 경우에는 어느 기업(제공기업)의 업무도급계약이나 근로자파견계약 등에 근거하여 자기가 고용하고 있는 근로자를 다른 기업의 사업장에 보내 그 업무에 종사하게 하는 것이기 때문에 사용 기업이 사외근로자의 근로조건에 현실적·구체적으로 지배력을 행사하여 왔다면 사용기업도 사외근로자에 대하여 단체교섭상의 사용자로 인정된다고 한다. 셋째, 사실상의 계속 취업의 경우에는 근로자들이 근로계약을 맺은 사업주는 없으나 제3자와 특정기업 사이의 계약에 근거하여 그 사용 기업에 계속 취업하는 경우를 말한다. 이 경우에는 사용기업이 이들의 근로조건을 현실적·구체적으로 지배하여 왔다면 이들 근로자들이 소속한 노동조합에 대하여 단체교섭상에 사용자가 된다고 보아야 한다. 예컨대 악단원이 카바레와 악단장과의 계약에 근거하여 카바레에 계속적으로 출연하는 경우와 항만운수노조의 조합원들이 냉동창고 회사와 노조 사이의 계

17) 김형배, 앞의 책, p735.
18) 임종률, 앞의 책, p114.

약에 근거하여 냉동창고 회사에서 하역업무를 계속 종사하여 온 경우가 이에 해당한다고 한다.

그러나 판례는 단체교섭의 상대방이 되는 사용자를 근로자와의 사이에 사용종속관계가 있는 자, 즉 근로자와의 사이에 그를 지휘·감독하면서 그로부터 근로를 제공받고 그 대가로서 임금을 지급하는 것을 목적으로 하는 명시적이거나 묵시적인 근로계약관계를 맺고 있는 자를 말한다고 판시하고 있다[19].

② 사용자 단체

산업별 통일교섭의 경우에 있어서는 사용자 단체가 단체교섭의 당사자로서 자격을 갖는 것이 일반적이다. 사용자 단체란 그 노동관계에 관하여 그 구성원인 사용자에 대하여 조정 또는 규제할 수 있는 권한을 가진 사용자 단체를 말한다(노조법 제2조3항). 정관이나 규약에서 개별사용자를 위하여 통일적으로 단체교섭을 행하고 단체협약을 체결할 수 있도록 규정되어 있으며 그 구성원들에 대하여 노사관계의 규제에 관하여 실질적인 통제력을 가져야 한다. 따라서 2이상의 사용자를 구성원으로 하는 단체(민법상의 사단)이라고 하더라도 통일적 교섭의 권한이 없으면 노조법상 사용자단체라 볼 수는 없으나 반대로 그러한 교섭권한을 가지는 이상, 개별 사용자로부터 교섭권한을 위임받을 필요 없이 교섭권한을 갖는다. 판례는 협동조합의 경우 노동조합에 대응하는 단체가 아니라 조합원(개별사용자)들의 경제적 지위의 향상을 위한 경제단체이기 때문에 정관에서 단체교섭 당사자를 정한 경우나 조합원들의 위임이 있는 경우 등에 한하여 단체교섭의 당사자로서 될 수 있다고 한다[20].

---

19) 대판,1997.9.5, 97누3644.

2. 단체교섭 담당자

(1) 담당자의 의의

단체교섭의 주체인 노동조합과 사용자를 각각 대표하여 실제로 교섭을 직접 담당하는 자를 말한다. 사실행위로서 단순히 단체교섭을 행하는 자이다. 노조법은 단체교섭의 담당자와 관련하여 근로자측 담당자로서 노조대표자와 노동조합의 위임을 받은 자를, 사용자측 담당자로서 사용자 또는 사용자단체 그의 위임을 받은 자를 규정하고 있다. 단체교섭의 담당자는 현실적으로 교섭행위를 하는 자를 말하기 때문에 단체협약이 체결된 경우에 협약상의 권리·의무의 주체가 되는 단체교섭의 당사자와는 다른 개념이다.

노사양측 단체교섭 담당자가 갖는 권한은 단체교섭 권한이다. 이 단체교섭 권한은 실제 단체교섭을 진행하는 법적인 지위이기 때문에 단체교섭을 요구할 수 있는 당사자로서의 헌법상의 단체교섭권과 구별된다. ①단체교섭권은 근로자에게만 인정되는 권리인 반면, 단체교섭권한은 근로자·사용자 모두에게 인정된다. ②단체교섭권은 위임이 불가능한 일신 전속적 권리인 반면 단체교섭권한은 단순한 법적인 자격으로 위임가능하다. ③단체교섭권은 노동조합이 행사하나 단체교섭권한은 자연인이 행사한다.

단체교섭의 담당자는 단체교섭권한을 갖고 단체교섭을 실제 담당하는 자이다. 사실행위인 단체교섭을 할 수 있는 자로서의 지위는 교섭 상대방과 대화를 할 권한을 가진 자의 지위를 말하므로 단체협약의 체결과 같은 법률행위를 할 권한이 전제가 되는 것은 아니다. 통상적으로 노동조합의 대표자와 회사의 대표이사가 단체교섭의 담당자가 되어 단체교섭을 실제 할 수 있지

---

20) 대판,1992.2.25, 90누9049.

만 단체교섭의 위임이 행하여지는 경우가 흔히 있기 때문에 단체협약 체결권한이 없는 단체교섭의 담당자가 있을 수 있다. 이러한 단체교섭의 담당자는 노동조합측의 담당자와 사용자측의 담당자로 구분된다.

(2) 노동조합측 담당자

노조법은 노동조합의 대표자는 그 소속 노동조합 또는 조합원을 위하여 사용자나 사용자단체와 교섭하고 단체협약을 체결할 권한을 가진다(노조법 제29조1항)고 하여 대표자에게 단체교섭 담당자로서의 지위를 인정하고 노동조합…로부터 교섭 또는 단체협약의 체결에 관한 권한을 위임받은 자는 …위임받은 범위 안에서 그 권한을 행사할 수 있다고 하여 단체교섭의 위임을 받은 자에게도 단체교섭의 담당자로서의 지위를 인정하고 있다.

① 노동조합의 대표자

단체교섭의 담당자로서의 노동조합의 대표자는 규약에 따라 선출되어 노동조합을 대표하는 자를 말한다. 따라서 노동조합 내부의 정당한 절차를 거쳐 실질적으로 조합원의 대표로서 선출된 자는 조합장이나 위원장 등 명칭을 불문하고 노동조합의 대표자로서 단체교섭의 담당자가 된다. 대표자의 교섭권한은 규약이나 총회에서 이를 제한할 수 있으나 아무런 제한이 없을 때에는 모든 사항에 관하여 교섭권한이 있다고 해석된다. 왜냐하면 노동조합의 대표자는 단체의 기관으로서 당연히 그와 같은 권한을 가져야 하기 때문이다[21].

노동조합의 기관으로서의 조합대표자는 교섭권한뿐만 아니라 단체협약의

21) 김형배, 앞의 책, p737.

체결권까지 가지고 있다. 따라서 노동조합의 대표자가 체결한 단체협약은 노동조합 자체와 근로자에 대해서뿐만 아니라 사용자에 대해서도 효력을 가진다. 즉 단체의 기관으로서의 노동조합 대표자는 노조법에 의하여 정당하게 조합원을 대표하고 있으므로 노동조합의 대표자가 그 권한 내에서 조합원들을 위하여 행한 의사표시는 직접 조합원들에게 효력이 발생되는 것이며 또한 노동조합의 대표자가 사용자와 체결한 단체협약의 내용은 노조법 제33조(기준의 효력)에 의하여 보장된 강행적 효력을 갖는다[22].

노동조합 대표자의 협약체결권이 노동조합 규약 등에 의하여 일정한 조건하에서 제한되는 경우에 그 제한을 무시하고 노동조합 대표자가 단체협약체결권을 행사한 경우에 단체협약이 유효하게 성립하는가 하는 문제가 있다. 이에 대하여 노동조합 대표자가 체결한 단체협약이 하자 있는 의사표시에 의한 것이 아닌 한 협약당사자 사이에서뿐만 아니라 조합원들에게 대해서도 유효하게 성립한다고 보는 견해가 있다[23].

한편 노동조합의 대표자의 단체교섭권과 체결권은 대리권과 유사한 것이기 때문에 대표자가 조합원들의 의사에 반하여 단체교섭과 단체협약체결을 할 수 없다는 주장과 아울러 단체교섭과 단체협약 체결과정에 있어서 노동조합의 자주성·민주성과 단체자치가 당연히 보장되어야 하는 이상 노동조합의 대표자 또는 수임자의 단체협약 체결권을 조합원 총회의 의결에 의하여 제한하는 것은 얼마든지 가능하다는 주장이 있다. 단체교섭은 일반적 재산거래와는 다른 성질을 갖고 있는 것이기 때문에 민법상의 관련규정을 적용할 수 없다는 것이다[24]. 노동조합의 대표자가 단체협약 체결권을 당연히

22) 김형배, 앞의 책, p738.
23) 김형배, 앞의 책, p739.
24) 김유성, 앞의 책, p134.

갖고 있으나 노동조합의 조합규약이나 총회의 의결 등에 의하여 이를 제한하는 경우 제한 범위 안에서만 단체협약 체결권한을 행사할 수 있다고 한다[25).]

② 노동조합으로부터 위임을 받은 자

노조법은 단체교섭권의 위임과 관련하여 노동조합과 사용자 또는 사용자단체로부터 교섭 또는 단체협약의 체결에 관한 권한을 위임받은 자는 그 노동조합과 사용자 또는 사용자 단체를 위하여 위임받은 범위 안에서 그 권한을 행사할 수 있다고 하여 교섭권 위임을 허용하고 있다. 따라서 노동조합으로부터 교섭권을 위임받은 자는 단체교섭의 담당자가 된다. 노동조합은 대표자 이외의 자에게도 단체교섭의 담당자자격을 위임할 수 있다. 위임을 받을 수 있는 자의 범위와 위임할 수 있는 교섭사항의 범위 위임의 절차가 중요사항이 된다.

위임을 받을 수 있는 자의 범위는 노조법상 특별한 제한이 없기 때문에 노동조합은 자유로이 위임자를 정할 수 있다. 따라서 교섭위원 위촉의 형식으로 그 임원이나 조합원에게 위임할 수도 있고 다른 노동조합의 임원 상부단체의 임직원 변호사 등 제3자에게 위임할 수도 있다.

위임을 할 수 있는 교섭사항의 범위에 대해서는 교섭사항의 일부만을 위임할 수도 있고 전부를 위임할 수도 있으며 단체협약 체결권까지 위임할 수도 있다. 위임하는 절차와 관련하여서는 교섭을 위임한 때에는 교섭사항과 권한범위를 정하여 위임하여야 하고 또한 그 사실을 사용자 또는 사용자단체에 통보하여야 한다. 이 경우 위임을 받은 자의 성명(위임을 받은 자가 단체인 경우에는 그 명칭 및 대표자의 성명)과 교섭사항과 권한범위 등 위임의 내용

---

25) 대판,1993.4.27, 91누12257.

등이 포함되어야 한다.

단위노동조합이 단체교섭권한을 제3자에게 위임한 경우에 단위노동조합은 단체교섭 권한을 상실하고 그 경합이 허용되지 않는지가 문제가 될 수 있다. 이에 대하여 대법원 판례는 "노조법에서 규정하고 있는 단체교섭 권한의 위임이라고 함은 노동조합이 그 조직상의 대표자이외의 자에게 그 조합 또는 조합원을 위하여 그 조합의 입장에서 사용자측과 사이에 단체교섭을 하는 사무를 맡기는 것을 뜻하고 그 위임 후 이를 해지하는 등의 별개의 의사표시가 없더라도 그 노동조합의 단체교섭권한은 여전히 그 수임자의 단체교섭권한과 중복하여 경합적으로 남아있다고 한다. 경합은 당해 노동조합이 가입한 상부단체인 연합단체에 그러한 권한을 위임한 경우에도 달리 볼 것은 아니라고 보고 연합단체가 위임받은 범위 안에서 단체교섭을 하고 단체협약을 적법하게 체결하기 전에 단위노동조합이 독자적으로 단체교섭을 하여 단체협약을 체결하였을 경우 그 단체협약이 유효하게 성립한다"고 보았다[26].

기업별교섭의 경우 사용자의 희망에 의하여 단체협약에 노동조합이 교섭권한을 조합원 이외의 제3자에게 위임하지 않는다는 취지의 규정(제3자 위임금지 조항)을 두었을 때, 제3자위임 금지조항의 효력이 어떻게 되는가가 문제된다. 제3자위임 금지조항의 법적효력에 대하여 교섭권에 관한 노동조합의 자율적 제한으로서 유효한 것이라고 보는 견해[27]와 상급단체에 대한 위임금지조항은 연합단체와 단위노동조합 사이의 내부관계에 있어서는 조직상의 일체성을 부정하는 것이기 때문에 무효라고 보아야 한다는 견해가 있다[28]. 또 한편으로 이 조항은 노동조합이 교섭과정에서 교섭전술상 양보의

---

26) 대판,1998.11.13, 98다20790.
27) 박상필, 한국노동법, p430.
28) 김형배, 앞의 책, p118.

형식으로 행하여질 수 있고 단체협약 당사자 간에 채무적 효력을 가지는 데 불과하기 때문에 위임금지 조항 자체를 무효라고 할 수 없다는 견해가 있다. 다만, 이 견해는 금지조항에 위반하여 교섭을 제3자에게 위임한 경우에는 노동조합에 대해 단체협약위반의 손해배상책임이 인정되는 것은 별론으로 하고 제3자에 대한 위임 자체는 유효하다고 보아야 할 것이며 사용자가 이 조항을 이유로 단체교섭을 거부하면 부당노동행위가 성립한다고 한다[29].

(3) 사용자측 담당자

사용자측 단체교섭의 담당자는 사용자를 위하여 사실행위로서 단체교섭을 수행하는 자를 말한다. 사용자로서 개인사업자인 경우 사업주, 법인인 경우 법인의 대표자, 사용자단체인 경우 그 대표자가 단체교섭의 담당자가 된다. 근로자 측 교섭담당자가 자연인과 마찬가지로 사용자측의 교섭담당자도 자연인에 한한다. 사용자측의 교섭담당자는 노동조합의 단체교섭 요구에 응하는 자로서의 의미를 가진다. 즉, 노동조합의 단체교섭 요구에 응하여 단체교섭의 거부로 되지 않으려면 어떠한 자가 사용자측 교섭담당자로 나서야 하는가 하는 것이 사용자측 교섭담당자 개념이다. 법적 대표권한이 있는 대표이사나 개인기업에 있어서 사업주 개인이 단체교섭의 담당자로서 직접 단체교섭에 응할 때에는 별 문제가 없다. 당연히 단체교섭의 담당자로서 자격이 인정되기 때문이다.

문제는 단체교섭 권한을 위임하였을 때 위임자에 대한 문제이다. 기업의 규모가 크거나 단체교섭이 장기화되는 경우에는 대표이사 등이 계속 단체교섭의 담당자로 나서는 것은 어렵게 되고 대표이사 등의 위임에 따라 인사노

---

29) 김유성, 앞의 책, p135.

무부서장, 총무부장 등이 교섭담당자로 나서는 경우가 있다. 일정한 범위 내에서 대리권 또는 특별위임을 근거로 이들은 단체교섭의 담당자가 될 수 있다[30]. 또는 본점 및 지점의 지배인이 단체교섭을 담당하는 경우에는 기업의 포괄적 대리권 또는 특별한 위임에 기하여 단체교섭의 담당자가 된다.

단체교섭의 담당자로서 위임을 받은 자는 단체교섭에 있어서 상당한 결정권한을 가지고 있어야 하며 사용자측 교섭담당자가 대표이사 등의 의사를 전하는 정도의 권한만을 가지는 경우에는 성실교섭 의무위반으로 단체교섭 거부가 성립될 수 있다. 한편 단체교섭 담당자로 위임된 자가 단체협약 체결권까지 위임받아야 하는 것은 아니기 때문에 반드시 단체협약 체결권한까지 가지고 있을 필요는 없다.

제3절 단체교섭의 대상

1. 단체교섭대상의 의의와 범위

(1) 교섭대상의 의의

단체교섭의 대상이라 함은 노동조합과 사용자가 단체교섭을 통하여 협의하여 단체협약을 체결하여 구속력을 가질 수 있는 대상사항을 말한다. 노동조합이 사용자 또는 사용자단체에 대하여 단체교섭을 요구할 수 있는 사항이 어디까지인가, 즉 사용자 또는 사용자단체가 노동조합 등의 단체교섭 요

---

30) 김형배, 앞의 책, p120.

구에 대하여 성실히 응하지 않으면 안 될 의무를 부담하는 사항은 어느 범위까지 인정될 것인가 하는 점이 단체교섭 대상범위의 문제로서 논의되고 있다. 또한 단체교섭 대상은 노사 간에 단체교섭이 결렬되어 쟁의행위로 이행하게 될 경우에 쟁의행위의 정당한 목적성을 갖게 되는가 하는 문제로서 그 중요성이 있다. 즉 쟁의행위의 목적성이 단체교섭의 대상사항으로 논의되고 있는 것이다.

(2) 교섭대상의 범위

현행법은 단체교섭의 대상에 관하여 명문의 규정을 두고 있지 아니하고 있다. 단체교섭의 대상이 당해 사업의 특성에 따라 다양하고 복잡한 것이기 때문에 관련법령에 명문으로 규정하는 것은 불가능하며 바람직하지 않으므로 외국의 입법례와 같은 입장을 취하고 있다[31]. 구체적인 단체교섭에서 개별적 사안에 따라 법원 또는 노동위원회에 의하여 판단하는 것이 오히려 바람직하다는 입장에서 국가기관의 해석에 의하여 그 범위를 정하게 하고 있다.

---

31) 이홍재·남효순, 노동법, p492. 여기서 단체교섭 대상사항에 대하여는 이를 방임하는 태도를 취하는 독일과 단체교섭을 조장하는 미국의 태도는 대비가 되고 있다. 즉, 독일의 경우 단체교섭 대상의 범위는 국가는 원칙적으로 개입하지 않고 노사간의 실력관계에 따라 자주적으로 결정된다. 그러나 단체교섭 대상사항은 쟁의행위의 목적사항을 법적으로 제약하는 입법 태도상 제한을 받는다고 보며 단체교섭이 산업수준에서 이루어지기 때문에 기업수준의 단체교섭과는 달리 개별기업 내의 경영적 문제는 단체교섭의 대상에서 논의되는 일이 별로 없기 때문에 우리와 같은 단체교섭 대상사항이 문제되지 않는다. 한편, 미국의 경우에 있어서는 단체교섭이 법적인 권리·의무로 다루어지고 있기 때문에 단체교섭의 대상사항은 단체교섭권 보장과 관련된 중요한 문제가 된다. 단체교섭권 침해 또는 단체교섭 의무위반에 대한 구제제도를 운영하는 과정에서 단체교섭의 대상사항의 범위가 정하여진다. 단체교섭은 원칙적으로 노사당사자 간에 자주적으로 행하여져야 할 것이기 때문에 대상사항을 법으로 명문화하여 규정하지는 않고 해석에 의하여 결정되도록 하고 있다.

단체교섭 대상 범위에 관한 노사양측의 입장을 보면 노동조합 측에서는 근로조건의 향상과 관련되는 것이면 모두 교섭대상이 된다고 주장하고 있으나 이와 대립관계에 있는 사용자측은 인사·경영권 등 사용자의 고유한 권한을 강조하며 되도록 좁게 인정하려는 것이 일반적 경향이다. 단체교섭의 대상인가 아닌가의 문제는 단체교섭을 거부하는 경우 부당노동행위로 규정하고 있는 현행 노조법체계 하에서는 대단히 중요한 문제로 되고 있다. 즉 인사권 및 경영권에 대하여 단체교섭의 대상으로 인정하게 된다면 이러한 사항에 대한 노동조합의 단체교섭 요구에 사용자는 거부할 수 없으며 거부할 경우 부당노동행위가 성립된다. 반면, 이러한 경영권 및 인사권이 단체교섭의 대상으로 인정되지 않는다면 단체교섭의 요구에 사용자는 정당하게 거부할 수 있어 부당노동행위가 성립되지 아니한다. 따라서 단체교섭의 대상사항이 되는지 아닌지의 판단문제는 노사 간에 부당노동행위 성립여부의 문제로 발전하는 중요한 문제로 인식되어 있다. 또한 단체교섭의 대상은 쟁의행위의 목적의 정당성 문제와 관련하여 중요한 문제가 된다. 단체교섭의 의무적 교섭사항이 된다면 단체교섭의 대상으로서 단체교섭이 결렬된 경우 쟁의행위의 목적이 될 수 있으나, 단체교섭의 의무적 교섭사항이 되지 못할 경우에는 단체교섭이 결렬되더라도 노동조합은 쟁의행위로 나아갈 수 없게 된다. 따라서 단체교섭의 의무적 교섭사항인가 아닌가는 쟁의행위의 목적의 정당성의 문제로 된다.

2. 교섭대상의 판단기준

단체교섭은 노사 간에 집단적인 거래의 하나로 볼 수 있기 때문에 그 논리적 귀결로서 그 대상은 사용자가 처분 가능한 것이고 근로자들에게 집단적으로 적용되는 것이어야 할 것이다. 이러한 점에서 단체교섭의 대상은 처분가능성과 집단성을 본질적 속성으로 볼 수 있다. 이를 교섭대상의 일반적 판단기준으로 보고 정리하여 보면 다음과 같다.

(1) 교섭대상은 집단성을 띠어야 한다. 단체협약제도의 집단적 성질에 비추어 볼 때 단체교섭의 대상이 되기 위해서는 모든 조합원에게 공통적으로 적용될 수 있는 근로조건에 관한 것이어야 한다. 조합원 전체에 관한 임금・근로시간 기타 근로조건은 물론 작업시설・근로환경・복리후생시설에 관한 사항과 조합활동[32]・숍제도 등은 단체교섭의 대상이 된다고 본다. 따라서 특정근로자의 채용・이동・징계 또는 해고에 관한 사항은 그것이 집단성을 가지지 않는 한 조합원 전체의 인사에 관한 기준이나 절차에 관한 사항이 아니기 때문에 단체교섭의 대상이 될 수 없다[33]. 그러나 단체교섭 자체가 집단성을 가지면 족하며 대상사항이 집단성을 가질 필요는 없다는 점, 단체교섭이 일반적 기준의 정립만을 목적으로 하는 것은 아니라는 점에서 반드시 엄격한 의미의 집단성이 요구된다고 볼 필요는 없다는 견해가 있다[34]. 이 견해에 의하면 해고근로자 복직과 같은 개별조합원의 문제도 그것이 노동조합의 활동과 관련되거나 다른 조합원의 대우 등과 관련될 때에는 교섭사항이 될 수 있다고 한다. 하지만 특정조합원에 관한 사항은 권리분쟁의 사항에 해당하기 때문에 단체교섭 대상이라고 보기는 어렵다고 본다.

(2) 단체교섭의 대상이 되기 위해서는 사용자가 법적으로 처분권한을 가지

---

32) 대판,1996.2.23, 94누9177에서는 집단성을 띠고 있다 할지라도 근로조건에 관한 사항이 아닌 노동조합의 활동에 관한 사항 등은 단체교섭의 대상사항이 된다고 보더라도 노동쟁의의 대상사항으로 볼 수 없어 중재재정의 대상이 아니기 때문에 의무적인 교섭사항은 아니고 사용자가 임의적으로 응하면 단체교섭의 대상이 되는 임의적 교섭사항이라고 보는 것이 판례의 입장이다.

33) 김형배, 앞의 책, p743.

34) 김유성, 앞의 책, p141.

는 것이어야 한다. 그러나 처분권한을 법적인 것이 아니라도 사실상 처분권한을 가지고 있거나 노동조합이 요구한 사항에 대해 상호 노력의 대상이 될 수 있으면 교섭사항이 된다는 견해가 있다[35]. 다만, 사용자가 전혀 처분권한이 없는 것은 단체교섭의 대상이 될 수 없으며 정치와 관련되는 사항 법개정 요구 등은 교섭사항으로 주장할 수 없다.

3. 단체교섭 대상의 분류

단체교섭 대상은 노동조합의 단체교섭의 요구에 사용자가 당연히 교섭에 응하여야 하고 응하지 않았을 때 부당노동행위가 성립하고 더 나아가서 단체교섭이 결렬 될 경우 쟁의행위로 나아갈 수 있는 의무적 교섭사항과 노동조합의 요구에 사용자가 응하거나 응하지 않거나 자유로이 선택할 수 있는 임의적 교섭사항으로 분류된다. 단체교섭에 응하여 단체협약이 체결되면 그 효력에 있어서는 대상사항이 의무적이든 임의적이든 동일하게 구속력이 인정된다. 본래 임의적 교섭사항에 불과한 것이라도 당사자 간에 이를 단체교섭에 의하여 결정하기로 합의한 경우에는 그 합의에 근거하여 의무적 교섭사항으로 전환되기 때문에 사용자는 교섭에 응할 의무가 있다. 단체교섭은 당사자 간에 교섭행위 결과 합의한 내용이 구속력을 갖고 이를 준수한다는 전제 아래 하는 것이다. 그러나 사용자가 처리할 권한이 없거나 강행법규 또는 공서양속에 위반하는 사항은 당사자가 임의로 교섭하여 합의하더라도 단체협약으로서의 구속력을 가질 수 없다. 이러한 사항을 단체교섭의 대상으로 인정할 수 없다는 점에서 위법적 교섭사항이라고 부른다[36].

---

35) 김유성, 앞의 책, p140.

36) 단체교섭 대상사항을 의무적 교섭사항(mandatory subjects), 임의적 교섭사항

미국 판례기준에 따른 단체교섭 사항의 분류는 단체교섭의 대상을 분류하는 현실적인 기준이라고 주장하는 견해가 있다[37]. 이 견해는 어떤 특정 사항이 단체교섭의 대상이 될 것인지 아니면 되지 아니하든지 두 가지 경우로 나눌 수밖에 없는데 전자를 의무교섭대상, 후자를 위법교섭대상으로 분류하는 것은 당연한 현실적 기준이라고 한다. 또한 이어서 의무교섭대상에 해당되지 아니하지만 당사자가 임의적으로 교섭을 하고 합의할 수 있으며 이것이 불법적인 사항이 아닌 경우에 이에 해당하는 사항을 임의 교섭대상으로 인정하는 것이 필요하다고 한다. 불법적인 것이 아닌 한 단체교섭을 허용하는 것이 단체교섭 대상을 확대하여 노사 간의 평화로운 대화를 유도할 수 있으며 또한 헌법상 노사자치원칙의 구현에 부합된다고 보기 때문에 임의적 교섭사항도 단체교섭의 대상으로 인정하는 것이 바람직하다는 주장이다. 우리 대법원도 위와 같은 단체교섭 대상의 분류기준에 따라 임의적 교섭대상의 개념을 도입하여 단체교섭 대상을 3가지로 인정하고 있다고 볼 수 있다[38]. 세 가지 교섭대상 분류를 보면 다음과 같다.

(permissive subjects), 위법적 교섭사항(illegal subjects)으로 구분하는 것은 미국의 판례법리 상 정립되어 있다. 이러한 구분은 1958년 NLRB v. Wooster Division of Borg-Warner Corp. 사건에 대한 미국연방 최고재판소 판결에 의하여 기본방향이 정립되었다. 사용자측이 단체교섭을 하면서 노조측이 파업을 할 때에는 반드시 파업 전에 사용자측이 제시한 최종적인 제안에 대하여 근로자의 찬반투표를 실시하여야 한다는 사항과 전국노사관계국(NLRB)에 의하여 교섭당사자로 이미 인정되어 있는 노조가 아닌 방계 노조지부를 교섭대표로 한다는 노조승인 조항을 주장하게 되었는데, 이것이 부당노동행위를 구성하는가하는 문제에서 연방최고 재판소는 노동조합측의 주장을 받아들여 인정하면서 의무적 교섭사항의 개념을 도입하였다. 즉 노사는 임금(wages), 근로시간(hours), 기타 고용조건(other terms and conditions of employment)에 대하여 서로 성실하게 교섭하여야 할 의무가 있다고 하였으며 사용자가 주장한 사항은 의무적 교섭사항이 아니며 이에 대한 교섭이 받아들여지지 않았다고 사용자가 노동조합 측의 의무적 교섭사항에 대한 교섭을 거부하는 것은 부당노동행위라는 것이다.

37) 이상윤, 앞의 책, p618.

첫째, 의무적 교섭대상은 사용자가 정당한 사유 없이 교섭을 거부하면 부당노동행위가 되며 그 대상사항에 대하여 단체교섭이 결렬되는 경우 노동쟁의 대상과 쟁의행위의 대상이 될 수 있다.

둘째, 임의적 교섭대상[39]은 노사당사자가 합의하여 단체협약을 체결하면 의무적 교섭대상과 동일하게 단체협약으로서의 효력이 인정이 되지만 사용자가 노동조합의 그 대상에 대한 단체교섭 요구에 그 교섭을 거부하더라도 부당노동행위가 성립되지 않는다. 또한 그 대상사항에 대하여 단체교섭이 결렬되더라도 노동조합은 노동쟁의 조정신청과 쟁의행위를 할 수 없는 교섭대상을 말한다.

셋째, 위법적 교섭대상이라 함은 그 대상에 대한 단체교섭이나 단체협약 체결이 법적으로 금지되며 그 대상을 규정하는 단체협약은 무효가 되는 단체교섭 대상을 말한다.

(1) 근로조건에 관한 사항

근로조건에 관한 사항은 근로계약상의 조건 내지 약속사항 및 노동관계에 있어서 근로자에 대한 기타의 대우를 말하는데 단체교섭의 의무적 교섭사항으로서 노동조합의 교섭요구에 사용자가 반드시 응하여야 할 사항이다. 근로조건이란 임금・근로시간・휴일・휴가・안전・위생・재해보상 그리고 복리후생에 관한 사항까지 포함하는 광의의 개념으로 이해된다. 다만, 비조합원

38) 대판,1996.2.23, 94누9177.

39) 임의적 교섭대상의 구체적 범위는 적극적으로 파악하는 것이 적절하지 못한데, 그 이유는 의무적 교섭사항에 해당되지 않는 사항으로서 또 이것이 위법적 교섭사항에 해당되지 않는 것이라면 그것이 어떠한 사항이든 모두 임의적 교섭사항에 해당되는 것이기 때문이다. 이홍재・남효순, 앞의 책, p500.

의 근로조건에 관한 사항은 의무적 교섭사항이 아니다. 노동조합의 교섭권한은 조합원을 위한 것에 한정하여야 하는 당연한 논리적 결과이다. 다만 비조합원의 근로조건이라도 그것이 조합원의 근로조건 및 집단적 노사관계에 영향을 미치는 경우에는 의무적 교섭사항으로 된다. 이것은 예컨대 임시공의 채용으로 인하여 조합원의 직종이 변경되는 경우 또는 퇴직자의 충원을 임시공으로 함으로써 조합원이 감소하고 교섭력이 약화될 우려가 있는 경우에는 의무적 교섭사항이 된다고 한다[40].

근로조건에 관한 사항이라도 특정근로자에 관한 사항은 고충처리나 권리분쟁으로 소송으로 구제받을 대상이지 단체교섭의 대상으로 될 수 없다. 특정근로자의 채용·이동·징계 또는 해고에 관한 사항은 그것이 집단적 성격을 가지지 않는 한, 또한 조합원 전체의 인사에 관한 기준이나 절차에 관한 사항이 아닌 한 단체교섭의 대상이 되지 않는다. 다만 채용·이동·징계·해고 등이 노동조합의 활동을 침해할 목적의 부당노동행위에 해당할 경우에는 집단성을 띠므로 단체교섭의 의무적 교섭대상에 포함시킬 수 있을 것이다.

(2) 노동조합활동에 관한 사항

노동조합이 그 본래의 활동을 하기 위하여 필요로 하는 사항, 예컨대 조합활동에 관한 사항, 유니언 숍, 단체교섭절차에 관한 사항, 노사협의기구, 고충처리기관에 관한 사항, 쟁의행위의 개시·방법에 관한 사항, 조정·중재에 관한 사항 등 집단적 노사관계에 해당되는 사항은 의무적 교섭대상에 포함된다고 보고 있다[41]. 노조법상 단체교섭은 조합원뿐만 아니라 노동조합을

40) 임종률, 앞의 책, p125.
41) 임종률, 앞의 책, p127; 김형배, 앞의 책, p743.

위하여서도 할 수 있고 당사자는 단체협약에 노동관계의 적정화를 위한 단체교섭의 절차와 방식을 규정하도록 노력하여야 한다는 점을 고려한다면 노동쟁의 개념 규정은 근로조건의 결정을 노동쟁의의 대상 내지 의무적 교섭사항으로 예시한 것에 불과하다고 본다. 다만, 조합활동 내에서도 전임자에 관한 임금지급에 관한 사항은 법에서 명문으로 금지하고 있으므로 전임자의 임금지급에 관한 사항은 의무적 교섭사항이 아니라 위법적 교섭사항으로 해석하고 있다[42].

그러나 판례는 노동조합활동에 관한 사항을 대체로 임의적 교섭사항으로 해석하고 있는 것 같다. 근로조건 이외의 사항 즉 조합활동에 관한 노동관계 당사자 사이의 주장의 불일치로 인한 분쟁상태는 근로조건에 관한 분쟁이 아니어서 노동쟁의라고 할 수 없으며 단체교섭의 의무적 교섭대상이 될 수 없으며 임의적 교섭대상이라고 한다[43].

(3) 인사・경영권에 관한 사항

헌법 제23조 제1항의 재산권 보장, 민법 및 기타 법률의 사유재산권 보장에 의하여 인사・경영권은 보장되고 있다. 인사・경영권은 기업경영과 관련하여 사용자에게 귀속되는 일체의 권한을 말하는데 인사권이란 근로자의 채용, 전보, 배치, 인사고과, 승진, 휴직, 징계, 해고 등의 사항에 관한 사용자의 권한을 말하고 경영권이란 회사의 조직변경, 사업확장, 합병・분할・양도,

---

42) 임종률, 앞의 책, p127. 그러나 전임자 급여지급 금지가 2009.12.31까지는 유예되어 있기 때문에 그 때까지는 임의적 교섭사항으로 보아야 할 것이다.

43) 대판,1996.2.23, 94누9177 ; 대판,2003.12.26, 2003두890에서는 집단적 노사관계에 관한 사항에 대하여 단체교섭 대상이라고 하고 있는데 의무적 사항이라고 한 것인지 아니면 임의적 교섭사항이라고 한 것인지는 명확하지 않은 판례도 있다.

공장이전, 하도급・용역전환, 휴-폐업, 신기술도입, 생산계획의 결정 등에 관한 사용자의 권한을 말한다. 이들 권한은 헌법상 보장되고 있는 재산권이기 때문에 재산권행사를 위한 사용자의 인사경영권은 단체교섭의 의무적 교섭대상으로 인정되지 않는다. 다만, 단체교섭 제도가 노동법에 의하여 비로서 인정된 것이 아니라 노사당사자 간에 자발적인 필요에 의해 성립된 것을 노동법이 규제하는 것이기 때문에 노동법에서 금지하지 않는 한 단체교섭의 대상사항을 확대하는 것이 허용되어야 할 것이기 때문에 인사경영권에 관한 사항도 사용자가 임의적으로 교섭에 응하면 임의적 교섭사항이 될 것이다. 이는 미국 판례법상으로 임의적 교섭사항이 인정되는 것과 같은 맥락으로 이해될 수 있다[44].

한편 인사와 경영에 관한 사항이 단체교섭의 대상으로 된다고 하더라도 단체교섭 상에서 노동조합이 경영의 본질적 부분까지 제한할 수 없다는 것이 행정해석의 입장이며 만약 노동조합에서 인사・경영권을 침해하고자 하는 경우에 사용자가 교섭을 거부하더라도 부당노동행위가 성립되지 않는다고 한다. 사용자가 스스로의 의사에 따라 교섭에 임하여 인사・경영사항에 관한 단체협약을 체결한 경우에는 그 노동조합의 협약의 취지에 따라 성실히 이행하여야 한다[45].

그러나 헌법의 노동기본권 보장과 재산권보장은 서로 균형을 이루면서 사회전체적인 체계가 합목적 적으로 규율되어야 한다. 따라서 인사・경영권은 헌법 제33조 제1항의 노동기본권과 헌법 제23조 제1항의 사유재산권 권리보장이 서로 상충되는 범위 내에서 임의적 교섭대상의 정도를 넘어서 상대적으로 단체교섭의 의무적 교섭대상이 될 수 있는지 여부 문제가 결정되어

44) 대판,2003.12.26, 2003두890.
45) 대판,1993.7.13, 92다50263.

져야 한다. 즉, 근로조건과 밀접한 관련이 있는 인사·경영에 관한 사항은 임의적 교섭대상을 뛰어넘어 참여에 의한 집단적 교섭의 대상으로 의무적 교섭대상이 될 수 있다[46].

제4절 단체교섭의 방법

1. 평화교섭 의무

단체교섭이 노사 간의 평화를 유지하는 기능을 하는 것과 같이 단체교섭 자체도 평화적으로 이루어지는 것이 필요하다. 노조법 제4조에서는 어떠한 경우에도 단체교섭 상에 폭력이나 파괴행위가 이루어질 수 없음을 규정하고 있다. 또한 노조법 제81조에서는 정당한 이유 없이 사용자가 단체교섭을 거부하는 것을 부당노동행위로 금지하고 있다. 헌법이 단체교섭을 노동기본권으로 보장하고 노조법에서도 이를 보호하고 있기 때문에 단체교섭은 노동조합에게 보장되는 것이지만 평화적인 방법에 의해 행하여져야 한다. 평화적인 방법에 의한 단체교섭은 형사상 면책이 되는 것이지만 폭력이나 파괴행위를 수반하는 단체교섭은 용납되지 않는다. 따라서 평화적인 방법으로 노동조합이 단체교섭을 요구하는 경우에는 사용자는 성실히 응할 의무가 있으나 폭력적인 방법이나 태도로 노동조합이 임하는 경우에는 단체교섭을 불응하더라도 부당노동행위가 성립되지 않는다.

46) 대판,1994.8.23, 93누21514.

2. 성실교섭 의무

(1) 의 의

성실교섭의무라 함은 단체교섭에 있어서 가능한 합의에 도달하고자 하는 노동조합과 사용자의 단체교섭 태도로서 성의를 가지고 단체교섭에 임해야 하며 권리를 남용하지 않을 의무를 말한다. 이러한 성실교섭의무의 법적 근거는 민법상의 신의칙에서 찾을 수 있고 아울러 노조법 제30조 제1항·제2항, 동법 제81조 제3호 등 노조법에서 명문규정을 두고 있다.

특히 노조법에서는 단체교섭의 당사자는 신의에 따라 성실히 교섭하고 단체협약을 체결하여야 하며 그 권한을 남용할 수 없고(노조법 제30조1항) 정당한 이유 없이 교섭 또는 단체협약 체결을 거부하거나 해태할 수 없다(동조 제2항)고 규정하여 민법의 일반원칙인 신의성실, 권리남용 금지를 선언하고 있다. 그러므로 사용자 또는 노동조합은 상대방의 주장을 들을 뿐만 아니라 상대방의 요구나 주장에 대하여 성실한 회답이나 반론을 하고 또한 주장의 논거를 제시하거나 필요한 자료를 제출하여 설득에 힘쓸 의무가 있다. 성실의무는 합의가능성을 모색하는 것으로서 상대방과 회견하고 협의하는 과정에서 이행되는 것이다. 단순히 문서의 왕복이나 전화 등에 의한 협의는 성실교섭 의무에 위배된다.

사용자가 성실교섭의무에 위반하는 경우에는 부당노동행위가 된다(노조법 제81조3항). 그러나 근로자 측 부당노동행위를 인정하지 않기 때문에 노동조합이 성실교섭 의무를 위반하더라도 사용자가 정당하게 교섭을 거부할 수 있는 사유가 되는데 불과하고 근로자 또는 노동조합의 부당노동행위로 되지는 않는다.

성실교섭 의무는 상대방의 요구를 수락하거나 그것에 대하여 양보를 할 의무까지 포함하는 것은 아니기 때문에 교섭의 결렬에 따른 중단은 불성실하다고 볼 수 없다. 그러나 교섭이 중단·결렬이 된 후에도 장기간의 경과나 새로운 제안의 제시 등 교섭 재개가 의미 있는 것으로 될 사정의 변화가 발생한 경우에는 교섭에 응할 의무가 있다. 따라서 쟁의행위에 돌입하였다 하더라도 쟁의행위 중에 노동조합이 의미 있는 새로운 제안을 하면서 교섭재개를 신청한 경우에는 사용자는 이에 대하여 성실교섭 의무를 지게 된다.

(2) 의무 이행자

사용자가 단체교섭에 있어 성실교섭 의무를 이행하여야 하는 것은 당연하며 위반하는 경우 부당노동행위에 의한 규제대상이다. 그 동안 성실교섭 의무자가 사용자에 한하는 것으로 인식되었으나 노조법 개정으로 인하여 동법 제30조에 따라 노동조합도 사용자에 대하여 성실교섭의무를 부담하게 되었다. 즉 노동조합과 사용자 또는 사용자단체는 신의에 따라 성실히 교섭하고 단체협약을 체결하여야 하며 그 권한을 남용하여서는 아니 된다. 노동조합과 사용자 또는 사용자단체는 정당한 이유 없이 교섭 또는 단체협약의 체결을 거부하거나 해태하여서는 아니 된다고 규정하고 있다(노조법 제30조 제1,2항). 그리고 단체교섭의 담당자 또는 위임을 받은 자는 노동조합이나 사용자 또는 사용자단체의 이익을 위해서 성실교섭 의무를 지게 되며 자기 개인의 사적인 목적을 위하여 단체교섭을 해서는 아니 된다.

제5절 단체교섭 절차

1. 교섭대상의 명확화

단체교섭은 일반적으로 노동조합에서 단체교섭 요구서와 개정안을 송부하는 것에서 시작하게 된다. 경우에 따라서는 회사측에서 신청할 수도 있으나 근로조건의 유지·개선이라는 기본목적을 위하여 노동조합이 조합원들의 의견을 수렴하여 개정안을 제시하게 된다. 단체교섭을 신청할 경우에는 교섭의 당사자와 교섭위원, 교섭사항, 일시·장소 등을 명시하거나 사전협의에 의하여 결정하자는 제안을 할 수 있다.

교섭담당자의 인원수에 불합리한 제한을 하거나 원만한 교섭을 방해할 정도의 다수인원 또는 쌍방 인원수의 현저한 차이를 고집하는 경우에는 불성실한 교섭으로 된다. 그러나 이들 사항에 대하여 단체협약에 구체적인 규정이 있는 경우에는 그에 따라야 하고 협정이나 관행상 실무교섭이나 예비절충을 통하여 결정하도록 되어 있는 경우에는 그에 따라야 할 것이다[47].

요청을 받은 상대방은 요구안에 대한 의견이나 견해를 보내고 필요한 자료를 교환하는 절차를 거치게 된다.

---

47) 임종률, 앞의 책, p134.

2. 교섭의 일시·장소·시간의 설정

교섭의 원활한 진행을 위하여 양측의 실무자들이 언제, 어디서, 어느 정도의 시간에 단체교섭을 할 것인가 결정하게 된다. 가능한 한 근무시간 중에 그리고 업무가 한가한 시간을 택하고 교섭위원수도 적정하게 결정해야 할 것이다. 단체교섭이 개시되기 위해서는 최소한 단체교섭의 일시, 장소가 결정되어야 하기 때문에 미리 실무적인 교섭에서 이러한 것들이 결정된다. 통상적으로 노동조합 측에서 이들에 관하여 단체교섭 요구서를 통하여 제안하고 실무적인 교섭에서 결정된다.

노사 당사자의 어느 일방이 교섭일시를 합리적인 이유 없이 너무 조기에 실시하자고 하거나 너무 늦추려하는 경우 교섭기간에 제한을 두고자 하는 경우 교섭의 장소를 어떤 불순한 의도를 갖고 불편한 곳으로 선정하자고 하는 경우 등에는 불성실한 교섭으로 볼 수 있다.

3. 예비교섭

단체교섭은 준비단계로 예비교섭을 거치는 것이 단체교섭의 원활한 진행에 도움이 된다. 예비교섭에서는 주로 교섭의 진행방법과 절차를 논의하게 된다. 또한 교섭 위원수, 장소, 시간, 안건의 토의방식, 교섭권의 위임, 자료의 종류와 제공방법 등을 논의하게 된다. 이러한 사전회합 내지 예비교섭도 단체교섭의 일종이므로 단체교섭에 관한 법적보호를 받게 된다. 종종 예비교섭에서부터 힘겨루기를 하는 사례가 있으나 예비교섭은 본 교섭이 원활히 진행되도록 하는 보조적 절차이므로 합리적인 대안을 제시하고 상대방을 배려하는 조치가 우선되어야 할 것이다.

4. 본 교섭

예비교섭에서 절차 등이 정해지면 양측의 교섭위원이 한자리에 모여 본격적인 교섭에 들어가게 된다. 상견례와 제안 설명, 그리고 요구안과 대응안의 검토 순서로 진행되지만 시간과 비용을 절약하기 위하여 상견례와 제안 설명이 끝난 뒤 실무 소위원회를 구성하고 2~4명으로 구성된 실무소위원회에서 양측의 의견을 조율하게 할 수 있다.

5. 타결 또는 결렬

노사 간에 의견의 합치를 보아 타결에 이른 경우에는 단체협약의 체결이라는 절차를 진행하게 된다. 합의가 이루어진 날 바로 단체협약에 조인하는 경우도 있고 일정한 날짜를 정해서 노사양측이 참여한 가운데 조인식을 거행하는 경우도 있다. 어느 경우에나 양당사자가 서명・날인하게 되면 단체협약으로서의 효력을 갖게 된다.

반대로 양측의 의견이 팽팽히 대립되어 단체교섭이 결렬될 경우에는 노동쟁의가 발생하게 되고 노동쟁의 조정절차로 이행하게 된다.

제 5 장 단체협약

제1절 단체협약의 개념

1. 단체협약의 의의

단체협약이란 노동조합과 사용자가 단체교섭에서 조합원의 근로조건 등 개별적 근로관계와 노동조합과 사용자간의 집단적 노사관계에 적용할 사항을 합의한 것을 문서화한 협정을 말한다. 근로자들은 단결권을 행사하여 노동조합을 설립하고 노동조합은 사용자와 임금 등 근로조건에 관한 단체교섭을 수행하며 교섭의 결과 합의된 사항에 관하여 단체협약을 체결하게 된다. 한편 교섭이 결렬되면 쟁의행위를 단행함으로써 사용자에게 단체협약의 체결을 강요하거나 노동쟁의 조정절차에서 조정서 또는 중재 재정서의 형식으로 단체협약이 탄생하게 된다. 이렇게 평화적인 교섭이나 또는 쟁의행위의 결과 노사 간에 합의된 사항을 협약이라는 형태로 서면화한 것이 단체협약이다.

단체협약은 노동3권 보장에 따라 시민법상의 개별적 고용계약을 대신하여 등장한 노사 간의 계약적 성질을 갖고 있다. 그러므로 단체협약은 시민법상의 계약원리를 전면적으로 부정・대체하는 것이 아니라 이를 수정・보완하는 것이다. 단체협약은 근로자들의 집단적인 단결체인 노동조합과 사용자간의 합의라는 면에서 시민법상의 계약과 다르게 다음과 같이 법에서 특별한 취급을 하고 있다.

첫째, 단체협약은 체결의 자유가 제한된다. 즉 노사당사자가 합의에 도달한 경우 단체협약의 체결을 법적으로 의무화하고 있다(노조법 제30조 2항). 또한 단체협약의 유효기간에 대하여 법적으로 최장기간을 정하고 있다(동법 제32조 1항). 둘째, 단체협약은 집단적인 규범으로서 기능하기 때문에 행정관청의 관여를 인정하고 있다. 즉, 단체협약의 신고(동법 제31조 2항) 위법한 단체협약의 변경명령(동조 제3항) 등이 규정되어 있다. 셋째, 단체협약에는 채권·채무관계에 따른 효력뿐만 아니라, 규범적 효력도 인정된다(노조법 제33조). 근로관계 결정의 효력이 본질적인 것이기 때문에 규범적 효력이 단체협약의 일반적 특성이다. 넷째, 단체협약은 협약의 당사자는 물론 제3자에게로 그 효력이 확장되는 경우가 있다. 소위 사업장 단위의 일반적 구속력과 지역적 단위의 일반적 구속력을 말한다.

또한 단체협약은 개별근로자가 경제적 약자의 위치에서 체결한 근로계약에 비하여 근로자들의 단결체인 노동조합의 힘으로 교섭하고 합의한 것이기 때문에 근로자 보호에 유리하다. 단체협약은 노사 간의 근로조건 유지·개선뿐만 아니라 노사관계의 질서·유지 등 다양한 기능을 하고 있다. 단체협약의 기능을 보면, 첫째, 근로자 단결체인 노동조합과 사용자간의 합의문서인 단체협약은 개별근로자가 불리한 위치에서 체결한 개별적 근로계약에 비하여 우월한 근로조건을 유지·개선하는 기능을 가지고 있다. 단체협약은 단체교섭이라는 집단적 거래를 통하여 합의하기 때문에 개별 근로계약보다 그 내용면에서 근로자에게 유리한 경우가 많기 때문에 근로자보호에 유리하여 근로자보호에 적합하다. 이러한 근로자보호 기능은 단체협약의 본질적인 기능이라고 볼 수 있다. 둘째, 단체협약의 유효기간동안 노사는 단체협약의 내용을 서로 존중·준수하고 이의 변경을 요구하는 쟁의행위를 하지 아니할 평화의무를 지고 있기 때문에 평화적 기능을 가지고 있다. 단체협약의 유효기간 동안은 노사 간에 근로관계와 노사 질서가 유지될 수 있는 평화가 보장된다. 셋째, 단체협약의 조합활동 보장 조항은 노동기본권의 내용을 구체화하는 기능을 수행하고 있고 노사관행의 형성을 뒷받침 하고 있어 노사관계에 있어서의 일정한 안정적 질서를 형성하고 있다. 넷째, 사용자의 경영사업의 운영과 관련하여 사용자의 경영권과 인사권에 대하여 일부 노동조합의 참여를 보장한 경우에는 사용자의 경영권에 노동조합의 참여를 제도화하는 기능을 하게 된다.

2. 단체협약의 법적성질

단체협약은 노동조합과 사용자간의 합의에 의하여 성립되므로 계약적 성질을 갖고 있다. 그러나 현행법은 단체협약에 대하여 사용자와 개별근로자 사이의 근로계약을 규율하는 규범적 효력을 인정하고 있다. 규범적 효력을 인정하는 근거가 무엇인가가 문제되는데 이에 대하여 규범적 성질을 강조하느냐 또는 계약적 성질을 강조하느냐에 따라 규범설과 계약설로 구별된다.

(1) 규범설

단체협약을 법규범으로 인정하는 견해이다. 단체협약의 체결 및 성립에는 대체로 일반계약의 법리가 적용되지만 일단 단체협약이 성립한 경우 이 단체협약은 하나의 법적 규범으로서 존재하고 작용한다는 주장이다. 단체협약을 사회에서의 자주적인 법으로서 관습법으로 취급해야 한다거나(자치규범설), 현행법에서 노사가 자주적인 단체협약에 의하여 스스로의 관계를 자주적으로 규제하는 법규범을 설정할 수 있다는 백지관습법(백지관습법설)등의 견해로 나누어진다. 이러한 견해는 노조법 제33조를 단체협약의 규범적 효력을 특별히 창설한 것이 아니라 단체협약이 본래적으로 법규범으로 당연히 갖는 성질을 확인하는 규정에 불과한 확인규정으로 파악하고 있다.

(2) 계약설

계약설은 단체협약이 법규범이 아니라 당사자인 노동조합과 사용자간의 계약의 성질을 갖고 있다고 파악한다. 단체협약의 체결 및 성립에 사법적 계약의 법리가 적용되는 것은 물론 일단 성립된 단체협약의 효력도 계약이 갖는 효력에 근거한 것이라고 한다. 이에는 수권설, 규범계약설, 노동법적 계약설 등의 견해로 나누어진다.

① 수권설

단체협약은 본질적으로 노사당사자의 자주적 합의에 의하여 성립되는 사법상의 계약에 불과하나 국가가 법률의 규정에 의하여 규범적 효력을 부여하였기 때문에 규범적 성질을 갖는다는 견해이다. 그러므로 단체협약의 내용에 위배되는 근로계약이 무효로 되는 것은 노조법 제33조와 같은 명문의 규정이 존재하기 때문이라고 한다. 이러한 견해는 노조법 제33조를 단순한 확인규정이 아니라 규범적 효력을 창설하는 규정으로 이해하고 있다.

② 규범계약설

단체협약은 근본적으로 노사당사자의 합의에 의하여 설립되는 계약인 것은 사실이나 노사 당사자 간에 적용되는 일종의 규범을 설정하고 이를 준수하기로 합의한 후, 이를 계약내용으로 체결하였기 때문에 규범적 성질을 갖는다는 견해이다.

③ 노동법적 계약설

단체협약을 노동법적 계약으로 보는 견해이다. 단체협약은 사법상의 계약관계에서 비롯되는 것이 아니라, 노동법상의 계약이며 단체협약의 규범적 성질은 근로자의 노동3권의 보장결과 체결된 단체협약의 본질에 근본적으로 내재하고 있다는 이론이다. 그러므로 노조법 제33조와 같이 법률의 규정에 의하여 단체협약에 법적효력을 부여하는 것은 헌법상 단체협약에 내재하고 있는 규범적 성질을 법률에 의하여 구체화하는 것으로 파악한다.

④ 검 토

단체협약은 노동조합과 사용자간에 체결한 집단적인 계약이 그 본질이다. 그러나 노동조합과 사용자간의 계약에 불과한 것으로 보면 근로자보호와 노사관계 안정에 문제가 일어날 수 있으므로 이에 특별히 입법 정책적으로 규범적 효력을 부여한 것으로 이해하여야 한다. 즉, 노조법에서 협약당사자에게 특별히 규범설정의 권한을 수권한 것이라고 보아야 할 것이다(수권설). 따라서 노조법 제33조는 단체협약의 규범적 효력을 설정한 것으로 해석하여야 한다. 이렇게 단체협약의 규범적 효력을 노조법 제33조에 의해 수권된 결과로 인정되는 것이라면 노조법이 정하는 요건을 갖추지 못하는 노사협정의 경우에는 규범적 효력이 인정되지 않는다. 다만 그러한 노사협정도 당사자간의 합의가 있는 이상 계약적 효력은 부정할 수 없다. 그러므로 이러한 협정에 근로조건 기타 근로자의 대우에 관한 사항이 규정되어 있는 경우에도 이를 무효로 볼 필요는 없으며 위임이나 대리 또는 제3자를 위한 계약으로서의 효력을 인정하여 당사자의 의사를 존중하는 것이 타당할 것이다[1].

---

1) 김유성, 앞의 책, p159.

제2절 단체협약의 성립

1. 단체협약의 당사자

단체협약이 성립하기 위해서는 단체교섭의 당사자 사이에 합의가 있어야 하고 나아가서 그 합의내용을 서면으로 작성하고 서명 또는 날인 하여야 한다. 단체협약을 체결하는 당사자는 단체협약의 권리·의무의 주체가 되는 자를 말한다. 단체협약의 당사자에 대하여 현행법은 당사자 쌍방이라고만 하고 구체적으로 누구인지 명문규정은 없으나 당사자가 될 수 있는 자격은 노동조합과 사용자 또는 사용자단체라는 점에 이론이 없다. 이러한 단체협약의 당사자가 될 수 있는 자격 내지 능력을 협약체결 능력, 협약능력이라고 부르고 있다. 협약능력은 민법상의 권리능력이나 행위능력과는 다른 노동법에 의하여 부여된 특별한 능력이다. 단체협약에는 일반적인 계약과는 달리 규범적 효력이라는 특별한 효력이 인정되어 개별근로계약의 내용을 규율하는데 이러한 협약을 체결할 수 있도록 노동법상 특별히 부여된 능력이 곧 협약능력이라고 할 수 있다[2].

---

2) 김유성, 앞의 책, p160.

(1) 노동조합

근로자측의 협약당사자를 노동조합으로 보는데 이것은 노조법 제29조에 따른 것이라는 다수의 견해가 있지만 노동조합의 협약능력은 노동조합이라는 단체에서 비롯된다는 단체설의 해석론으로 이해할 수 있다. 노조법 제29조는 단체교섭에 있어서 근로자 측 교섭당사자를 규정한 것이지 협약당사자에 관한 규정이 아니다. 또한 노조법에서 협약능력이나 협약당사자에 관한 규정은 없다. 따라서 노동조합의 협약능력은 해석론에 맡겨져 있으며 개별 조합원이 아니라 노동조합을 협약당사자로 보아야 하는 것은 노동조합 단체 자체가 당사자라는 단체설에 의할 때 논리적이기 때문이다[3].

(2) 근로자 단체

일본이나 우리나라의 통설은 노동조합 설립의 형식적 요건을 갖추지 못한 헌법조합 또는 법외조합 등의 근로자 단체도 단체협약의 당사자가 될 수 있으며 이들이 체결한 단체협약도 노동조합에서 말하는 단체협약이라고 한다[4]. 앞에서 설명한 바와 같이 근로자 단체는 단체협약의 당사자가 될 수 없다고 본다. 노동조합 설립의 실질적 요건을 갖추지 못한 비조합 또는 쟁의단도 마찬가지 이유로 단체협약의 당사자가 될 수 없다고 할 것이다[5]. 한

---

3) 김유성, 앞의 책, p160에서 노동조합 자체가 단체협약 체결능력을 가질 수 없고 단체협약 체결은 기본적으로 조합원 개인에게 있으나 노동조합 대표자가 조합원들을 대리할 뿐이라는 대리설, 노동조합의 조합원과 노동조합 자체 양자가 복합적으로 단체협약 체결능력이 가진다는 복합설 등이 단체설과 함께 논의되어 왔으나 오늘날 단체설이 일반적인 견해이다.

4) 김형배, 앞의 책, p749 재인용.

5) 임종률, 앞의 책, p139. 여기서 임종률 교수는 단체협약은 유효기간 동안 준수되고

편, 일부 견해는 헌법상 단결체 즉 법외노조 및 쟁의단은 헌법상 단체교섭권은 행사할 수 있으나 노조법상의 권리는 행사할 수 없는 바, 단체협약의 규범적 효력은 노조법에 의하여 헌법외적으로 창설된 것이므로 헌법상 단결체는 규범적 효력을 갖는 단체협약의 당사자가 될 수 없고 다만 위임・대리 또는 제3자를 위한 계약으로서 인정된다고 한다[6]. 그러나, 이러한 견해에 반대하는 이론도 제기되고 있다. 즉 헌법상 단체교섭권에는 당연히 단체협약 체결권도 포함되는 것이 원칙이고 따라서 단체협약이 아닌 계약으로서의 효력으로 대체되기 위하여는 법률 차원이 아닌 별도의 헌법 차원의 헌법유보의 법리가 존재하여야 하기 때문이라는 견해이다[7].

(3) 사용자 또는 사용자 단체

단체협약의 사용자측 당사자는 사용자 또는 사용자 단체이다. 그 중 사용자는 ①개인기업일 경우에는 그 기업주 개인, ②법인 내지는 회사기업일 경우에는 법인 내지는 회사이다. 단체협약의 당사자가 될 수 있는 사용자단체는 구성원인 사용자에 대해서 조정 또는 규제할 수 있는 권한을 가진 단체이어야 한다. 회사정리 결정이 있는 경우 회사정리법 제53조 제1항에 따라 회사의 경영과 재산의 관리・처분권한이 관리인에게 전속되어 있으므로 정리회사의 대표이사가 아니라 관리인이 이 단체협약의 사용자측 대표자가 된다[8].

당사자가 일정한 의무를 계속 가지는 것을 전제로 하기때문에 우발적 집단인 쟁의단 등은 단체교섭은 할 수 있지만 단체협약 당사자는 될 수 없다고 한다.

6) 김유성, 앞의 책, p156.

7) 이상윤, 앞의 책, p640.

8) 대판,2001.1.19, 99다72422.

2. 단체협약의 내용

(1) 단체협약의 내용이 될 수 있는 사항

단체협약은 단체교섭의 결과물이기 때문에 단체교섭의 결과로 합의된 내용이 단체협약의 내용이 된다. 단체교섭에서 합의된 이상 그 내용이 근로조건에 관한 것이든 집단적 노사관계에 관한 것이든 모두 단체협약의 내용이 된다. 비록 임의적 교섭사항이라도 당사자 간에 합의를 하면 단체협약의 내용이 된다. 경영에 관한 사항도 임의적 교섭사항이든 또는 의무적 교섭사항에 해당되든 이에 관한 합의는 그것이 근로조건에 영향을 미치는가 여부를 떠나서 단체협약이 될 수 있다. 다만, 단체교섭의 금지적 교섭사항은 비록 당사자 간에 합의를 하더라도 단체협약의 내용으로 될 수 없다.

그런데 단체협약 당사자 간의 합의된 내용이 다른 특별 법령에 의하여 그 효력인정에서 제한을 받는 경우에 다른 법령은 노동3권을 침해하는 법령으로서 위헌이 되지 않는가 하는 문제가 제기될 수 있다. 이에 대하여 헌법재판소는 그런 당해 법령을 합헌으로 인정하고 단체협약 내용의 효력을 제한하는 것을 허용하는 입장이다. 즉 헌법 제33조 제1항이 보장하는 단체교섭권은 어떠한 제약도 허용되지 아니하는 절대적인 권리가 아니라, 헌법 제37조 제2항에 의하여 국가안전보장·질서유지 또는 공공복리 등의 공익상의 이유로 제한이 가능하며 그 제한은 노동기본권의 보장과 공익상의 필요를 구체적인 경우마다 비교형량하여 양자가 서로 적절한 균형을 유지하는 선에서 결정된다. 예컨대, 국민건강보험법 제27조는 공단 이사장의 권한행사 및 공단운영에 대한 적절한 규제를 통하여 국가사업을 대행하는 공법인의 원활한 사업추진을 도모하고 국고와 연계되는 인사·보수 등에서 방만한 운영이 발생하지 않도록 공단에 대한 보건복지부장관의 지도·감독 권한을 확보하기 위한 것으로서 그 목적이 정당하며 공단이 인사 및 보수 등에 관한 사항을 정함에 있어 공단의 공익성에 반하거나 예산 미확보 등 집행의 어려움을 이유로 보건복지부장관이 승인하지 않은 경우에 당해 내부규정의 효력이 발생하지 않도록 하는 것은 이러한 입법목적을 달성하기 위한 적정한 수단이다. 나아가 공단의 단체협약 중 보수, 인사 등에 관한 사항은 단체협약 당사자 사이의 단순한 단체협약이라는 의미를 넘어 국고 부담의 증가를 초래함으로써 결과적으로 공단의 사업계획과 예산의 변경을 수반할 수밖에 없으므로 보수, 인사 등에 관한 사항을 단체협약으로 정하는 경우에도 보건복지부장관의 승인을 얻도록 하는 것은 불가피한 제한이며 단체협약 상 인사, 보수 등에 관한 규정을 보건복지부장관이 승인하지 않는 경우에는 행정소송으로 다툴 수 있으므로 보건복지부장관의 자의적인 불승인에 대하여는 이를 시정할 방법이 있다. 그렇다면 법률조항으로 인한 단체교섭권에 대한 제한의 정도는 공단의 공익성에 비추어 볼 때 타당한 범위 내로서 헌법에 위반된다고 볼 수 없다고 하였다[9].

(2) 단체협약의 내용이 될 수 없는 사항

단체교섭상의 합의가 아닌 노사협의회에서 의결한 사항 또는 노사협의회 쌍방 위원 사이의 협정은 단체협약이라고 할 수 없고 단체협약으로 인정되지 않는다. 다만, 단체교섭의 실무교섭으로서 노사협의가 단체협약에 규정되어 있거나 관행으로 되어 있어서 행하여진다면 그 노사협의는 단체교섭의 연장이므로 그 노사협의에서의 합의는 단체교섭에서의 합의와 같이 단체협

9) 헌재,2004.08.26, 2003헌바 58·2003헌바65.

약이 될 수 있다.

그러나 근로기준법상 근로조건의 일정한 설정을 하거나 변경하는 경우에 있어서 근로자들의 의견이 반영되도록 하기 위하여 서면합의를 거치도록 하는 경우에 있어서는 노조법상 노동조합과의 합의가 아니라 근로자의 의견을 수렴하는 것이기 때문에 단체협약으로 볼 수 없다. 근로기준법상 탄력적 근로시간제 및 선택적 근로시간제 도입, 사업장 밖 근로와 재량근로에 대한 근로시간 계산 특례도입 등에 관하여 근로자대표와 사용자 사이의 서면합의를 요건으로 하는 경우가 그 예이다. 또한 경영상 이유에 의한 해고에 있어서 당해 사업 또는 사업장의 근로자 과반수로 조직된 노동조합이 있는 경우에는 그 노동조합이 근로자 대표로 되는 경우가 있는데 이러한 경우의 노사 간의 합의는 노조법상의 단체교섭상의 합의가 아니기 때문에 단체협약의 내용이 아니다. 다만, 단체협약에 이미 규정되어 있는 바를 근거로 노사협의를 하여 합의한 사항은 단체협약의 부속된 내용이 될 수도 있다.

3. 단체협약의 성립요건

(1) 서면작성

단체협약은 반드시 서면으로 작성하여 당사자 쌍방이 서명 또는 날인하여야 한다(노조법 제31조 제1항). 서면에 의하지 않은 경우엔 아무 효력이 없다. 단체협약을 문서화 하고 당사자 쌍방의 서명 또는 날인을 하도록 한 규정의 취지는 단체협약이 규율대상으로 하고 있는 노사관계가 집단적·계속적이라는 점을 고려하여 체결 당사자를 명백히 함과 동시에 당사자의 최종적인 의사를 확인함으로서 단체협약의 진정성과 명확성을 담보하려는 것이다.

서면으로 작성함에 있어서는 서면의 표제나 형식은 불문한다. 즉, 명칭을 반드시 단체협약이라고 할 필요는 없으며 임금협정, 단체교섭의사 확인서, 각서, 합의서 등이라도 단체협약이 될 수 있으며 특별한 표제가 없더라도 상관없다.

(2) 서명 또는 날인

서명 또는 날인으로 표기하여야 하는 것은 양당사자의 명칭과 쌍방에서 협약체결 권한을 가지는 자의 명칭이다(예컨대 갑 주식회사 대표이사 을, 노동조합위원장 병). 그러나 단체협약 당사자의 명칭만 표기되어 있거나 협약체결권자의 명칭만 표기하였더라도 협약체결권자가 대표하고 있는 협약당사자가 누구인지 명확하다면 서명 또는 날인의 요건을 충족하고 있는 것으로 본다. 또한 서명대신에 기명이 허용되는가에 대하여 우리나라의 관행으로 보아 이를 허용하는 것으로 해석된다. 판례에서는 서명날인 대신에 서명 무인한 경우에도 효력을 인정한 사례가 있다.

여기에서 서명은 자필로 이름을 표시하는 것을 의미하고 기명은 자필 이외에 인쇄 또는 대필하는 것을 의미한다. 그러므로 서명 날인은 당사자의 이름을 직접 자필하고 인장을 찍는 것을 말하며 기명날인은 이름을 인쇄한 뒤에 인장을 찍는 것을 말한다. 서명무인은 이름을 자필하고 지장을 찍는 것을 의미하므로 단체협약의 체결은 서명날인·기명날인·서명무인·기명무인 또는 단순한 서명 등 다양한 방법에 의하여 이루어질 수 있다.

단체협약에 관하여 이렇게 방식을 갖추도록 하는 요식행위로 한 취지는 노사관계에서 집단적인 근로조건이 결정되는 점과 규범계약으로서의 성질을 가지기 때문에 그 내용을 둘러싸고 나중에 분쟁이 발생하는 것을 방지하기 위함이다. 그런데 이와 같은 요식행위를 갖추지 않은 경우에 단체협약의 효력을 어떻게 이해할 것인가에 대하여 학설과 판례는 그 입장이 나뉘어 있다.

첫째, 단체협약상의 요식행위를 법이 정한 것은 정책적 배려에서 나온 것이기 때문에 이러한 요식행위를 따르지 않은 것이라도 단체협약으로 보아야 하며 그 본래적인 효력인 규범적 효력을 인정해야 하고 다만 정책적인 제도인 단체협약의 효력확장은 부인해야 한다고 한다[10]. 둘째, 노조법 제31조가 정한 요식행위가 단체협약의 효력발생요건이라고 함으로써 이 요식에 따르지 않은 단체협약은 규범적 효력이 없다고 한다. 다만, 채무적 효력까지 일률적으로 부정되는 것은 아니라고 한다. 협약당사자간에 협약내용에 대한 합의가 있고 그 합의가 당사자 간의 권리의무에 관한 것이라면 채무적 효력은 인정하여도 무방할 것이기 때문이라고 한다[11]. 오늘날 후자의 견해가 단체협약의 규범적 내지 보호적 기능을 고려할 때 적정하다고 한다. 판례도 후자의 견해를 따르고 있다[12]. 또한 다른 판례에서는 취업규칙의 효력을 인정한 판례도 보인다. 노동조합과 사용자가 합의에 의하여 문서로 작성하였으나 서명 날인이 없어 단체협약의 성립요건을 갖추지 못한 사고처리 규정의 효력에 대해 조합원 이외의 직원의 근로관계도 직접 규율하는 것으로 규정되어 있고 유효기간에 관한 규정이 없이 계속하여 시행되어 왔을 뿐만 아니라, 노사쌍방의 서명날인도 되어 있지 아니한 점에 비추어 취업규칙에 해당한다고 한다[13].

---

10) 이병태, 앞의 책, p223 재인용.

11) 김유성, 앞의 책, p164 재인용.

12) 대판,1997.1.21, 95다24821에서 학교법인의 대표자가 아닌 대학교 총장과 노동조합 대표자가 기명 날인한 단체협약은 학교법인의 대표자가 노동조합과 서명 날인한 사실이 없기 때문에 단체협약으로서 유효하게 성립한 것으로 볼 수 없다고 한다.

13) 대판,1997.4.25, 96누5421.

노사당사자 간의 단체협약은 단순한 채무적 효력만 인정되는 계약과는 다르게 노동법에서 규범적 효력을 인정하고 있기 때문에 그 성립상 형식적 요건을 갖추어야 한다고 본다. 그러나 형식적 요건의 흠결이 있는 경우에 단체협약의 효력은 부인되어야 하겠지만 단체협약 당사자의 권리의무 관계를 정하고 있는 계약적인 효력까지 부인되는 것은 아니다. 따라서 후자의 견해와 판례의 입장이 타당하다고 판단된다.

제3절 단체협약의 내용과 효력

1. 단체협약의 내용

단체협약은 규범으로서 인정되고 있지만 그 본질상 노동조합과 사용자간의 집단적인 계약의 성질을 아울러 갖고 있다. 그러나 노조법은 근로자보호와 노사관계 안정을 위하여 단체협약 중 일정한 부분에 대하여는 당사자가 아닌 근로자 개인과 사용자를 구속하는 효력 즉 규범적 효력을 특별히 부여하고 있다. 또한 그러하지 않은 부분에 대하여는 단체협약 당사자 간에 계약적인 채무적 효력이 인정된다. 이렇게 단체협약은 규범적 효력과 채무적 효력으로 구분되어 그 효력이 인정된다. 이에 단체협약은 규범 및 계약으로서의 이중적 성질을 동시에 보유하고 있다. 단체협약의 내용은 단체협약의 당사자를 구속하고 일정한 경우 제3자를 구속한다. 단체협약이 제3자에게도 효력이 미치는 규범적 효력을 갖는 부분을 규범적 부분이라고 하고, 단체협약의 당사자에게만 인정되는 채무적 효력이 인정되는 부분을 채무적 부분이라고 한다.

한편, 단체협약의 내용 중 집단노사관계를 제도적으로 규율하는 부분이 있으며 이를 제도적 부분 또는 조직적 부분이라고 부르며 별도의 효력을 인정하고 있다[14].

2. 단체협약의 규범적 효력

(1) 규범적 부분

단체협약의 핵심적인 부분으로서 근로조건 기타 근로자의 대우에 관하여 정한 부분을 이른바 규범적 부분이라고 한다. 임금액·임금지급방법·근로시간·유급휴일·유급휴가·상여금지급·경조금지급 및 기타 후생에 관한 협정·안전보건·작업환경·교육훈련·복리후생·재해보상의 종류 및 그 산정·퇴직금누진제·정년제에 관한 협정 등은 이에 속한다. 이외에도 근로조건과 직접적 관련이 있는 복무규율·징계·해고 등도 규범적 부분에 속한다. 그러나 근로계약 성립 전의 채용에 관한 협약규정은 근로자의 근로조건에 해당되지 않기 때문에 규범적 효력을 가질 수 없다. 또한 구체적인 내용이 아닌 조합원의 복리증진을 위하여 노력한다는 것과 같은 추상적인 내용에 불과한 내용은 규범적부분이라고 볼 수 없다.

단체협약의 규범적 부분은 근로조건의 개선을 목적으로 하는 단체협약의 핵심적 기능을 실현하는 개념 본질적 부분이기 때문에 규범적 부분이 전무한 협정은 단체협약이라고 할 수 없다.

---

14) 이상윤, 앞의 책, p646이하 참조.

(2) 규범적 효력

단체협약의 규범적 부분에 인정되는 효력을 규범적 효력이라 한다. 근로자와 사용자 사이에 직접적으로 적용되는 일종의 규범으로서 근로자와 사용자간의 근로관계를 규범적으로 구속하는 효력을 말한다. 노동조합과 사용자 사이에 체결된 단체협약은 단체협약의 당사자가 아닌 조합원과 사용자간의 개별적 근로계약에 우선하여 적용된다.

노조법 제33조 제1항은 단체협약에 정한 근로조건 기타 근로자의 대우에 관한 기준에 위반하는 근로계약의 부분을 무효로 하여 강행적 효력을 규정하고 있으며 동조 제2항은 근로계약에 규정되지 아니한 사항 또는 제1항의 규정에 의하여 무효로 된 부분은 단체협약에 정한 기준에 의한다고 규정하여 대체적(직접적, 보완적) 효력을 규정하고 있다. 이와 같이 계약일반의 경우와 달리 근로계약관계의 집단적·통일적 규율을 위하여 단체협약에 고유하게 인정되는 특수한 법적 효력이다.

① 강행적 효력

강행적 효력이라 함은 단체협약에서 정한 근로조건 기타 대우에 관한 기준에 위반하는 근로계약의 부분을 무효로 하는 효력을 말한다. 이는 단체협약의 본질상 그 효력이 근로계약의 효력보다 우월하므로 당연히 인정되는 효력이다. 강행적 효력이 적용되는 경우는 (a)기존의 근로계약의 기준보다 높은 기준을 단체협약에서 새로이 정하는 경우, (b)기존의 단체협약의 기준보다 낮은 기준으로 근로계약을 새로이 체결 또는 변경하는 경우이다. 이러한 경우의 근로계약은 단체협약의 규범적부분에 위반하는 내용으로서 해당부분은 무효가 된다. 그러나 단체협약의 강행적 효력에 의하여 개별적 근로계약의 일부가 무효로 되었다고 하여 근로계약의 전부가 무효로 되는 것은 아니다. 근로계약의 당사자들은 무효가 된 부분이 없었더라면 계약을 체결하지 아니하였을 것이라는 것을 주장할 수 없다. 그 이유는 무효가 된 부분에 대하여는 후술하는 단체협약의 대체적 효력에 의하여 단체협약의 기준이 적용되기 때문이다.

② 대체적 효력

대체적 효력이라 함은 직접적 효력 또는 보완적 효력 등으로 불리는 효력으로서 근로조건 기타 근로자의 대우에 관한 기준에 관하여 단체협약의 강행적 효력이 적용됨으로써 근로계약에 무효가 된 부분이 있거나 근로계약에 아무런 관련 규정을 두고 있지 아니한 경우에 단체협약에서 정한 기준이 대신하여 적용되는 효력을 말한다(노조법 제33조 제2항). 대체적 효력은 근로계약의 당사자인 근로자들이 합의, 동의 또는 재계약 등을 하지 아니하더라도 무효가 된 근로계약에 직접적으로 적용되며 이는 단체협약의 본질상 당연한 것이다. 일반적으로 강행적 효력과 대체적 효력은 근로계약관계에 대하여 동시에 발생하는 것이 일반적이나 경우에 따라서는 그 중의 하나만이 발생하는 경우도 있다. 예를 들면 근로계약에 아무런 관련규정도 두고 있지 아니하여 개별적인 근로계약이 단체협약의 내용과 상충하는 규정이 전혀 없는 경우에는 대체적 효력만이 생기게 된다. 이에 반하여 단체협약 내에 어떤 금지규정만이 있고 이에 따른 대체규정을 두고 있지 아니한 경우 그 부분의 단체협약은 강행적 효력만을 가진다.

③ 자동적 효력

자동적 효력이란 단체협약의 조항이 강행적 또는 직접적인 방법에 의하여 근로계약의 내용이 되는 것을 말한다. 자동적 효력이 인정되는 경우 단체협약이 종료한 후에도 근로계약은 여전히 협약상의 근로조건을 그대로 수용하고 있으며 계약당사자가 별단의 합의를 하거나 또는 이와 다른 내용의 새로운 단체협약이 체결되지 않는 한 구 단체협약의 근로조건은 개별적 근로관계의 내용으로서 그대로 존속한다.

(3) 규범적 부분과 취업규칙과의 관계

단체협약의 규범적부분과 취업규칙과의 관계에 있어서도 근로계약의 경우와 마찬가지로 취업규칙의 내용이 당해 사업장에 적용되는 단체협약에서 정한 기준에 저촉되는 경우에는 해당 취업규칙 부분은 무효가 되고 단체협약이 적용된다. 즉, 노조법 제33조 제1항은 단체협약에 정한 근로조건 기타 근로자의 대우에 관한 기준에 위반하는 취업규칙 또는 근로계약의 부분은 무효로 한다고 규정하고 제33조 제2항 본문은 제1항의 경우 무효로 된 부분은 단체협약에 정한 기준에 의한다고 규정하고 있다.

또한 근로기준법 제99조 제1항은 취업규칙은 법령 또는 당해 사업장에 대하여 적용되는 단체협약에 반할 수 없다고 규정하고 제99조 제2항은 노동부장관은 법령 또는 단체협약에 저촉되는 취업규칙의 변경을 명할 수 있다고 규정하고 있다. 행정관청은 위 규정에 의하여 단체협약에 저촉하는 취업규칙의 변경을 명령할 수 있다. 이 경우는 취업규칙의 근로조건 이외의 사항을 말한다. 근로조건에 관한 사항은 자동적 효력이 미치기 때문이다.

3. 단체협약의 채무적 효력

(1) 의 의

단체협약의 당사자는 단체협약 내용에 집단적 노사관계와 관련하여 단체협약 당사자의 권리·의무를 규정할 수 있다. 그러므로 이와 같이 협약당사자 상호간의 권리·의무를 규율하는 단체협약상의 규정들은 채무적 내용의 협정이라고 한다. 이러한 규정들은 노동조합의 조합원들의 근로관계에 대하여 직접 효력을 미치는 것이 아니라, 협약체결 당사자인 노동조합과 사용자 또는 사용자 단체에게만 계약 일반의 효력이 한정되어 미친다. 채무적 부분의 내용은 본질적으로 당사자 간의 계약에서 비롯되는 것으로서 단체협약이 아닌 다른 계약 형태로서도 성립될 수 있다. 따라서 채무적 부분은 단체협약에만 고유한 것이 아니기 때문에 채무적 부분으로만 이루어지는 단체협약 다시 말하면 규범적 부분이 없는 단체협약은 본래적인 의미의 단체협약이라고 할 수 없다[15].

단체협약에서 구체적으로 어떤 조항들이 채무적 부분에 속하느냐 하는 것은 반드시 명백하지는 않으며 현행 노동법은 이에 대하여 명문 규정을 두고 있지 않다. 일반적으로 평화의무·평화조항·유일교섭단체조항·조합활동에 관한 편의제공조항(전임간부의 수, 조합사무실 기타 시설제공 등)·조합원범위조항·단체교섭의 절차 및 기타 규칙(위임금지조항, 단체교섭의 시간·순서 등)·shop조항·쟁의행위의 절차 및 규칙에 관한 사항(쟁의행위개시통지 및 절차·보안작업협정 등) 등이 이에 속한다.

---

15) 김형배, 앞의 책, p767.

(2) 채무적 효력의 당사자

단체협약의 채무적 효력이라 함은 단체협약의 당사자가 계약당사자로서 단체협약을 준수하여야 하는 의무를 말한다. 단체협약의 채무적 효력은 노동조합의 단체협약 준수의무와 사용자 또는 사용자단체의 단체협약 준수의무로 크게 나누어 볼 수 있다. 단체협약의 채무적 효력의 당사자는 단체협약의 체결당사자인 점에서 규범적 효력은 원칙적으로 조합원과 사용자간에 적용되는 점과 대비된다. 채무적 효력은 계약당사자가 지켜야 할 계약적 효력이기 때문에 단체협약을 체결한 당사자가 당해 협약을 준수할 의무를 갖는 것은 협약의 본질상 당연한 일이다.

① 노동조합의 단체협약 준수의무

노동조합은 단체협약의 당사자로서 단체협약을 준수할 의무를 갖는다. 노동조합의 단체협약 준수의무는 노동조합 자신이 단체협약의 내용을 준수하여야 할 의무와 조합원들이 단체협약의 내용을 준수하도록 통제・감독하는 의무를 말한다.

특히 현행법에서는 노조법 제30조에서 신의성실・권리남용 금지의 원칙을 명시하고 동법 제38조에서는 쟁의행위에 관한 노동조합의 지도와 책임을 신설하여 노동조합의 단체협약준수 의무를 강조하고 있다. 따라서 몇 몇 조합원이 단체협약에 위반하여 살쾡이 파업(Wildcat Strike)를 단행하였을 경우 노동조합은 그 조합원들에 대하여 징계권을 행사할 수 있다(노조법 제37조 제2항).

노동조합은 조합원에게 단체협약의 내용을 정확하게 알리고 조합원이 단체협약의 내용을 준수하지 아니할 경우에는 적절한 조치를 취함으로써 조합원들로 하여금 단체협약의 합의사항을 사실상 준수하도록 하여야 한다. 그러나 노동조합은 조합원 개인의 협약의무 위반행위에 대하여 직접 책임을 지지 아니하므로 개별 조합원들이 노동조합에 위반하는 행위를 했다고 하여 곧 노동조합이 단체협약을 위반한 것으로 되지는 아니한다.

② 사용자의 단체협약 준수의무

사용자 또는 사용자단체는 단체협약의 당사자로서 단체협약을 준수할 의무를 갖는다. 사용자는 단체협약의 계약당사자간의 채권채무적인 부분의 계약적인 내용의 채무적 효력뿐만 아니라 개별 조합원에게 적용될 규범적 효력을 준수하여야 할 의무자이기도 하다. 단체협약의 당사자가 사용자일 경우 사용자는 자신이 단체협약의 내용을 준수할 의무를 부담하며 당사자가 사용자단체인 경우 사용자단체는 그 단체의 구성원인 사용자가 단체협약의 내용을 준수하도록 그 이행을 촉구하여야 할 의무를 부담한다. 사용자의 단체협약 채무적 효력의 준수의무는 단체협약상의 노동조합에 대한 각종 활동보장이나 편의제공 등의 채무적부분에 대한 이행 등이 된다.

(3) 채무적 효력의 구체적 내용

① 평화의무

평화의무라 함은 실제상 노동조합에만 인정되는 의무로서 단체협약의 유효기간 중에 쟁의행위를 하여서는 아니 된다는 의무를 말한다. 즉 협약당사자가 단체협약의 유효기간 중 협약소정 사항의 개폐를 목적으로 하는 쟁의행위를 하지 않을 의무를 말한다. 평화의무는 단체협약의 평화적 기능에 내재하는 당연한 의무이다. 평화의무는 위에서 살펴본 협약 준수의무의 한 내용이라고 볼 수 있다. 평화의무는 협약유효기간내의 노사관계안정과 산업평화를 목적으로 한다. 평화의무가 미치는 범위는 단체협약에서 정하고 있는 사항에 한정된다. 즉 단체협약에서 정하고 있는 사항에 대하여는 단체협약의 유효기간 동안 그 사항을 평화적으로 준수하여야 할 의무가 있다는 것이며 이러한 평화의무를 상대적 평화의무라고 한다. 이에 반하여 단체협약의 규정 여하를 불문하고 협약유효기간 중에는 일체의 쟁의행위를 하지 않을 의무를 절대적 평화의무라고 말한다.

평화의무의 근거에 대하여는 단체협약의 평화유지 기능에 내재하는 본래적 의무로 보는 견해(내재설), 협약당사자 사이의 묵시적 합의에 의하여 발생하는 의무로 보는 견해(합의설), 단체협약의 이행의무로서 당연히 발생하는 신의칙상의 의무로 보는 견해(신의칙설) 등으로 나누어 있다. 다수설의 주장인 내재설은 단체협약이 당사자의 의사에 관계없이 평화유지 기능을 가져야 한다는 점을 강조하고 있다.

평화의무는 규범적 부분에 속한 것이 아니기 때문에 단체협약의 당사자에게만 적용되는 협약당사자간에 단체협약을 준수하여 평화를 유지할 의무를 말한다. 협약당사자가 협약유효기간 중에 협약소정의 사항에 대하여 쟁의행위를 행하여서는 안 될 뿐만 아니라 일부 조합원에 의해 결의되거나 개시된 쟁의행위를 저지하여야 한다. 즉 협약의 유효기간 중에 조합원들에 대하여 통제력을 행사하여 쟁의행위를 하지 못하게 방지하여야 할 의무를 지고 있다고 보아야 할 것이다[16].

② 평화조항

평화조항은 쟁의행위의 구체적인 방법·절차 등을 단체협약에 명문으로

16) 대판,1992.9.1, 92누7733.

규정하고 있는 조항을 말한다. 단체협약에 명문의 규정을 두지 아니하더라도 그 효력이 당연히 발생하는 평화의무와는 달리 평화조항은 단체협약 내에 구체적인 명문의 규정을 둠으로써 그 규정 내용에 따라 그 효력을 발생한다. 노사쌍방 간에 쟁의행위를 미연에 방지하고 분쟁을 평화적으로 해결할 것을 목적으로 쟁의행위를 하기 전에 노조법 제52조의 규정에 따라 노사가 자주적으로 정한 노동쟁의 조정기관(사적조정・중재기관)에 조정을 신청한다는 등의 조항을 말한다.

평화조항을 위반하였다고 하여 쟁의행위가 반드시 정당성을 상실하는 것으로 보아서는 아니 된다. 그 이유는 앞에서 설명한 평화의무의 위반이 쟁의행위의 내재적 한계를 일탈하여 그 정당성을 상실하는 반면에[17], 평화조항의 위반은 당사자 간의 계약위반, 노사당사자 간의 편의를 도모하기 위한 당사자가 특약으로 약정한 쟁의행위의 단순한 절차를 위반한 것에 불과하므로 평화조항 위반만으로 당연히 쟁의행위 정당성의 본질적 요소를 상실하는 것이 아니기 때문이다.

따라서 노동조합이 평화조항을 위반하여 쟁의행위를 하는 경우에는 쟁의행위의 정당성 여부에는 영향을 미치지 아니하며 따라서 쟁의행위의 형사・민사책임을 부과할 수 없다. 다만, 단체협약상의 채무불이행으로 인한 손해배상 책임만을 부담할 뿐이다. 손해배상책임은 평화조항위반 자체에 대한 책임은 단순한 절차위반의 무형의 신뢰이익에 대한 침해의 위자료지급 책임에 그친다고 보는 견해와 평화조항 위반의 쟁의행위의 위법성이 인정되는 한 유책행위로 인하여 발생된 경제적 손실에 대하여 까지 손해배상책임을 인정하는 견해가 있다[18]. 평화조항 위반의 쟁의행위는 그 자체가 정당성을 상실

17) 이상윤, 앞의 책, p658. 단체협약의 본질을 계약으로 보는 견해에 의하면 평화의무 위반의 쟁의행위가 바로 정당성을 상실하는 것은 아니다.

하지 않기 때문에 쟁의행위에 대한 책임을 별도로 부과할 수 없으므로 평화조항 위반에 따른 채무불이행의 유책행위로 인한 상당인과관계가 있는 모든 경제적 손실에 대하여 손해배상 책임을 인정하는 후자가 합리적이라고 본다.

③ 조합원의 범위에 관한 사항

노동조합의 조합원 자격은 노조법상의 근로자이면 모두 해당된다. 노조법상의 사용자의 범주에 들지 않는 자라면 노동조합에 가입하는 것은 노동조합과 당해근로자의 자유이다. 이렇게 노동조합에의 가입자격은 조합이 자주적으로 결정하여 조합규약에서 정할 문제이나 우리나라 단체협약에 있어서는 실제로 단체협약에서 조합원의 범위를 구체적으로 정하고 있는 것이 일반적 실정이다. 그러나 단체협약에서 조합원의 범위를 정한 것에 대하여 당사자가 구속되는 법적 효력이 있다고 보지 않는 것이 일반적 입장이다. 조합원의 범위를 노동조합과 사용자가 정한다는 것은 이에 대한 검토 또는 확인을 한다는 상호간의 의무를 규정한 것에 지나지 않는다. 따라서 조합원의 범위에 관한 조항에 의하여 노조법 제2조 제2호 사용자의 개념에 해당되지 않는 근로자의 노동조합가입 자체를 제한할 수 있는 것은 아니며 당사자 간에 아무런 효력이 미치지 않는다. 단체협약에 위반하여 비조합원의 범위에 해당하는 자가 노동조합에 가입하는 것에 대하여 사용자는 단체협약의 위반에 대한 손해배상청구만이 가능하다.

④ 조합활동 사항

노동조합 활동은 노동기본권의 내용으로 보장되는 것이다. 하지만 노동기본권의 내용으로서 조합활동은 한편으로는 사용자의 사유재산권을 침해할

18) 김형배, 앞의 책, p769.

수 있다. 이점에서 노동조합 활동은 사용자의 사유재산권의 침해가 없는 범위 내에서 인정되어야 한다. 또한 사유재산권을 침해하는 경우에는 사용자의 동의나 승낙이 있어야 가능할 것이다. 이점에서 단체협약에는 일정한 조건하에 조합활동을 보장한다든가 또는 규제한다는 등의 조항을 두는 경우가 많다. 우리나라 단체협약은 기업별단위로 체결되기 때문에 조합활동과 기업활동이 상호 충돌하는 일이 특히 많이 일어날 수 있기 때문에 사전에 그 범위를 노사가 서로 정하고자 하는 사정에서 기인한다고 할 수 있다. 즉 노동조합은 조합활동의 자유가 보장되기를 원하며 사용자측은 원활한 기업활동을 위하여 조합활동을 제한하려고 하므로 노동조합과 사용자는 조합활동을 그 시간·장소·재정의 면에서 보장 또는 규제하려고 한다.

첫째, 취업시간 중의 조합활동에 대하여는 일반적으로 근로자의 취업의무에 위반되는 것이기 때문에 제한 또는 금지된다고 해석된다. 그러나 다음과 같은 경우는 예외로 인정되어야 한다[19].

㉠ 단체교섭 또는 노사협의 등의 회의에의 출석

㉡ 행정관서의 집회 또는 행사에의 참가

㉢ 조합총회 등 조합이 행하는 회의에의 출석

㉣ 조합사무를 위한 출장

둘째, 노동조합이 사업장내에서 조합활동을 하기 위하여 어느 정도까지 기업시설을 이용할 수 있느냐 하는 것은 사용자의 시설관리권과 관련하여 문제가 된다[20]. 그러나 관행적으로 노동조합의 집회를 위하여 근로자가 늘 사용하고 있는 시설 등을 이용하는 것을 정당한 이유 없이 사용자가 거부할 수

19) 김형배, 앞의 책, p770.

20) 대판,1990.5.15, 90도357에서, 사업장에서는 사용자의 시설관리권에 따른 규율이나 제약에 따라야 하며…라고 하여 사용자의 허락이나 단체협약, 취업규칙에 규정이 있어야 한다는 입장이다.

없다. 이미 묵시적으로 승인되었다고 보는 것이다. 그러나 노조가 회사 구내 게시판 이용시 사전에 회사와 협의하여야 한다는 단체협약규정을 위반한 행위에 대하여 정당성을 인정하지 않는다[21].

⑤ 면책조항

일반적으로 쟁의행위가 종료될 무렵에 노동조합의 요구에 의하여 별도 각서의 형식으로 작성되는 것으로 쟁의행위기간 중의 행위 내지 사건에 대하여 사용자가 민사책임, 형사책임, 또는 일체의 책임을 묻지 않겠다는 내용의 단체협약상의 조항을 면책조항이라고 말한다. 이 면책조항은 협약당사자의 권리의무를 규정한 채무적 부분이라고 해석된다. 이 조항에서 민사면책은 손해배상책임 뿐만 아니라 징계책임도 면제된다는 의미로 보고 있다[22]. 그러나 쟁의행위 등에서 발생한 형사사건에 대하여 최대한 선처하도록 노력한다는 조항은 회사가 구속자에 대하여 형사처벌이 감경되도록 노력하겠다는 취지로 해석될 뿐 구속자들을 징계하지 않는다는 의미까지 포함하는 것은 아니다. 사용자가 형사책임을 묻지 않겠다는 것의 의미는 형사상의 고소・고발을 하지 않겠다는 의미로 해석되지만 국가기관의 소추권이나 수사권 행사를 저지하는 효력은 없다. 다만, 이 조항에 위반하여 근로자를 징계하거나 해고하는 것은 권리남용으로서 무효가 된다. 면책특약 조항은 징계책임의 면제도 포함되는가에 대하여 판례는 면책특약의 범위 내에서는 농성기간 중의 행위뿐만 아니라 그 농성과 일체성을 가지는 준비행위・유발행위에 대해서도 민사상의 책임은 물론 징계책임도 면제된다고 한다[23].

21) 대판,1991.5.28, 90누6929.
22) 대판,1991.1.11, 90다카21176.
23) 대판,1994.9.30, 94다21337.

4. 단체협약의 제도적 효력

(1) 제도적 부분

단체협약의 내용 중 집단적 노사관계를 제도적으로 규율하는 조항으로서 제도적 부분 또는 조직적 부분이라고 한다. 제도적 부분은 근로조건의 기준이나 협약당사자 상호간의 권리·의무에 관한 것이 아니라 집단적 노사관계를 규율할 제도에 관한 조항이라는 점에서 규범적 부분이나 채무적 부분과 구분된다.

제도적 부분에는 경영에 관한 제도, 근로자의 복리증진, 교육훈련, 노사분규예방, 고충처리, 경영협의회 등에 관한 사항, 기타 징계·해고 등 인사에 관한 협의기관의 구성 및 운영 등에 관한 사항이 이에 해당된다. 그러나 이들 사항은 근로자 참여 및 협력증진에 관한 법률에 의해 노사협의의 대상이 될 수 있으므로 단체협약의 제도적(조직적) 부분의 의의는 상대적으로 약화되었다고 볼 수 있지만 단체협약에서 별도로 정한 경우에는 단체협약상의 제도로서 효력을 별도 갖기 때문에 단체협약으로서 일정한 효력이 인정된다.

제도적 부분은 근로조건의 기준이나 협약당사자 상호간의 권리·의무에 관한 것이 아니라 집단적 노사관계를 규율한 제도에 관한 조항이라는 점에서 그 특이성이 인정되기 때문에 규범적 효력도 아닌 채무적 효력도 아닌 제도적 효력이 인정된다고 한다[24]. 그러나 제도적 효력은 규범적인 것도 아니고 채무적인 것도 아닌 무엇인가에 대하여는 명확하지 않다.

24) 김형배, 앞의 책, p772.

(2) 제도적 효력

단체협약의 제도적 효력은 단체협약에 규정된 제도적 부분에 관하여 단체협약의 당사자를 규율하는 효력을 갖는다고 한다. 그러나 당사자를 규율하는 것이 무엇을 말하는 것인가를 밝히기는 어렵다. 따라서 통설은 제도적 부분의 단체협약 조항은 원칙적으로 규범적 효력을 가지나 그 제도적 부분의 성질에 따라 이를 결정하여야 한다고 한다. 따라서 일반적으로 제도적 부분과 제도적 효력을 인정하지 않고 단체협약의 제도적인 조항이 갖고 있는 성질이 무엇인가에 따라 규범적부분·채무적부분과 규범적효력·채무적효력을 인정하고 있다[25]. 판례도 단체협약상 징계시 징계위원회의 의결이 있어야 한다는 규정이 있는 경우 징계위원회의 의결을 거치지 않은 징계처분은 당연히 무효가 된다고 하고 있다[26]. 변명의 기회부여, 노동조합과의 합의나 협의 등 단체협약이나 취업규칙에서 정한 해고나 징계의 절차는 절차상의 정의 또는 공정성과 객관성을 확보하기 위한 것으로서 유효요건이 된다는 입장에서 이를 위반한 징계나 해고는 무효라고 하였다[27]. 그러나 판례는 제도적 부분에 대하여 어떤 경우에는 규범적 효력을 인정하지 않는 사례가 나타나고 있다. 즉, 해고 동의 또는 징계 동의 조항의 단체협약의 조항이 있는 경우에 사용자의 회동제의에 노동조합이 불응하는 등 동의권 행사를 포기하거나 또는 사용자가 노동조합을 설득을 위하여 충분히 노력하였고 해고가 불가피함에도 불구하고 노동조합이 합리적인 이유도 제시하지 않으면서 끝까지 반대만 하는 등 동의권을 남용한 경우에는 동의를 얻지 않았더라도 무

25) 임종률, 앞의 책, p157.
26) 대판,1990.12.7, 90다9095.
27) 대판,1979.1.30, 78다304.

효가 되지 않는다고 하였다[28]. 이렇게 판례는 제도적 부분에 대하여는 어떤 경우에는 규범적 효력을 인정하고 어떤 경우에는 채무적 효력을 인정하고 있다. 따라서 제도적 부분에 대한 개념을 인정하지 않고 규범적 부분 또는 채무적 부분인지 불분명하게 하는 것보다는 제도적 부분이라는 개념을 설정하고 그 제도적 부분의 내용적 성질에 따라 그 효력을 정하는 것이 바람직하다고 본다.

제4절 단체협약의 적용범위

1. 의 의

단체협약은 유효기간동안 협약당사자 및 그의 구성원에게 적용되기 때문에 당해 노동조합과 조합원 사용자에 대하여 적용된다. 그러나 노조법은 예외적으로 일정한 경우에 단체협약 규범적 부분의 효력이 노동조합과 사용자 외의 비조합원과 사용자간에도 강제적으로 적용되고(사업장단위의 일반적 구속력) 당해 사업장 이외의 비노조 사업장 노사당사자에도 단체협약의 규범적 효력이 확장 적용되는 경우를 예정하고 있다(일반적구속력). 또한 해석론으로 일정한 경우에는 단체협약 유효기간 종료 이후에도 노조법의 규정과는 별도로 단체협약의 효력이 존속되도록 해석하는 것이 일반적이다. 사업장 단위의 일반적구속력은 기업별교섭과 기업별협약이 일반적인 일본에서 도입

28) 대판,1992.6.9, 91다41477. ; 대판,1993.9.28, 91다30620. ; 대판,1993.4.23, 92다34940.

되어 있는 것으로 우리나라도 이를 도입한 것이다. 사업장 단위의 일반적 구속력은 노동조합을 보호하기 위한 것인지 아니면 비조합원 근로자를 보호하기 위한 것이지 논란이 있다. 지역적 단위의 구속력은 독일과 프랑스에서 널리 인정되고 있는 제도로 산업별 통일교섭·산업별 협약이 지배적이어서 노조가 결성된 사업장과 비결성 사업장간의 기업간 공정한 경쟁조건을 마련하고 근로조건 저하경쟁을 방지하기 위하여 단체협약상의 근로조건을 지역 내 모든 사업장에 적용할 수 있는 정책수단을 마련하기 위하여 인정되고 있는 제도이다. 우리나라는 이들 입법례를 전수 받은 것이다.

2. 단체협약의 인적 적용범위

(1) 의 의

단체협약의 당사자는 노동조합과 사용자이므로 단체협약의 효력은 노동조합과 사용자에게만 적용되는 것이 원칙이다. 그러나 단체협약의 효력은 단체협약의 당사자인 노동조합 이외에도 당해 노동조합의 조합원과 당해 노동조합이 설립된 사업장에 종사하는 비조합원 및 다른 지역에 있는 사업장의 제3자에게도 적용된다. 단체협약의 효력이 조합원에게 적용되는 것은 일반적으로 단체협약의 규범적 효력 때문이고 비조합원에게 적용되는 것은 사용자가 이를 임의로 적용하거나 사업장단위의 일반적 구속력 때문이다.

(2) 조합원

단체협약의 당사자는 노동조합과 사용자이므로 단체협약의 효력은 노동조합과 사용자에게만 적용되는 것이 원칙이다. 단체협약의 효력이 당사자에게만 미치는 것은 단체협약의 계약적 성질상 당연하다고 본다. 조합원은 단체협약을 체결할 당시의 조합원뿐만 아니라 단체협약이 이미 체결된 후에 노동조합에 가입한 조합원에게도 단체협약이 적용되며 이 경우 단체협약에 특별한 규정이 없는 한 노동조합에 가입한 때부터 적용을 받게 된다. 조합원이었던 자에게도 단체협약의 규범적 부분은 적용되며 단체협약의 유효기간 중에 노동조합을 탈회·제명된 자에게도 단체협약의 기준이 그대로 적용된다.

(3) 비조합원

비조합원에게 단체협약이 적용되는 경우는 첫째 노조법 제35조에 의한 사업장단위의 일반적 구속력에 의해 사업장의 다른 종업원에게도 적용되는 사례, 둘째 사용자가 임의로 단체협약의 규범적 부분을 적용해주는 사례가 있다. 사업장 단위의 일반적구속력이 적용되는 경우는 노조법상의 일정한 요건을 갖추었을 때 당연히 인정되는 것인데 반하여 사용자가 임의로 적용해 주는 경우에는 단체협약의 효력 상 당연히 인정되는 것이 아니라 사용자가 호의적인 입장에서 임의로 적용하여 주기 때문에 인정된다.

① 사용자에 의한 임의적용

사용자에 의한 임의적용의 경우에는 비조합원인 근로자들은 단체협약에서 정한 기준을 자신에게도 적용하여 줄 것을 요구할 권리가 없다. 또한 노동조합은 사용자에게 비조합원에 대하여 단체협약의 적용을 배제하여 줄 것을 요청할 수 없다. 사용자에 의해 임의적용 되는 단체협약의 내용은 규범적 부분에 한정되고 채무적 부분은 해당되지 않는다. 근로조건에 관한 규범적 부분은 비조합원 보호를 위해 사용자가 임의적으로 적용하여도 무방하겠으나 채무적 부분은 사용자가 노동조합과의 권리·의무관계의 내용이기 때문에 비조합원에게 적용하는 것이 모순이기 때문이다. 사용자가 비조합원에게 단체협약의 기준을 적용할 것인지 여부는 전적으로 사용자가 임의로 결정할 수 있다. 비조합원에게는 원칙적으로 단체협약의 규범적 부분이 적용되지 않는 것이기 때문에 사용자가 비조합원과 단체협약의 기준보다 유리하거나 불리한 내용의 개별적 근로계약을 체결하더라도 사용자는 노조법이나 단체협약에 위배되지 않는다.

② 사업장단위의 일반적구속력

하나의 사업 또는 사업장에 상시 사용되는 동종의 근로자의 반수 이상이 하나의 단체협약의 적용을 받게 된 때에는 당해 사업 또는 사업장에 사용되는 다른 동종 근로자에 대하여도 당해 단체협약이 적용된다(노조법 제35조). 이 규정의 입법 취지가 협약당사자인 노동조합을 보호하기 위한 것인가(노동조합 보호설), 단체협약의 범위 밖에 위치하여 단체협약의 적용을 받지 못하는 비조합원 개인을 보호하려는 규정인가(개인 보호설)가 논의되고 있다.

노동조합 보호설은 사용자가 고비용의 조합원 대신에 저비용의 비조합원으로 대치하려는 것을 사전에 차단하기 위하여 단체협약을 적용하고자 하는 규정이라고 한다[29]. 개인 보호설은 사회공공적인 측면에서 비조합원의 근로조건을 조합원과 균등하게 함으로써 비조합원을 보호하려는 규정이라고 한다[30]. 예컨대 일반적구속력은 단체협약상의 기준으로 해당 기업의 근로조건

29) 김형배, 앞의 책, p781.
30) 김유성, 앞의 책, p188.

을 통일함으로써 비조합원을 보호하려는 규정이지만 부수적으로는 비조합원의 우대를 저지하여 노동조합도 보호할 수 있다는 점도 배려한 규정으로 해석하는 것이 타당하다[31]. 따라서 사용자와 노동조합이 비조합원에게 이규정을 적용하지 않아 단체협약의 기준을 적용하지 않도록 합의하는 특약은 무효가 된다.

요건으로, 첫째, 하나의 사업 또는 사업장에 상시 사용되는 동종 근로자의 반수 이상이 하나의 단체협약의 적용을 받게 되어야 한다. 하나의 사업 또는 사업장단위 선택은 동종의 근로자가 사업전체에 존재하는가 아니면 사업장의 어느 하나 또는 일부에만 있는가에 따라 결정되어져야 한다. 반수 이상의 근로자의 산출에는 당해 단체협약의 본래적 적용을 받는 노동조합의 조합원만이 포함되는 것으로 해석하여야 한다. 따라서 사용자의 임의적인 의사에 따라 단체협약의 적용을 받고 있는 비조합원 또는 단체협약의 일반적 구속력에 따라 단체협약이 이미 확장 적용된 근로자는 반수 이상의 근로자를 산출하는 데에 포함되지 아니한다. 비조합원의 신규채용 또는 조합원의 탈퇴 등으로 반수 이상의 요건을 충족하지 못하게 될 때에는 단체협약의 일반적 구속력은 당연히 종료된다.

둘째, 상시 사용되는 근로자란 정규근로자 또는 상용근로자를 말하는 것이 아니라 계약의 형식이나 기간에 관계없이 사실상 계속하여 근로계약 관계를 맺고 있는 자를 말한다. 따라서 일용직, 임시직, 촉탁직, 단시간근로자 모두 해당된다.

셋째, 동종의 근로자란 동일한 직종 또는 직무에 종사하는 근로자를 말한다. 단체협약의 적용을 받는 자와 동종의 근로자는 단체협약을 적용받는 자의 범위에 따라 달라진다. 단체협약의 적용 대상자가 노동조합의 조합원 전

---

31) 임종률, 앞의 책, p159.

체인 경우에는 이들과 동종의 근로자는 실질적으로 직종·근무형태·인사관리 관행이 동일한 근로자로서 노동조합 규약 상 조합원자격을 가지는 근로자로 된다. 그러나 단체협약의 적용 대상자가 조합원 중에서 특정직무(위험직종)를 수행하는 일부인 경우에는 그 일부 직무(위험직종)를 수행하는 근로자가 동종의 근로자가 된다.

특히 임시직 근로자나 촉탁직 근로자에게 규약 상 조합원자격을 인정하지 않는 경우에 이들의 직무내용, 근무형태 등이 단체협약의 적용대상자 조합원과 크게 다르지 않는 경우 동종의 근로자로 볼 것인가에 대하여 일부 견해는 비조합원 보호상 인정하자고 주장하지만[32], 판례는 부정적으로 해석하고 있다. 즉 판례는 동종의 근로자는 당해 단체협약의 규정에 의하여 그 협약의 적용이 예상되는 자로 보고 있다[33]. 작업내용이나 형태가 같은 경우를 동종성 판단의 기본적 요소로 보면서도 동시에 단체협약의 내용에서 조합원 자격이 없는 경우에는 동종성을 부인하고 있다[34].

효과로 일반적구속력의 요건이 충족되면 그 단체협약의 협약 당사자인 노동조합의 조합원과 동종의 근로자인 비조합원에게도 단체협약이 확장 적용된다. 확장되는 단체협약의 내용은 규범적부분에 한정된다는 점에 이견이 없다, 왜냐하면 채무적 부분은 비조합원인 근로자에게 적용할 수 없기 때문이다. 규범적 부분이 적용됨에 있어서 비조합원에게 유리한 면만 적용되는가 아니면 절대적으로 적용되는가 하는 문제가 있다. 통설은 비조합원의 근로계약이 오히려 단체협약 기준보다 유리한 때에는 단체협약이 확장 적용되지 않는다는 견해이지만 단체협약상의 근로조건 기준은 최저기준이자 최고기준

32) 김유성, 앞의 책, p192.
33) 대판,1987.4.28, 86다카2507.
34) 대판,1997.10.28, 96다13415.

이기 때문에 비조합원에게 유리 또는 불리를 불문하고 양면적으로 적용되어야 한다는 소수의 견해가 있다[35]. 노동조합과 비조합원 보호의 형평상 소수설의 견해가 타당하다고 본다.

확장적용 되는 단체협약이 유효기간이 만료되어 실효하는 경우에는 그 시점에서 확장적용의 효과는 소멸하게 된다. 확장적용의 요건은 성립요건이자 존속요건이기 때문에 조합원의 탈퇴, 동종근로자 수의 변화 등으로 반수 이상의 요건이 상실된 때에는 그 시점에서 확장적용의 효과는 소멸한다. 그리고 복수노조 하에서의 소수노조에 대하여 확장적용이 되는가하는 문제가 일어날 수 있다. 확장적용을 인정하는 것도 생각할 수 있으나 이러한 경우의 단체협약의 확장적용은 소수조합의 헌법상의 단체교섭권을 침해하고 독자성을 부정하는 것이므로 인정하지 않는 것이 바람직하다고 보며 통설의 입장이기도 하다 .

3. 단체협약의 장소적 적용범위

(1) 의 의

단체협약은 원칙적으로 단체협약을 체결한 조합원들이 소속되어 있는 사업 또는 사업장에 미치게 된다. 그러나 노조법은 일정한 경우에 단체협약의 적용범위를 일정한 지역에서 협약당사자의 구성원이 아닌 자에 대하여 확장하는 제도이다. 하나의 지역에 있어서 종업하는 동종의 근로자 3분의 2이상이 하나의 단체협약의 적용을 받게 된 때에는 행정관청은 당해 단체협약의 당사자의 쌍방 또는 일방의 신청에 의하거나 그 직권으로 노동위원회의 의

---

35) 임종률, 앞의 책, p161.

결을 얻어 당해지역에서 종업하는 다른 동종의 근로자와 그 사용자에 대하여도 당해 단체협약을 적용한다는 결정을 할 수 있는데 이렇게 결정한 경우에 미치는 효력을 지역단위의 일반적구속력이라고 한다(노조법 제36조).

지역단위의 일반적 구속력의 인정 취지는 일정한 지역에 있어 다수의 근로자에게 적용되는 단체협약상의 근로조건을 공정 근로기준으로 간주하여 이를 다른 근로자에게도 확장 적용함으로서 근로자간의 근로조건에 대하여 형평성을 도모하고 근로조건이 낮은 수준의 근로자를 고용한 기업이 다른 기업에 비하여 부정한 경쟁력을 확보하는 것을 방지하는 데에 있다. 지역단위의 일반적 구속력제도는 산업별노조가 체결하는 횡단적 단체협약을 주요 대상으로 하고 있으므로 기업별노조가 지배적인 조직형태인 우리나라에서는 이루어지는 경우가 별로 없다. 다만 지역별 노조인 버스나 택시업종의 경우에 지역단위의 일반적 구속력이 인정되는 경우가 있다.

(2) 요 건

①하나의 지역에 있어서 종업하는 동종의 근로자 3분의 2이상이 하나의 단체협약의 적용을 받게 되어야 한다. 하나의 지역이란 단체협약의 당사자와 관련이 있는 동일한 경제적 지역 즉, 산업의 동질성, 경제적·지리적·사회적 입지조건의 근접성, 기업의 배치상황 등 하나의 노동시장을 형성하고 있는 지역으로 보는 다수설[36)]과 공단 등과 같이 서로 경쟁관계에 있는 동종 유사업종에 종사하는 사업장·공장 등이 밀집하고 있는 지역이라는 견해가 있다. 행정 실무적으로는 도·시·군 등 행정단위와 같은 행정지역으로 하나의 지역을 구분하는 사례가 많다. 법문상의 규정인 동종의 근로자에서의 동

36) 김유성, 앞의 책, p199.

종의 의미는 사업장단위의 일반적 구속력과 같이 해석하는 것이 통설과 판례의 입장이다. 다만, 3분의 2이상의 근로자는 사업장단위의 효력확장에서와는 달리 상시 사용되는 것을 요구하는 것은 현실적으로 어렵고 당해 지역에서의 최저근로조건의 기준을 설정하는 것이기 때문에 상시성을 요건으로 보지 않는다.

②행정관청이 당해 단체협약의 당사자 쌍방 또는 일방의 신청에 의하거나 그 직권으로 노동위원회의 의결을 얻어 당해지역에서 종업하는 다른 동종의 근로자와 그 사용자에 대하여도 당해 단체협약을 적용한다는 결정을 하여야 한다. 또한 이 결정을 한 때에는 지체 없이 공고하여야 한다. 지역단위의 일반적 구속력 적용의 결정은 그 결정 자체로 단체협약의 규범적 부분의 적용범위를 비조직 근로자에게 확장하는 것이므로 법규명령으로 이해하는 것이 일반적 견해이다.

(3) 효 과

행정관청의 지역적구속력의 결정에 따라 단체협약은 그 지역에서 종업하는 다른 동종의 근로자와 그 사용자에게도 확대 적용된다. 다른 동종의 근로자는 사업장단위의 일반적구속력의 동종의 근로자와 같은 개념이다. 그 사용자를 특별히 명시한 것은 당해 지역 내에 다수의 사용자가 있기 때문이다.

확장 적용되는 것은 당연히 단체협약의 규범적부분에 한정된다. 단체협약의 규범적 부분을 확장 적용하는 것은 기업간의 근로조건의 저하경쟁을 막아 비노조회사의 부당한 경쟁력확보를 막기 위한 것이기 때문에 확장 적용되는 규범적 부분은 유리조건이 적용된다. 따라서 지역적 구속력의 결정은 산업별협약에서와 같이 단체협약이 당해 지역내에서의 최저기준을 설정하는 의미를 가진다.

확장적용에 대한 행정관청의 결정에 위반한 경우에는 개정 이전에는 벌칙이 적용되었으나 개정으로 확장결정의 위반은 처벌대상에 포함되어 있지 않다. 이는 지역적구속력의 효력을 무의미하게 하는 것으로 입법적 불비이다. 확장적용 되는 단체협약이 실체적 요건을 상실하거나 기간만료 등으로 실효하는 때에는 행정관청의 결정도 당연히 실효된다. 이 경우 근로조건에 관한 문제는 단체협약의 실효 후의 근로조건에 준하여 해석하여야 한다.

이미 단체협약을 체결하고 있는 다른 노동조합의 조합원에게도 단체협약이 적용되는가의 문제가 발생하는 바, 소수조합의 조합원에 대하여 확장적용을 배제한다는 취지의 명문규정이 없다는 점과 지역 내에서 기업간의 불공정한 경쟁을 방지할 필요가 있다는 점에서 소수조합의 조합원의 유리·불리 여부를 불문하고 다수조합의 단체협약이 확장 적용되어야 한다는 견해가 있을 수 있으나 이는 부정되어야 할 것이다[37]. 소수의 다른 노동조합의 단체교섭권도 보호되어야 할 것이기 때문이다.

4. 단체협약의 시간적 적용범위

단체협약은 당사자 간의 권리의무에 관한 협정으로서 성질을 갖고 있기 때문에 무한대로 존재하는 것이 아니라 단체협약의 유효기간 동안 존속하는 것이 원칙이다. 그러나 이렇게 유효기간 동안만 존재한다면 단체협약이 실효되게 되어 당사자 간의 권리의무가 확정적이지 못하게 되어 노사관계가 불안정하게 될 수 있다. 이에 현행법은 단체협약의 유효기간을 일정하게 정하는 한편 비록 단체협약이 유효기간이 만료되더라도 자동적으로 연장협장을

37) 임종률, 앞의 책, p166. ; 김유성, 앞의 책, p197.

인정하고 있다. 또한 해석론으로 갱신협정을 인정하여 단체협약의 효력을 보장하고 있다. 또한 해석론으로서 그러한 연장 및 자동갱신협정을 맺지 않더라도 규범적부분에서 만큼은 그 효력을 유지하도록 하여 근로자를 보호하고 있다(단체협약의 여후 효).

(1) 단체협약의 법정유효기간

단체협약은 법정유효기간의 만료, 해지, 당사자의 변경·소멸, 목적의 달성, 반대협약의 성립 등의 사유로 효력을 상실한다. 유효기간이외의 사유에 의한 효력 상실은 일반적인 민법의 법리로 해석하면 된다. 노동법에서는 별도로 단체협약의 최장 유효기간을 법정하고 있다. 단체협약은 2년을 초과하는 유효기간을 정할 수 없고 2년을 초과하는 유효기간을 정한 경우 또는 유효기간을 정하지 않은 경우에는 그 유효기간은 2년으로 한다고 규정하고 있다. 법정 최장 유효기간을 정하고 있는 것은 단체협약의 유효기간이 너무 길면 노동환경 변화를 단체협약에 반영하지 못해 근로자들의 근로조건이 고착화되어 근로자보호에 문제가 있을 수 있다는 점을 현행법은 감안하여 유효기간을 제한하고 있다. 따라서 단체협약 유효기간을 법정유효기간보다 짧게 하는 것은 무방하다. 그러므로 단체협약 효력발생 시기를 협약체결이전으로 소급하는 것에 대하여는 실제 유효기간이 2년 이상이 되는 효과를 가져 올 수 있다는 점에서 문제점이 있다고 볼 수 있으나, 근로자의 근로조건을 보호하기 위하여 해석상 긍정적으로 보는 것이 타당하다고 본다.

(2) 자동연장협정

단체협약은 유효기간이 경과되고 효력연장기간(3월)마저도 만료되면 실효되지만 현행법은 단체협약에 그 유효기간이 경과한 후에도 새로운 단체협약이 체결되지 아니한 때에는 새로운 단체협약이 체결될 때까지 종전 단체협약의 효력을 존속시킨다는 취지의 별도의 약정이 있는 경우에는 그에 따른다고 규정하고 있다. 이러한 연장협정 약정을 자동연장협정이라고 부른다. 이 자동연장협정은 단체협약의 유효기간을 거의 무제한적으로 연장할 수 있다는 점에서 유효기간 최장기한(2년) 제한의 입법취지를 몰각시킬 수 있으나 교섭타결의 지연으로 인한 무협약 상태를 피하기 위한 당사자들의 특별한 대처방안이라는 점에서 현행법이 그 효력을 인정되고 있다. 따라서 당사자 일방이 기존협약의 자동연장에 반대하더라도 새로운 단체협약이 성립시까지는 자동연장에 따라 단체협약이 효력을 갖게 된다.

그러나 이러한 자동연장협정으로 인하여 당사자 일방이 단체협약 갱신을 기피하는 등으로 기존 단체협약의 장기간 지속됨에 따라 당사자 일방이 피해를 입을 수 있기 때문에 현행법은 당사자 일방은 해지하고자 하는 날의 6월전까지 상대방에게 통고함으로써 종전의 단체협약을 해지할 수 있다고 규정하고 있다. 이는 또한 유효기간이 부당하게 장기화되는 것을 방지하려는 것, 즉 노사의 세력관계에 걸 맞는 새로운 협약질서를 마련할 수 있는 기회를 제공하고자 하는 것이다. 해지의 통고는 장래에 향하여 단체협약의 효력을 소멸시킨다는 통고로서 단체협약의 요식성을 감안할 때 일방당사자가 서명 날인한 서면으로 하여야 하고 6월전까지 하여야 한다. 해지사유는 권리남용이 아닌 이상 특별한 사유가 없더라도 할 수 있다. 6월전 까지라는 기간은 해지통고(예고) 기간이 6월 이상이라는 의미이므로 6월 미만의 예고기간을 제시하여 해지한 경우에는 해지통고서의 도달 후, 6월이 경과하여야 해지의 효과가 발생한다고 해석된다. 해지의 효과가 발생한 경우에는 후술할 단체협약의 여후효의 문제가 제기된다.

(3) 자동갱신협정

단체협약의 유효기간이 경과하여도 단체협약이 무협약 상태로 들어가는 것을 방지하기 위하여 해석론은 자동연장 협장과 더불어 자동갱신 협정을 인정하고 있다. 단체협약의 자동갱신 협정은 당사자의 합의로 종전과 동일한 단체협약을 손쉬운 방법으로 갱신될 수 있게 하자는 점에서 단체협약의 변경을 위한 교섭이 타결되지 않은 사태에 대처하려는 자동연장 협정과 구분된다. 즉, 단체협약에 그 유효기간의 종료 전 일정기일까지 양 당사자의 어느 일방으로부터 협약의 개정 또는 파기의 통고가 없는 경우에는 기존협약과 동일한 내용의 신협약이 체결된 것으로 본다는 취지의 협정을 맺을 수 있는데 이러한 협정을 자동갱신 협정이라고 한다. 예컨대 본협약의 기간만료 40일전까지 당사자 일방이 단체협약의 개폐의 의사표시 또는 변경안의 제시가 없는 경우에는 기간만료일로 부터 다시 2년간 유효한 것으로 본다는 협정을 말한다. 이것은 단체협약의 개폐의 의사표시를 할 수 있음에도 하지 않은 것은 종전의 단체협약의 계속적인 존속을 묵시적으로 인정한 것이고 구협약과 동일한 내용의 신협약을 채택하는 절차를 생략한 것이라고 볼 수 있다. 구협약의 유효기간의 만료와 함께 동일한 내용의 새로운 단체협약이 체결되었다고 보아야 한다. 그러므로 이와 같은 자동갱신 협정은 노조법 제32조의 취지에 어긋나지 않는다[38].

38) 김형배, 앞의 책, p796.

자동갱신 협정은 위와 같이 기존협약의 연장이 아니라 새로 체결된 단체협약과 같은 의미를 갖고 있기 때문에 별도의 유효기간을 정하지 않은 한 갱신된 단체협약의 유효기간은 기존협약과 동일하다. 자동갱신협정은 협약만료일 이전에 당사자가 이의를 제기할 수 있으므로 협약 개폐의 의사표시는 협약기간 내에 하여야 하며 그 기간 후의 의사표시는 자동갱신을 방해하지 못한다.

제5절 단체협약의 종료

1. 유효기간의 만료

단체협약은 유효기간의 만료로 완전히 실효되는 것이 아니라 일정기간 효력이 존재하다가 소멸되며 실효되더라도 규범적 부분은 근로관계의 내용으로 효력이 남아 있게 됨을 앞에서 보았다. 다만, 단체협약의 채무적 부분은 유효기간의 경과 및 효력 인정기간(3개월)의 만료로 완전히 소멸되게 된다.

단체협약의 유효기간은 당사자가 합의로 정할 수 있으나 법정 최장 유효기간은 2년으로 되어 있다. 단체협약에 유효기간을 정하지 아니한 경우 또는 2년의 기간을 초과하는 유효기간을 정한 경우에는 그 유효기간을 2년으로 한다. 기간만료와 자동연장협정, 자동갱신협정에 대하여는 앞에서 살펴 본 바와 같다.

2. 단체협약의 해지

단체협약의 해지에 관하여 현행법은 자동연장 협정에 의하여 효력이 연장된 단체협약에 대한 일방해지(노조법 제32조 제3항)의 경우를 제외하고는 별도의 규정을 두고 있지 않다. 단체협약은 노사당사자의 자치규범이기 때문에 당사자가 합의로 해지하는 것은 허용된다. 단체협약의 일방해지에 관해서 학설은 노조법상 허용규정에도 불구하고 다소 엄격하게 해석하고 있다. 즉 단체협약이 사실상 노사관계를 규범적으로 규율하고 있기 때문에 단체협약에 대하여 계약해지에 관한 이론을 무비판적으로 적용한다는 것은 어려운 일이며 협약의 상대방이 평화의무를 위반한다든지 또는 단체협약에 의하여 정립된 근로조건의 기준을 계속 무시하는 등과 같이 단체협약의 존재 의의를 상실시킬 만한 중대한 위반행위를 한 때에는 다른 상대방은 협약을 해지하고 단체협약의 구속으로부터 벗어날 수 있다고 한다[39]. 단체협약이 근로조건 규제 및 노사관계 안정의 기능을 가진다는 점에 비추어 당사자 일방이 단체협약의 중요한 규범적 부분의 계속적 불이행이나 평화의무 위반 등의 경우에 한하여 일방해지를 인정하여야 한다고 하면서도 자신의 의무는 이행하지 않으면서 상대방의 사소한 불이행을 이유로 노사관계의 안정을 현저히 저해하는 해지와 자신에게 불리한 규정만 해지하는 것 등은 권리남용으로 허용되지 않는다는 견해가 있다[40].

자동연장 협정에 의하여 단체협약이 무한대로 자동연장 되는 것을 방지하기 위하여 법은 단체협약의 일방해지를 인정하고 있다. 자동연장협정이 있더라도 무한대로 단체협약이 연장되는 것이 아니라, 일방 당사자는 해지하고자

39) 김형배, 앞의 책, p798.
40) 임종률, 앞의 책, p171.

하는 날의 6월 전까지 상대방에게 통고함으로써 종전의 단체협약을 해지할 수 있다(노조법 제32조제3항 단서). 6월이 경과하면 단체협약이 해지되어 소멸하는 것으로 되지만 다수의 학설에 따르면 단체협약의 효력 가운데 규범적 부분은 근로계약의 내용으로 이관되어 되어 그대로 존속하게 된다. 이에 반하여, 채무적 부분은 단체협약의 효력상실과 더불어 소멸한다고 한다. 그러나 대법원 판례는 채무적 부분 중에서 노동조합 사무실 제공에 대하여는 민법상의 사용 대차관계로 보아서 특별히 반환하여야 할 필요성이 없는 한 단체협약이 종료되었다는 사정만으로 반환할 필요는 없다[41].

3. 협약당사자 변경

단체협약의 당사자의 변경에는 사용자측의 변경과 노동조합 측의 변경이 있다. 사용자측의 변경에는 회사의 해산, 회사조직의 변경, 합병, 영업양도 등의 경우에 단체협약이 어떻게 되는가의 문제이다. 회사가 해산하면 그 청산 시에 회사의 실체가 소멸하기 때문에 청산 시에 단체협약은 실효된다. 회사가 소멸하지 않고 회사의 형태가 변경되는 경우에는 근로자 보호차원에서 회사=인격의 동일성이 유지되는 한 단체협약은 변경된 회사와의 사이에 그대로 존속한다. 합병의 경우에도 합병 후 존속회사 또는 신설회사가 소멸회사의 권리·의무를 포괄적으로 승계하므로 단체협약은 그대로 승계된다.

영업양도의 경우에는 학설이 대립되어 있다. 양도인과의 단체협약의 채무적 부분은 원칙적으로 소멸된다고 하면서 규범적 부분만은 양도 이전에 근로관계에 이관되어 있기 때문에 소멸되지 않고 양수인에게 이전된다는 소수설이 있으나, 다수설은 영업의 동일성이 유지되는 한 단체협약이 양수인에게

---

41) 대판,2002.3.26, 2000다3347.

포괄적으로 승계되어 존속한다고 한다.

노동조합 측의 변경에 있어 해산의 경우에는 협약당사자의 실체가 없어지기 때문에 단체협약은 실효된다. 조직변경으로 연합단체가 단일조합으로 단일조합이 연합단체로 재조직된 경우에 단체로서의 동일성이 인정되는 한 단체협약은 실효하지 않는다. 노동조합에서 조합원들이 일부 탈퇴하더라도 노동조합이 존속하는 한, 단체협약은 존속하며 다만 노동조합이 분열하여 새로운 두 개의 노동조합이 결성된 때에는 종래의 노동조합은 소멸되기 때문에 단체협약도 당연히 소멸한다[42].

제6절 단체협약의 해석과 위반

1. 단체협약의 해석

단체협약은 구체적인 내용을 규정하기 보다는 추상적인 기준을 제시하는 경우가 많기 때문에 단체협약상의 규정내용을 구체적인 사항에 적용하는 과정에서 당사자 간에 해석상 다툼의 여지가 많다. 해석상 당사자 간의 다툼은 법원의 판결에서 밝혀질 것이지만 당사자 간에 시간과 비용이 많이 들고 법적인 불안정성 등 문제가 일어날 수 있다. 따라서 노조법은 이러한 문제해결을 위하여 사법적 해석과 별도로 행정적 해결방안에 대한 명문규정을 두고 있다. 즉 단체협약의 해석 또는 이행방법에 관하여 관계 당사자 간에 의견의

---

42) 김형배, 앞의 책, p800.

불일치가 있는 때에는 당사자 쌍방 또는 단체협약에 정하는 바에 의하여 어느 일방이 노동위원회에 그 해석 또는 이행방법에 관한 견해의 제시를 요청할 수 있으며 노동위원회는 해석의 요청을 받은 때에는 그 날부터 30일 이내에 명확한 견해(행정해석)를 제시하여야 한다. 노동위원회가 제시한 해석 또는 이행방법에 관한 견해는 중재재정과 동일한 효력을 가진다(노조법 제34조). 이러한 규정에 따라 앞에서 본 바와 같이 단체협약의 해석과 이행방법에 관련한 집단적 권리분쟁에 대한 법원의 사법적 구제에 따른 소송비용 및 시간소요 등 현실적인 어려움을 덜 수 있게 되었다. 당사자보호를 위하여 노동위원회의 유권해석 근거와 해석에 대하여 중재재정과 동일한 효력을 인정하여 신속한 해결이 가능하게 되었다.

2. 단체협약 위반에 대한 제재

단체협약의 당사자가 단체협약을 위반하는 것은 규범적부분과 채무적부분에 따라 그 효과가 달라진다. 당초에 노동법은 단체협약 위반에 대하여 형사책임을 규정하였으나 헌법 재판소의 위헌결정을 받았다[43]. 이에 단체협약 자체의 위반만으로는 처벌하는 것은 죄형법정주의에 반하기 때문에 위헌으로 불가능하게 됨에 따라 2001년 3월, 노조법 제92조의 개정으로 규범적부분과 채무적부분의 중요한 사항의 위반에 대하여만 처벌은 받게 되었다. 단체협약의 위반은 노사당사자간의 중요한 규범을 위반한 것이기 때문에 부당노동행위가 되지 않는가 하는 문제가 제기될 수 있다. 이하 부당노동행위의 성립문제와 단체협약 위반에 따른 민・형사 책임문제를 살펴보자.

---

43) 헌재,1998.3.26, 96헌가20.

(1) 부당노동행위 문제

현행법의 부당노동행위를 규정하고 있는 노조법 제81조에는 단체협약 위반을 부당노동행위의 유형에 포함시키지 않고 있다. 따라서 법규정의 문리적인 해석에 따를 경우 사용자가 단체협약을 정당한 사유 없이 이행하지 않더라도 부당노동행위에 해당하지 아니한다. 제81조의 각호의 부당노동행위는 예시에 불과한 것이라고 보고(다수설), 단체교섭 거부보다 더욱 심각한 단체협약의 위반은 부당노동행위라는 주장이 있다. 그러나 헌법재판소의 판결에 따라 단체협약의 중요한 사항에 대하여만 형사처벌 하게 된 취지를 감안할 때 단체협약 위반을 모두 부당노동행위로 해석하는 것은 무리가 있다.

(2) 형사책임 문제

앞에서 살펴 본바와 같이 당초 노조법 제정 시에는 제92조 제1호에 의해 단체협약의 미이행 사용자 및 노동조합에 대해 형사책임이 규정되어 있었으나 헌법재판소에서 죄형법정주의에 위반하여 위헌이라는 결정이 이루어짐에 따라 형사책임 구성에 문제가 있었다. 2001년3월 개정에서 단체협약의 내용 가운데 구체적인 사항을 법률에 규정하여 위반한 경우에 처벌하는 것으로 보완하였다. 따라서 동 법 규정에 따라 다음 사항을 위반한 자는 1 천만원 이하의 벌금에 처한다고 하여(노조법 제92조) 입법적 불비가 해결되었다.

① 임금·복리후생비, 퇴직금에 관한 사항
② 근로 및 휴게시간, 휴일·휴가에 관한 사항
③ 징계 및 해고의 사유와 중요한 절차에 관한 사항
④ 안전보건 및 재해부조에 관한 사항

⑤ 시설·편의제공 및 근무시간 중 회의참석에 관한 사항
⑥ 쟁의행위에 관한 사항 등

(3) 민사법상 문제

민사법상의 구제는 규범적 부분과 채무적 부분으로 구분하여 논의할 필요가 있다. 규범적 부분과 채무적 부분의 내용의 성질이 서로 다르기 때문이다.

규범적 부분은 이행청구가 인정되어져야 하며 강제집행이 가능하고 이행지체에 따른 손해배상 청구도 가능할 것이다. 규범적 효력이 개별조합원과 사용자간에 인정되는 효력이기 때문에 이행청구는 원칙적으로 개별 조합원이 하여야 할 것이며 노동조합은 개별조합원에 갈음하여 협약상 이행청구를 직접 청구할 수는 없다. 다만, 협약당사자는 단체협약 전체에 대하여 이행의무를 지기 때문에 사용자의 규범적 부분 위반행위에 대하여 노동조합은 협약준수 의무위반을 이유로 손해배상을 청구할 수는 있다고 본다. 한편 사용자가 위반한 단체협약의 규범적 부분이 개별 근로계약에서 규정할 수 없거나 규정하기 어려운 사항으로서 집단적 규율에 적합한 내용인 경우인 작업순서, 작업환경, 안전위생 등에 관한 사항은 개별근로자의 청구에 의하기 보다는 노동조합에 의해 통일적으로 해결되는 것이 타당하므로 노동조합에 의한 이행청구를 인정할 필요가 있다는 견해가 있는데 소송상의 편의를 위해 타당하다고 본다[44].

채무적부분에 대한 일방 당사자의 위반은 계약위반에 따른 법적효과로서 손해배상, 협약의 해제, 동시이행의 항변 등을 주장하여 구제 받을 수 있다. 손해배상은 채무적 부분의 채무불이행을 이유로 하는 배상책임을 물을 수

44) 임종률, 앞의 책, p171. ; 김유성, 앞의 책, p180.

있을 것이다. 그러나 단체협약의 해제는 일반 쌍무계약에서의 채무불이행에 따른 계약해제와 같이 널리 인정할 수는 없다. 쌍무계약에 있어서는 일방의 채무불이행이 있으면 상대방은 상당한 기간을 정하여 그 이행을 최고하고 그 기간 내에도 이행이 없으면 계약을 해제할 수 있다. 개별조항간의 쌍무성이 약한 단체협약은 노사관계의 계속적 규율규범이라는 점을 감안할 때 1회의 불이행으로 바로 해제를 인정할 수 없기 때문이다[45].

또한 강제이행에 대하여는 단체협약의 본질상 집단적 노사관계의 자치적 질서형성이 존중되어야 하기 때문에 노사 간에 단체협약의 이행의 문제가 있을 때 법원의 개입은 신중을 기해야 한다. 학설은 채무적 부분의 미 이행 시 법원에 강제이행의 청구소송을 허용하는 가능성을 염두에 두면서도 재산적 이익을 구체적・개별적으로 해결하는 것을 주된 목적으로 하는 민법원리와는 질적으로 다른 자치적인 해결을 주장하고 있다. 단체협약의 동시이행의 항변권이 인정되는가에 대하여는 단체협약은 전체로서의 쌍무적 성격은 인정되지만 개별 조항간에는 결렬관계를 인정하기 곤란하고 개별조항이 독자적인 의미를 가지고 있기 때문에 개별조항의 이행 위반에 대하여 동시이행의 항변권을 인정하기 곤란하다[46].

---

45) 김유성, 앞의 책, p181.
46) 임종률, 앞의 책, p172.

제 6 장 단체행동권

제 1 절 단체행동권의 개념

1. 단체행동권 보장의 의의

단체행동권은 초기 자본주의 단계에서는 근로자의 저항에 따라 소극적 용인의 단계에 머물고 있었으나 오늘날에는 국가에 의한 적극적 보호의 대상으로 인정받고 있다. 인간의 자유와 평등을 기본 이념으로 하는 시민법적인 관점에서 위법한 행위로 평가받을 수 있는 것이라도 근로자들의 생존권 확보를 위한 정당한 것이라면 단체행동은 노동기본권의 행사로서 정당화되어 민・형사면책, 부당노동행위제도에 의한 구제 등 여러 가지 적극적으로 보호를 받고 있다. 이러한 법적인 보호는 다음과 같은 의미를 가지고 있다.

(1) 근로자들의 열악한 경제적 지위를 단결된 사실적인 힘, 집단적 힘을 사용하여 향상시킬 것을 제도적으로 인정하는 것이며 사용자와 근로자들의 이해관계의 대립을 투쟁행위에 의하여 해결하는 것을 허용하고 보호하는 것을 말한다.

(2) 근로자의 경제적 지위를 위해 인정되는 단체행동권도 그 상대방인 사용자는 물론 일반 공익에게도 영향을 미치는 성질의 단체행동이기 때문에 무제한 절대시 할 수 없으므로 근로자의 단체행동권 행사로 인한 공익 침해는 단체행동권 보장과는 별개의 차원에서 제한・금지될 필요가 있다. 또한 단체행동권 행사가 그 행사로 얻게 되는 이익보다 사용자의 재산권에 대한 침해 정도가 지나칠 경우에는 그 정당성에 문제가 될 수 있다.

⑶ 헌법에 규정된 단체행동권 행사라도 타인의 인권을 침해하는 방법으로 행할 수 없으며 사용자의 재산권을 부정하는 성질의 단체행동(주로 쟁의행위를 말한다)은 인정될 수 없다. 일정한 직위에 있는 자 등은 단체행동권이 제한될 수 있다. 따라서 단체행동권의 행사는 그 본래의 제도적 취지에 부합되게 운용되어야지 사용자의 사유재산권을 부정하거나 사유재산의 안전과 보호를 위한 지위에 있는 자는 단체행동권의 제한을 받는다.

⑷ 단체행동권은 인정되는 취지의 본질상 목적과 수단 등에 의해 제한을 받을 필요가 있으며 그 행사가 근로자의 합리적 의사결정 등 절차상의 제한이 필요하다. 단체행동권은 근로자들의 근로조건의 유지개선과 근로자의 사회적·경제적 지위향상을 위한 목적으로만 행사되어야 하며 노동조합 내부적으로 민주적인 의사결정으로 단체행동권이 행사되어야 한다.

⑸ 비록 근로자의 정당한 단체행동권 행사일지라도 이를 통하여 사용자에게 막대한 피해를 주는 경우에는 사용자도 이에 대항하는 수단이 필요한 데 이에 따라 오늘날 사용자에게 쟁의행위의 한 수단으로서 직장폐쇄가 인정되고 있다. 이는 근로자들에게 인정되고 있는 단체 행동권으로서 쟁의행위에 대항하는 사용자의 쟁의행위로 인식되고 있다.

2. 단체행동의 종류

단체행동은 근로자 단체가 근로조건 유지개선과 사회적 경제적 지위 향상 등 특정한 목적을 위하여 집단행동을 하는 것으로서 단결력의 유지확대를 목적으로 하는 협의의 단결활동 즉 조합활동과 구별되고 또한 집단적인 실력행사라는 점에서 근로자 대표를 통한 평화적 타협과정인 단체교섭과 구별된다. 단체행동은 집단적 행위를 말하는 것으로 근로자측의 경우 동일한 목적을 추구하는 다수 근로자의 의식적이며 의욕적인 공동행위를 가리킨다. 예를 들면 쟁의행위인 파업 · 태업 등은 물론 그 이외의 시위 · 집회 · 완장착용 · 피케팅 등이 모두 이에 해당한다. 사용자측에서는 사용자들이 단체를 구성하고 있지 않은 한 다수 사용자의 공동적인 집단행위는 있을 수 없으나 개인 사용자가 다수 근로자들을 상대로 하는 직장폐쇄는 그 행위 자체가 집단성을 띠는 것이다. 집단적인 행위인 단체행동은 업무의 정상적인 운영의 저해를 수반하는 것을 요건으로 하지 않는다는 점에서 쟁의행위보다 그 개념이 넓다. 그리고 단체행동이 노동쟁의와 동의적인 것이냐에 대해서는 이른바 단체교섭의 투쟁적인 측면을 단체행동이라고 이해하는 한 단체행동이 노동쟁의와 같을 수 있으나 노동쟁의는 어떤 구체적인 집단적 행위가 없는 분쟁상태만을 의미할 수 있으므로 노동쟁의는 단체행동이라고 할 수 없다[1].

단체행동은 그 실행 주체가 노동조합인가 아닌가 또는 그 대상 목적이 권리분쟁인가 이익분쟁인가에 따라 그 유형을 구분할 수 있다. 단체행동은 또한 근로계약을 준수하면서 정상적인 업무를 수행하면서 하는가 또는 정상적인 업무를 저해하면서 하는가에 따라 단순 단체행동, 준법투쟁 등 쟁의행위 이외의 단체행동과 쟁의행위로 구분되고 있다.

(1) 쟁의행위

쟁의행위라 함은 파업 · 태업 · 직장폐쇄 기타 노동관계 당사자가 그 주장을 관철할 목적으로 행하는 행위와 이에 대항하는 행위로서 업무의 정상적인 운영을 저해하는 행위를 말한다(노조법 제2조6항). 노동조합 또는 사용자가 노사 간의 분쟁상태 즉 노동쟁의를 자기측에게 유리하게 전개하여 그

---

1) 김형배, 앞의 책, p804.

주장을 관철할 목적으로 행하는 투쟁행위와 이에 대항하는 행위로서 업무의 정상적인 운영을 저해하는 것을 말한다. 쟁의행위는 노사당사자가 자기의 주장을 관철하기 위하여 업무의 정상적 운영을 저해하면서 행하는 단체행동이기 때문에 단체행동 가운데 가장 강력하고 중요한 것으로 위치하고 있다.

(2) 단순 단체행동

근로계약상의 근로제공을 이행하면서 사용자의 노무지휘권에 복종하면서 행하는 단체행동으로서 가장 단순한 형태이다. 업무에 지장을 주지 아니하면서 자신들의 주장을 관철하기 위한 목적을 가지고 집단적으로 행하는 행위이므로 권리분쟁이든, 이익분쟁이든, 노동조합이 주체가 되든 단순한 일시적 쟁의단이 행하는 것이든 모두 이에 해당되며 원칙적으로 적법한 것으로 허용된다.

②휴식시간 중의 결의대회, 리본착용, 일과시간 후의 구호제창 등이 이에 해당되며 사용자에게 심리적인 압박을 주어 근로자들의 주장을 관철하고자 하는 행위이다.

③그러나 단순 단체행동을 사용자의 업무를 저해하는 의도로 행하고 다수의 위력으로 행한다면 쟁의행위로 판단되며 위법한 쟁의행위로 평가된다. 또한 단순한 단체행동이라 할지라도 사업장 밖에서의 집회행위에 있어 근로자로서의 신의성실 의무에 위반된 점이 있다면 이 또한 책임이 부과될 수 있다.

(3) 준법투쟁

법령이나 단체협약, 취업규칙, 근로계약 등의 내용을 근로자들이 철저하게 준수하거나 근로자 자신들의 동의권과 신청권 등 적법한 권리의 행사를 행사함으로써 또는 업무의 능률이나 실적을 떨어뜨리는 압력을 사용자에게 가함으로써 자신들의 주장을 관철하는 집단행동이다.

집단적인 월차휴가의 사용, 시간외 근로의 집단적인 동의거부, 휴식시간엄수, 안전주의 의무 철저이행 등이 이에 해당되며 원칙적으로 적법한 것으로 권리분쟁이든 이익분쟁이든 모두 적용이 가능하다.

그러나 준법투쟁도 업무의 정상적 운영을 저해할 목적으로 행하는 집단행동에 해당되는 경우 쟁의행위로 취급되며 쟁의행위의 정당성이 문제된다.

3. 쟁의행위의 의의

노동법상 쟁의행위라 함은 파업・태업・직장폐쇄 기타 노동관계 당사자가 그 주장을 관철할 목적으로 행하는 행위와 이에 대항하는 행위로서 업무의 정상적인 운영을 저해하는 행위를 말한다. 구체적인 내용을 살펴보면 다음과 같다.

(1) 당사자

정당한 쟁의행위가 되기 위해서는 사용자 또는 사용자 단체와 노동법에 따라 설립된 노동조합만이 그 주체가 될 수 있다. 쟁의행위는 단체교섭의 결렬로 인하여 단체협약의 체결에 실패한 경우에 행하여지는 것을 전제로 하고 있으므로 단체교섭의 당사자와 쟁의행위의 당사자는 동일한 것으로 이해하여야 한다. 그러므로 단체교섭 권한이 없는 일시적인 근로자단체, 쟁의단 또는 근로자 개인은 쟁의의 주체가 될 수 없다. 노조법상의 쟁의행위가 되기 위해서는 노조법상의 노동조합이어야 한다[2].

(2) 목 적

노동쟁의 즉 노사 당사자 간의 분쟁상태에서 근로자의 주장을 관철할 목적으로서 근로조건의 유지·개선에 관한 주장을 관철할 목적을 의미한다. 따라서 근로조건의 유지·개선에 관한 주장과 무관한 정치투쟁, 동맹파업, 경영간섭을 목적으로 한 집단행동 등은 정당화 될 수 없다.

(3) 업무 저해행위

쟁의행위로서 평가되기 위해서는 업무의 정상적 운영을 저해하는 행위이어야 하며 평상시의 업무를 행하면서 완장 또는 리본만을 착용하는 단순한 시위 또는 단체행동은 쟁의행위에 해당되지 않는다. 그러나 단순한 집단행동도 업무의 정상적 운영을 저해하는 방법으로 행하여진다면 쟁의행위로 평가된다. 업무를 저해하는 행위란 반드시 업무 저해의 결과를 야기한 행위일 필요는 없고 업무 저해의 위험성이 있으면 족하다고 해석된다[3].

---

2) 김유성, 앞의 책, p219. 노조법상의 쟁의행위와 헌법상의 면책적 쟁의행위를 구별하여 노조법상의 쟁의행위는 법내 노조에게만 인정되고 면책적 쟁의행위는 헌법상의 단체행동권의 결과로서 인정되는 것이기 때문에 법외 노조에게도 인정된다고 한다.
3) 임종률, 앞의 책, p191.

4. 쟁의행위의 유형

(1) 파업(strike)

조직적인 방법으로 근로의 제공을 전면적으로 거부하는 행위로서 가장 전형적인 쟁의행위이다. 파업에 참가하는 근로자의 범위와 수에 따라 ①총파업 ②전면파업 ③부분파업 ④지명파업으로 구분되고, 목적이나 상대방에 따라 ①통상파업 ②정치파업 ③동정(연대)파업 등으로 구분되며, 노동조합의 주도여부에 따라 조직파업과 비조직파업(wild cat strike)으로, 시기에 따라서는 시한부 파업 및 무기한 파업으로 구분된다.

(2) 태업(노동력의 불성실한 제공행위)

노동력을 제공하지만 의식적으로 불성실하게 노무를 제공하여 업무저해를 가져오는 행위를 말한다. 사용자의 지휘명령에서 완전히 이탈하지 않으므로 전면적인 업무저해까지 이르지는 못하나 반면에 파업시 예상되는 임금삭감의 불이익을 완화시키면서 업무저해를 도모할 수 있다는 점에서 파업 등의 본격적인 쟁의행위에 앞서 단결력을 시위하거나 단체교섭의 진전을 촉구할 목적으로 실시하는 경우가 많다.

(3) 사보타아지(sabotage)

노무제공을 소극적으로 불성실하게 제공하는 것을 넘어서 적극적으로 생산, 사무활동을 방해하거나 원자재나 생산시설을 파괴하는 것을 포함하는 행위를 말한다. 노무의 불완전한 제공인 통상적인 태업과는 달리 원료・기계・제품 등을 손괴・은익・임의 처분하는 등의 적극적 방법을 통하여 사용자에게 경제적 압력을 가하는 경우가 있는데 이를 사보타지라 하며 적극적인 경영간섭과 생산수단의 손괴를 수반한다는 점에서 쟁의행위의 형태로서의 정당성은 부정된다[4].

(4) 생산관리

사업장 또는 공장을 점거하여 직접 기업경영을 행하는 쟁의행위를 말한다. 근로자들이 종전의 경영방침을 그대로 따르면서 근로자들이 직접 경영을 하되 수익금을 회사를 위하여 보관하고 임금을 종래대로 지급하는 이른바, 이상형 생산관리와 회사자재를 마음대로 처분하거나 회사의 수익금을 일방적으로 인상한 임금에 충당하는 경우로 나누어 생각할 수 있다. 생산관리는 어느 경우를 막론하고 파업의 경우와는 달리 소극적으로 노무를 거부하는 부작위적 행위가 아니라 적극적으로 공장, 사업장 또는 설비 등을 거부하는 부작위적 행위가 아니라 적극적으로 공장, 사업장 또는 설비 등을 점유하여 사용자의 지휘・명령을 배제하면서 기업경영을 지배하는 작위적 쟁의행위이다[5]. 경영권의 침해행위로 판단되어 정당한 쟁의행위로 인정되지 않는다.

(5) 보이콧(boycott)

사용자 또는 그와 거래관계가 있는 제3자의 상품구입 또는 시설이용을 거

4) 김유성, 앞의 책, p246.
5) 김형배, 앞의 책, p806.

절하거나 그들과의 근로계약 체결을 거절할 것을 호소하는 행위를 말한다. 사용자가 생산한 상품의 불매를 결의하거나 일반시민에게 불매 또는 거래정지를 호소하는 행위인 제1차 보이콧(primary boycott)과 사용자의 거래 상대방에게 사용자와의 거래를 정지하도록 요구하고 이에 불응하면 그 거래 상대방의 상품에 대하여 보이콧을 하는 제2차 보이콧(secondary boycott)이 있다. 보이콧이 쟁의행위의 유형으로서 그 정당성이 문제되는 경우는 교섭당사자가 아닌 제3자, 즉 거래관계에 있는 다른 기업이나 소비자에게 압력을 행사하는 것이 타당할 수 있는 것인가 하는데 있다. 하급심판례 중에는 보이콧은 교섭 당사자가 아닌 기업 간 거래관계에 대한 개입이므로 교섭당사자간의 실력행사 수단인 쟁의행위로서의 정당성은 부정된다고 판시한 사례가 있다[6]. 그러나 보이콧은 폭행・협박・허위에 의한 명예 또는 신용훼손과 같은 위법적 요소가 없는 경우 직접 사용자를 상대방으로 하지 않은 쟁의행위라는 이유로 그 정당성을 부정할 만한 근거는 없다. 그러므로 보이콧은 쟁의행위로서의 정당성 이전에 일반적인 행동의 자유 또는 표현의 자유로서 보장되어야 한다는 견해가 있다[7]. 하지만 통상적으로 위법적인 요소가 2차 보이콧에서 당연히 인정될 것으로 본다.

(6) 피케팅(picketing)

피케팅은 파업과 같은 주된 쟁의행위의 효과를 높일 목적으로 다른 근로자 및 일반 시민에게 쟁의중임을 알려 근로자측에 유리한 여론을 형성하거나 쟁의행위에서의 근로자의 이탈을 방지하고 대체근로를 저지하기 위해 필요

6) 인천지판,1989.8.30, 89고단2276.
7) 김유성, 앞의 책, p249.

한 장소에 감시하는 인원을 배치하거나 사업장의 출입통행에 제한을 가하려는 쟁의행위이다. 넓은 의미로는 제품의 출하업무를 저지하거나 관리직 사원의 출입을 통제하는 경우까지 포함된다[8]. 현행법에서는 쟁의행위와 관련이 없는 자 또는 근로를 제공하고자 하는 자의 출입・조업 기타 정상적인 업무를 방해하는 방법으로 행하여져서는 안되며 쟁의행위의 참가를 호소하거나 설득하는 행위로서 폭행・협박을 사용하여서는 아니된다(노조법 제38조2항)고 규정하고 있다. 피케팅이 파업 비참가자의 사업장 출입을 저지하고 파업에 동참하도록 호소하는 행위로서 평화적 설득에 머무는 한 정당성을 가진다고 하는 것에 대체로 일치하고 있다. 특히 현행법에서 명문규정을 두고 있는 이상, 피케팅의 정당성은 언어적 설득의 범위에 그친다고 보아야 할 것이지만 사용자가 불법으로 대체근로자를 투입하는 경우에 당해 근로자의 출입을 저지하기 위하여 실력저지를 행하는 경우에는 정당성이 인정되어야 할 것이다[9].

(7) 직장폐쇄(Lock out)

사용자가 노동조합 측의 쟁의행위에 대항하기 위한 수단으로서 사용자의 주장을 관철하기 위하여 근로자가 제공하는 노동력의 수령을 거부하는 행위를 뜻한다. 사용자측 쟁의행위로서 본 장 제5절에서 구체적으로 설명하기로 한다.

---

8) 대판,1991.6.28, 91도944.
9) 김유성, 앞의 책, p52. ; 대판,1992.7.14, 91다43800.

(8) 직장점거

사용자의 기업시설에 대한 점유를 배제하지 아니하고 조업을 허용하면서 부분적인 직장점거를 하는 것은 정당한 쟁의행위로 인정된다. 그러나 사업장 시설을 배타적, 전면적으로 점거함으로써 사용자의 시설관리권을 배제하여 업무를 중단한다면 정당성을 가질 수 없다. 우리나라와 같이 기업별 노동조합 조직형태를 취하고 있는 경우에 파업과 동시에 직장점거가 행하여지는 사례가 많다[10].

현행노조법은 직장점거와 관련하여, 생산 기타 주요 업무에 관련되는 시설과 이에 준하는 시설로서 대통령령이 정하는 시설을 점거하는 행태로 이를 행할 수 없다(노조법 제42조 1항)고 규정하고 있다. 주요업무에 관련되는 시설은 사업의 성격에 따라 달리 파악된다. 제조업체의 경우 생산라인 등의 생산시설, 창고업의 경우 당해 창고, 병원의 경우 진료실·수술실·입원실 등 의료업무가 이루어지는 시설, 은행 등 사무업종의 경우 주된 업무가 이루어지는 사무실 등이 주요 업무에 관련된 시설에 해당된다. 운동장, 대기실, 식당, 휴게실, 탈의실 등의 생활시설은 제외된다.

판례는 사용자의 점유를 배제하지 아니하고 그 조업도 방해하지 않는 이른바 부분적·병존적 직장점거는 정당하지만, 그렇지 않는 전면적·배타적 직장점거는 정당성을 부정하고 있다. 또한 직장점거가 장기간 계속되거나 조업이 중단될 경우에는 전면적·배타적 직장점거로 보아 정당성을 부정한다[11].

---

10) 최홍엽,「연좌농성에 관한 연구」, 노동법연구 제1호, p137 이하 참조, 1980년대의 구 노동쟁의 조정법(제12조 3항)은 사업장내의 쟁의행위만을 허용함에 따라 사업장의 점거가 더 많아졌다고 볼 수 있다.

11) 대판,1991.8.13, 91도1324.

(9) 준법투쟁

단체교섭 도중이나 본격적인 쟁의행위에 앞서 노동조합이 사용자에게 쟁의행위를 경고하거나 단결력을 시위하기 위하여 준법을 명분으로 실시하는 단체행동을 말한다. 통상 준법투쟁의 수단으로 활용되는 단체행동은 유인물의 배포 및 부착·조합집회·평상복 근무·집단적인 리본착용 등과 같이 조합활동으로의 성격을 갖는 것이 있다. 또한 작업규칙 등을 평상시보다 더욱 엄격하게 준수하거나 휴가를 집단적으로 청구하거나 통상적으로 실시되던 시간외 근로나 휴일근로를 집단적으로 거부하는 등 근로자측에게 그 행사가 유보되어 있는 권리를 집단적으로 행사함으로써 간접적으로 정상적인 업무 운영의 저해를 도모하는 경우를 준법투쟁의 전형적인 예로 볼 수 있다.

판례는 준법투쟁이 업무의 정상적인 운영을 저해한다는 점과 사용자에 대한 주장을 관철할 목적으로 한다는 점에서 쟁의행위로 파악하고 있다[12].

정시출퇴근·월차휴가사용·통상적인 시간외근로에 대한 거부 등을 집단적으로 사용하는 경우에는 사용자에게 요구사항을 관철할 목적으로 노동조합에서 집단적으로 행하였다면 업무의 정상적인 운영이 저해된 것이므로 쟁의행위에 해당된다는 판례의 견해에 학설도 거의 일치하고 있다[13]. 다만, 준법투쟁이라고 하더라도 생명·신체의 안전을 위하여 법령 또는 취업규칙 등에 의하여 근로자에게 준수의무가 있음에도 불구하고 평상시에는 그 기준의 미달 또는 위법이 관행화되어 있을 경우, 법령·작업규칙의 엄격한 준수를 집단적으로 행하는 경우를 안전투쟁이라고 하고 학설과 판례가 대립되어 있다. 판례의 견해[14]와 일부학설[15]은 당해 규정이 객관적으로 요구하는 정

12) 대판,1994.6.14, 93다29167.
13) 김유성, 앞의 책, p254.
14) 대판,1991.12.10, 91누636.

도와 내용을 벗어나는 방법으로 법규를 엄격히 준수함으로써 작업의 능률을 저하시키는 경우에는 태업과 유사한 쟁의행위라고 보고 있는데 반하여 다른 견해[16]로 안전의무 미 준수·위반상태의 관행은 지켜야 할 업무의 범위에 들지 않기 때문에 이를 위반하는 것은 업무의 저해성의 업무에 해당되지 않는다고 보아서 쟁의행위를 인정하지 않는다. 그러나 안전의무 미준수와 위반상태가 심각한 정도가 아니고 규정의 준수가 순수한 안전을 위한 것이 아니라 주장을 관철할 단체행동이 주된 의도라면 권리남용으로서 쟁의행위로 보아야 할 것이다.

제2절 쟁의행위의 정당성

1. 정당한 쟁의행위의 법적보장

쟁의행위는 업무의 정상적인 운영을 저해하는 행위이기 때문에 민법적으로는 채무불이행이나 불법행위에 해당하고, 형법적으로 업무방해죄 등에 해당한다. 그러나 쟁의행위가 정당성을 갖춘 경우에는 헌법상의 단체행동권의 보장에 따라 이들의 책임을 부과할 수 없다. 현행 노조법은 이에 대하여 명문규정으로 쟁의행위에 대하여 법적으로 민·형사면책을 규정하고 있을 뿐만 아니라 정당한 쟁의행위에 참가한 것을 이유로 불이익취급을 하면 부당노동행위로 처벌하여 쟁의행위 참가를 보장하고 있다. 또한 정당한 쟁의행위

15) 김형배, 앞의 책, p806.
16) 김유성, 앞의 책, p253.

가 원만히 진행되어질 수 있도록 여러 가지 보장 규정을 두고 있다. 그 구체적인 내용을 정리하면 다음과 같다.

⑴ 쟁의행위가 정당하면 그 위법성이 조각되어 비록 사용자의 업무에 방해를 가져올지라도 형법상의 업무방해죄가 성립되지 아니하며 손해가 발생하더라도 민법상 손해배상 책임을 부담하지 않는다. 즉, 민・형사상 책임이 면제된다(노조법 제3, 4조).

⑵ 정당한 쟁의행위는 노동관계법상 보호를 받으므로 정당한 쟁의행위에 참가한 것을 이유로 해고 등 불이익취급을 하는 것은 부당노동행위로 구제가 가능하다(노조법 제81조1호).

⑶ 쟁의행위 기간 중에는 현행범 이외에는 구속되지 아니한다(노조법 제39조). 쟁의행위 기간이란 쟁의행위가 시작되면서 종료될 때까지를 말한다. 쟁의행위 기간 중에는 현행범 이외에는 구속되지 않는다는 점에서 쟁의행위 절차를 위반하고서 쟁의행위를 행하고 있는 경우 이를 현행범으로 볼 수 있는가에 대하여는 부정적인 견해가 있다[17].

⑷ 쟁의행위 기간 중 그 쟁의행위로 중단된 업무의 수행을 위하여 사용자의 대체근로자 채용이 제한된다(노조법 제43조). 또한 중단된 업무를 도급 또한 하도급을 줄 수 없다(동법 제43조2항). 이는 쟁의행위에 따른 사용자의 압박을 가하기 위한 조치로 인정되는 제도이다. 그러나 필수공익사업의 사용자가 쟁의행위기간 중에 한하여 당해 사업과 관계없는 자를 채용 또는 대체하거나 그 업무를 도급 또는 하도급 주는 경우에는 예외적으로 허용된다(동법동조 제3항). 또한 필수공익사업의 사용자는 당해사업 또는 사업장 파업참가자의 100분의 50을 초과하지 않는 범위 내에서 채용 또는 대체하거나 도급 또는 하도급 줄 수 있다.

---

17) 이영희, 노동법, p291.

(5) 다만 이러한 필수 공익사업의 대체근로 허용은 직권중재제도 폐지와 필수유지 업무제도와 연계하여 2008년1월1일부터 시행된다.

2. 쟁의행위의 정당성 판단기준

(1) 주 체

노동조합과 사용자간의 단체교섭이 결렬되어 단체협약 체결이 실패한 경우에 쟁의행위를 행사할 수 있도록 하는 것은 노동3권을 보장하고 있는 헌법상의 기본정신이며 또한 현행 노동법의 기본 태도이기 때문에 단체협약 체결능력이 있는 노동조합이 쟁의행위를 조직하고 주도하여야 한다[18]. 노동조합에 의하여 주도되지 아니하는 일시적 쟁의단 등이 행하는 단체행동은 정당성이 없다. 그러므로 노동조합의 의사에 의하여 쟁의행위가 행하여져야 하며 조합원의 일부가 노동조합 의사와 관계없이 독자적으로 행하는 살쾡이 파업(wildcat strike)은 정당성이 없다. 그러나 노동조합의 실질적 요건은 갖추고 형식적 요건만이 결여된 헌법상의 노동조합도 노동법상의 노동조합은 아니지만 쟁의행위를 할 수 있다는 것이 일반적인 견해이다[19]. 판례는 아직 헌법상의 노동조합에게 쟁의행위를 인정하는 사례가 없다.

노동조합의 지부, 분회 등 하부조직의 쟁의행위에 있어서는 지부, 분회가 독립된 규약과 활동체계를 갖고 있는 경우에는 그 정당성이 인정되는데 이는 독립된 노동조합의 쟁의행위로 볼 수 있기 때문이다. 그러나 지부, 분회가 노동조합의 통제에 반하고 독자적인 규약이나 활동체제를 갖고 있지 못

18) 대판,1992.7.14, 91다43800.
19) 김유성, 앞의 책, p225 ; 임종률, 앞의 책, p201; 김형배, 앞의 책, p812 등.

하는 경우에는 정당성을 확보할 수 없다. 노동조합이 쟁의행위를 결의할 때에는 조합원의 직접, 비밀, 무기명 투표에 의한 과반수의 찬성으로 결정되어야 하기 때문이다.

(2) 목 적

쟁의행위는 헌법상 단체행동권의 행사이므로 그 목적은 단체행동권을 보장할 목적에 의해서 규정된다. 쟁의행위의 목적은 업무의 정상적인 운영을 저해하면서까지 사용자에게 당해 쟁의행위의 필연적 결과를 감수하도록 할 수 있는 것이어야 하므로 또 사용자가 직접 법률적으로나 사실적으로 처리할 수 없는 것을 요구하는 것은 쟁의행위의 정당성 목적의 범위 내에 포함될 수 없다. 외형상 근로조건의 개선을 목적으로 하더라도 단체교섭의 대상이 될 수 없는 사항을 단체교섭으로 요구하여 쟁의행위로 나아간 경우 또는 추구하는 목적에 비추어 쟁의행위라는 수단이 남용된 경우에는 정당성이 없다.

쟁의행위는 노사관계의 상대방인 사용자에게 손해를 가하는 경우에도 면책효과가 인정되는 권리행사이므로 사용자에게 처분권한이 있고 단체협약을 통하여 개선될 수 있는 근로조건에 관한 사항을 목적으로 해야 한다[20]. 쟁의행위는 주로 단체교섭의 대상이 될 수 있는 사항을 목적으로 하는 경우에만 허용된다[21]. 따라서 정치파업과 동정파업 등은 그 정당성이 없다. 그러나 이에 대해서 반대하는 견해에서는 근로조건의 향상의 의미를 근로자의 사회적 경제적 지위의 향상이라고 광의로 해석하여 사용자에게 직접적으로 처분권한이 없는 사항을 목적으로 하더라도 정당성을 인정하여야 한다고 한

20) 김형배, 앞의 책, p812.
21) 헌재,1990.1.15, 89헌가103.

다[22]. 즉, 동정파업 이분론과 정치파업 이분론으로서 동정파업과 정치파업은 실질적으로 자기의 사용자에 대한 쟁의행위라는 측면에서 정당성을 인정하여야 한다는 것이다.

쟁의행위의 목적이 복수인 경우에는 그 중 주된 목적 또는 진정한 목적사항이 정당한가 여부에 따라 판단되어야 한다[23]. 주된 목적 또는 진정한 목적이란 그 목적을 제외하였더라면 쟁의행위를 하지 않았을 것으로 인정되는 목적을 말한다. 이에 반하여 목적이 정당한 부분에 한하여 따로 정당성을 인정하고자 하는 견해가 있으나 노동쟁의란 당사자 간의 주장의 불일치로 인한 하나의 분쟁상태란 점과 노동쟁의에서 비롯된 쟁의행위가 각각의 주장내용에 따라 분리될 수도 없다는 점에서 따로 구분하여 정당성을 평가할 수 없기에 문제가 있다 하겠다.

(3) 시기, 절차

쟁의행위는 단체교섭이 노사당사자간의 근로조건의 결정에 관한 주장의 불일치로 교착상태에 빠진 경우에 구체적인 절충을 진전시키기 위하여 인정되는 것이므로 사용자가 근로자의 구체적인 요구에 대하여 단체교섭 자체를 거부하거나 단체교섭의 자리에서 그러한 요구를 거부한다는 회답을 한 뒤에 개시하여야 정당성을 가진다[24]. 즉 노동조합은 사용자가 구체적인 요구사항에 대하여 단체교섭을 거부했거나 단체교섭을 계속하는 것이 더 이상 필요하지 않는 경우에 쟁의행위를 개시할 수 있다[25].

---

22) 김유성, 앞의 책, p233.
23) 대판,1992.1.21,91누5204.
24) 대판,1990.5.15,90도357.
25) 김형배, 앞의 책, p812.

쟁의행위는 쟁의행위를 개시하기 전에 조합원에 의한 직접·무기명투표를 거쳐야 한다는 규정이 있음에도 불구하고 쟁의행위에 대한 조합원의 찬반투표는 조합내부의 의사형성에 관한 문제에 한정되는 것이므로 쟁의행위의 대외적 책임의 여부를 판단하는 정당성에 대해서는 영향을 미치지 않는다는 견해가 있으나 최근의 대법원 판례는 조합원의 찬·반 투표를 거치지 아니한 쟁의행위는 정당성이 없다고 하였다[26].

쟁의행위 찬반투표를 산별노조 또는 지역별노조 소속의 사업장 단위 지회가 독자적으로 할 수 있는가 하는 문제가 있다. 이에 대하여 대법원은 지역별·산업별·업종별 노동조합의 쟁의행위 찬성투표의 참가 범위에 있어서 당해 단위 지회의 소속 조합원의 찬반투표가 필요하다고 하였다. 즉, 근로자의 쟁의행위가 형법상 정당행위가 되기 위한 절차적 요건으로 쟁의행위를 함에 있어 조합원의 직접·비밀·무기명투표에 의한 찬성 결정이라는 절차를 거치도록 한 노조법 제41조 제1항은 노동조합의 자주적이고 민주적인 운영을 도모함과 아울러 쟁의행위에 참가한 근로자들이 사후에 그 쟁의행위의 정당성 유무와 관련하여 어떠한 불이익을 당하지 않도록 그 개시에 관한 조합의사의 결정에 보다 신중을 기하기 위하여 마련된 규정이다. 따라서 지역별·산업별·업종별 노동조합의 경우에는 총파업이 아닌 이상 쟁의행위를 예정하고 있는 당해 지부나 분회소속 조합원의 과반수의 찬성이 있으면 쟁의행위는 절차적으로 적법하다고 보아야 할 것이고 쟁의행위와 무관한 지부나 분회의 조합원을 포함한 전체 조합원의 과반 수 이상의 찬성을 요하는 것은 아니라고 하였다[27].

노조법은 쟁의행위의 개시시기와 관련하여 또한 조정전치(노조법 제45조2

26) 대판,2001.10.25,99도4837.
27) 대판,2004.9.24,2004도4641.

항), 중재 시의 쟁의금지(동법 제63조), 긴급조정시의 쟁의중지(동법 제77조), 조정서 해석기간 중의 쟁의금지(동법 제60조5항) 등의 제한을 가하고 있다. 이러한 제한을 하고 있는 법령의 절차에 위반한 쟁의행위는 정당성이 없다[28]. 그러나 노동위원회가 실질적인 조정을 거친 이후에 행정지도를 한 경우에 있어서 대법원은 노동위원회가 반드시 조정결정을 한 뒤에 쟁의행위를 하여야 하는 것은 아니라고 하여 실질적 조정절차를 거친 경우에는 형식적 조정절차를 밟지 않았다는 것만으로 정당성을 상실하는 것은 아니라는 판례가 있다[29]. 또한 노동위원회는 조정의 종료가 결정된 후에도 노동쟁의의 해결을 위하여 조정을 할 수 있는데 이러한 조정은 종료되지 않더라도 쟁의행위를 할 수 있다(동법 제45조2항).

단체협약 유효기간 중에는 협약 소정사항의 개폐를 목적으로 하는 쟁의행위를 해서는 안 된다는 의무가 평화의무인데 평화의무는 단체협약에 본질적으로 내재하고 있으므로 평화의무 위반의 쟁의행위는 협약질서의 침해로 정당성이 인정되지 못 한다[30].

쟁의절차조항, 평화조항 위반의 쟁의행위는 협약질서의 본질적 부분을 구성하는 것은 아니므로 위반한 쟁의행위의 정당성은 문제되지 않는다는 견해가 있다. 이들 조항은 채무적부분에 해당하고 법규범이 아닌 협약당사자의 계약이기 때문에 이를 위반한 쟁의행위는 정당성을 상실하지 않는다는 것이다[31].

---

28) 대판,1990.5.15,90도357.
29) 대판,2001.6.26,2000도2871.
30) 대판,1994.9.30,94다4042.
31) 김유성, 앞의 책, p242.

(4) 수단, 방법

쟁의행위가 그 방법에 있어서 정당성을 갖기 위해서는 소극적으로 근로계약을 전면적 또는 부분적으로 정지함으로써 사용자의 업무를 저해하는 것이어야 하고 노사관계의 신의성실의 원칙에 비추어 공정성의 원칙에 따라야 하며 사용자의 기업시설에 대한 소유권 기타의 재산권과 조화를 기하고 인신의 자유·안전을 해치는 폭력을 사용해서는 안 된다[32]. 쟁의행위의 수단·방법과 관련하여 현행 노조법은 어떠한 경우에도 폭력이나 파괴행위는 정당한 행위로 해석되어서는 아니 된다(노조법 제4조 단서)고 규정하고 있고 쟁의행위는 폭력이나 파괴행위 또는 생산 기타 주요업무에 관련되는 시설과 이에 준하는 시설로서 대통령령이 정하는 시설을 점거하는 형태로 이를 행할 수 없다(동법 제42조1항)고 규정하여 수단·방법의 정당성을 갖출 것을 요구하고 있다. 동 규정들은 쟁의행위의 본질상 당연히 폭력과 파괴행위가 금지되는 것을 확인한 규정이라고 해석한다.

쟁의행위는 통일적인 조직활동으로 그 정당성을 판단할 때 전체와 관련하여 판단하여야 하기 때문에 쟁의행위가 하나의 통일적인 행위로서 정당하게 행하여진 경우에는 소수의 근로자가 폭행, 협박 등의 탈선행위를 하였다 하더라도 당연히 전체의 쟁의행위가 위법한 것이 되지 않는다. 그러나 쟁의행위를 주도하는 노동조합 간부가 계획적으로 위법행위를 권유·자극하고 근로자들이 이에 동조함으로써 쟁의행위가 폭력화되는 경우에는 쟁의행위 전체가 위법한 것이 될 수 있다.

업무의 성질상 근로제공의 거부가 근로자 또는 기타 해당 관계자들에게 생명, 신체, 건강에 대한 위협을 발생케 하는 사업장에 있어서는 그와 같은 위

32) 임종률, 앞의 책, p202.

협을 방지할 수 있는 조치를 강구한 후에 쟁의행위를 수행하여야 한다. 사람의 생명·신체·건강에 직접 영향을 미치는 작업을 중단하거나 게을리 하는 것은 살상의 결과를 야기하게 될 것이므로 정당성이 인정되지 않는다. 또한 같은 이유에서 안전보호시설의 정상 가동의무에 위반하는 경우에도 정당성이 인정되지 않는다[33].

제3절 쟁의행위의 제한 및 금지

쟁의행위가 정당한 경우에는 민사 및 형사상의 책임이 면책된다. 따라서 정당한 쟁의행위는 비록 사용자에게 피해를 가했더라도 사용자는 쟁의행위를 주도한 노동조합과 쟁의행위 참가자에게 책임을 물을 수 없다. 그러나 이러한 입법 태도는 쟁의행위로 인하여 나타나는 피해를 방치하거나 조장하기 위한 것이 아니라 노동기본권을 보장하기 위하여 부득이하게 사용자의 사유재산권을 제한하고 있는 것이라고 볼 것이다. 쟁의행위는 사용자의 업무의 정상적 운영을 저해하여 사용자에게 경제적 압력을 행사하는 것이기는 하지만 부가적으로 쟁의행위로 인한 피해는 지역사회 나아가서 국민경제 전반에도 상당한 영향을 미치게 되기 때문에 노동법은 쟁의행위에 대한 제한을 가하고 있다.

33) 임종률, 앞의 책, p206.

(1) 폭력 및 파괴행위

쟁의행위는 폭력이나 파괴행위 또는 생산 및 기타 주요업무에 관련되는 시설과 이에 준하는 시설로서 대통령령이 정하는 시설을 점거하는 형태로 이를 행할 수 없다(노조법 제42조1항)고 규정하고 있다. 본 규정은 확인적 규정이기 때문에 본 규정과 무관하게 현행법에서는 어떠한 경우에도 생명, 신체의 안전과 생산시설을 침해하는 폭력, 폭행이나 파괴행위는 허용될 수 없다. 이러한 폭력 파괴행위는 쟁의행위 정당성 상실의 요인이 된다. 이 규정에 위반한 자는 노조법 제 89조 제호에 의한 벌칙의 적용을 받는 것은 물론이며 그 밖에 그 행위가 일반형법에 정하여진 폭력·위협·상해 또는 불법감금·명예훼손과 같은 범죄를 구성하는 때에는 이에 따른 형벌이 과해지는 것은 당연한 일이다. 그러나 쟁의행위 중 불가피하게 행한 위력의 표시라든가 거친 언동이 모두 폭력적인 것이라고 단정할 수는 없으므로 그 행위가 행하여진 상황을 참작하여 구체적인 판단을 하여야 한다[34].

다만 쟁의행위 진행과정에서 일부 조합원의 행위가 폭력이나 파괴행위에 이른 경우 노동조합 집행부가 관계되지 않는 한 행위자의 개인적 행위에 따라 개별적인 책임은 있겠으나 쟁의행위 자체가 반드시 정당성을 상실하는 것은 아니다. 그러나 조합간부에 의해 조직적으로 계획되고 실행된 경우에는 쟁의행위 전체가 폭력화하므로 그 쟁의행위는 정당성을 상실한다.

(2) 안전보호시설

쟁의행위는 사용자의 정상적인 업무를 저해하는 행위로 머물러야 하기 때

---

34) 김형배, 앞의 책, p828.

문에 쟁의행위로 인해 타인의 생명, 신체에 위해를 미쳐서는 안 된다. 따라서 안전보호시설은 정당한 쟁의행위 기간 중이라도 정지 또는 폐지될 수 없으며 안전보호시설 종사 근로자는 이를 유지, 운영하여야 한다. 이러한 범위내에서 쟁의행위가 부분적으로 제한된다고 볼 수 있다. 사업장의 안전보호시설에 대하여 정상적인 유지·운영을 정지·폐지 또는 방해하는 행위는 쟁의행위로서 이를 행할 수 없다(노조법 제42조2항). 행정관청은 안전보호시설을 정지, 폐지하는 쟁의행위에 대해서 노동위원회의 의결을 얻어 그 행위의 중지를 서면으로 통보하여야 하며 사태가 급박하다고 인정되는 경우에는 구두로 중지를 통보할 수 있고 이때에는 즉시 해당 노동위원회와 쟁의 상대방에게 통지해야 한다(동조 3항). 안전보호시설을 정지, 폐지하는 쟁의행위에 대하여 그동안 행정관청의 지나친 쟁의행위 규제하는 지적이 있어서 2006년 개정법에서 중지명령이 중지통보로 바뀌게 되었다. 중지명령이 중지통보로 바뀌면서 그 통보에 대하여 위반하는 경우에 처벌조항이 삭제되었다(노조법 제91조).

안전보호시설의 범위는 그 시설의 정지 또는 폐지가 인명 신체에 직접적인 위해를 끼칠 수 있는지 여부에 따라 판단되어야 한다. 당해 기업의 위험성을 구체적 종합적으로 검토하여 직접 인명 신체에 대한 위험성이 객관적으로 예측되는가에 따라 결정되어야 한다[35].

(3) 주요방위산업체 종사근로자

국가안보를 위한 주요 방위산업체의 조업중단이나 생산저하를 엄격히 제한하고자 하는 취지에서 방위산업체에 대하여 쟁의행위를 금지하고 있다. 다

35) 임종률, 앞의 책, p204.

만 주요 방위산업체 종사근로자 가운데 전력·용수 및 주요 방산물자를 생산하는 업무에 종사하는 자에 한하여 쟁의행위가 금지되며 이에 해당되지 않는 생산과 직접 관련이 없는 자는 주요 방위산업체에 근무하더라도 간접지원 부서 종사근로자로서 쟁의행위가 가능하다. 즉 노조법 제41조제2항은 헌법 제33조 3항의 규정을 받아서 방위산업에 관한 특별조치법에 의하여 지정된 주요방위 산업체에 종사하는 근로자 중 전력·용수 및 주로 방산물자를 생산하는 업무에 종사하는 자는 쟁의행위를 할 수 없으며 주로 방산물자를 생산하는 업무에 종사하는 자의 범위는 대통령령으로 정한다고 하여 방산물자를 생산하는 자에 대한 쟁의행위를 금지하고 있다.

주요방산 물자는 방위산업에 관한 특별조치법에 따라 정하여지는데 ①총포류 기타 화력장비 ②유도무기 ③항공기 ④함정 ⑤탄약 ⑥전차장갑차 기타 전투 기동장비 ⑦레이다, 피아식별기, 기타 통신, 전자장비 ⑧야간 투시경 기타 광학, 열상장비 ⑨전투 공병 장비 ⑩화생방장비 ⑪기타 국방부 장관이 군사전력 또는 전술운용상 중요하다고 인정하는 지정 물자 등이다.

(4) 주요시설의 점거금지

쟁의행위는 업무의 정상적인 운영을 저해하기 위하여 노무제공의 거부를 그 본질로 하는 것이며 비록 정당한 쟁의행위중이라도 사용자의 가능한 조업계속의 자유를 침해하거나 사용자의 기업시설에 대한 시설관리권을 침해하여서는 안 된다. 생산시설을 포함한 주요시설의 전면적, 배타적 점거는 사용자의 영업의 자유 및 기업시설에 관한 권리를 침해하는 위법한 행위로서 정당성이 없다(노조법제42조1항).

점거가 금지되는 시설의 범위는 생산 또는 주요 업무와 관련되는 시설로서 개별사업장의 업무의 종류, 쟁의행위 당시의 생산 또는 업무형태에 따라 달라질 수 있다. 예컨대 제조업체의 경우 생산시설이나 생산라인 현장, 병원의 경우 응급실·수술실 등 치료 및 진료업무가 이루어지는 장소 등이 점거 금지시설에 해당된다. 동법 시행령 제21조에 규정된 ①전기·전산 또는 통신시설 ②철도(도시철도포함)의 차량 또는 선로 ③건조·수리 또는 정박중인 선박 ④항공기·항공보안시설 또는 항공기의 이·착륙이나 여객·화물의 운송을 위한 시설 ⑤화약·폭약 등 폭발위험이 있는 물질 또는 유해화학물질관리법에 의한 유독물을 보관·저장하는 장소 ⑥기타 점거될 경우 생산 기타 주요 업무의 정지 또는 폐지를 가져오거나 공익상 중대한 위해를 초래하는 시설로서 노동부 장관이 관계 중앙행정기관의 장과 협의하여 정하는 시설에 대하여는 점거가 금지된다. 생산 기타 주요 업무시설과 이에 준하는 시설을 점거하는 것은 대체근로만 방해하는 것이든 사용자측의 정상조업까지 방해하는 것이든 불문하고 금지된다[36].

(5) 필수유지업무에 대한 쟁의행위 제한

2007년 개정법이 필수공익사업에 대한 직권중재 제도를 폐지하면서 필수공익 사업에서도 쟁의행위를 할 수 있게 되었지만, 쟁의행위를 하는 경우에도 필수공익 사업을 이용하는 공중의 이익(생명, 보건, 신체안전 등)은 지키기 위하여 필수유지업무의 수행(유지·운영)은 정지·폐지·방해하지 않도록 한 것이다.

①이것은 기존의 필수공익사업이 과도하게 직권중재 회부되어 쟁의행위가 무리하게 제한되는 사례가 많았기에 이를 극복하기 위해 필수공익사업 중에

---

36) 임종률, 앞의 책, p208.

서 특별히 보호할 필요가 있는 업무에 한하여 필수유지 업무로 쟁의행위를 제한하고자 한 취지에서 제정되었다. 필수유지업무에 해당되는 업무가 어떠한 것인가는 시행령에서 구체적으로 결정하고 있다(2008년1월1일부터 시행).

②필수유지업무 협정(노조법 제42조3항)에서 (a)쟁의행위 기간 동안 필수유지업무의 정당한 유지·운영을 위하여 필수유지업무의 필요 최소한의 유지·운영 수준, 대상 직무 및 필요인원 등은 노사관계당사자가 정할 수 있게 하고 있다. 필수유지업무를 법령으로 정한 것과는 달리 이는 노사 간에 필수유지업무의 범위와 인원, 유지 운영수준을 자율적으로 정함으로서 노사자율을 보장하기 위한 취지로 보인다. (b)필수유지업무에 대한 노사 당사자간의 협정은 당사자 쌍방이 서면 또는 날인하여야 한다. 이는 필수유지업무에 대한 협정의 성립을 명확히 하기 위함으로 보인다. 구두로 협정을 맺을 경우에는 서로간의 주장이 달라서 또 다른 노사간의 분쟁으로 나아갈 수 있기 때문이다.

③필수유지업무에 대한 근로자 지명(노조법 제42조6)에서 (a)노동조합은 필수유지업무 협정이 체결되거나 당사자의 신청에 의한 노동위원회의 결정이 있는 경우 사용자에게 필수유지업무에 근무하는 조합원 중 쟁의행위기간 동안 근무하여야 할 조합원을 통보하여야 하며 사용자는 이에 따라 근로자를 지명하고 이를 노동조합과 그 근로자에게 통보하여야 한다. (b)노동조합이 쟁의행위 개시 전까지 이를 통보하지 아니한 경우에는 사용자가 필수유지업무에 근무하여야 할 근로자를 지명하고 이를 노동조합과 그 근로자에게 통보하여야 한다. 쟁의행위 개시 이전에 해당근로자가 지정되지 않았을 때에 쟁의행위 개시 이후에 사용자가 해당 근로자를 지명하고 노동조합과 근로자에게 통보한다.

제4절 위법한 쟁의행위와 책임

쟁의행위가 정당성을 갖게 되는 경우에는 쟁의행위로 일어난 업무방해와 민법상의 손해배상 책임은 면책이 된다. 그러나 쟁의행위가 정당성을 갖지 못하는 경우에는 민·형사책임이 발생하고 징계처분 등 불이익취급의 대상이 될 수 있다. 쟁의행위가 정당성을 갖지 못할 때 집단적 행위를 주도한 노동조합·조합간부와 이에 참가한 개별근로자의 민·형사상의 책임이 문제된다. 또한 노동조합에게도 사용자로서의 책임을 논할 수 있다. 이하 위법한 쟁의행위에 대한 민사책임의 문제와 형사책임, 징계책임의 문제를 살펴보자.

1. 민법상 손해배상 책임

(1) 손해배상책임의 범위

쟁의행위가 정당성이 인정되지 않으면 노동조합이나 근로자는 자신의 노무제공 불이행과 행위에 대해 민법상 채무불이행(민법 제390조)이나 불법행위(민법 제750조)의 책임을 부담하게 된다. 채무불이행 책임만 성립할 경우에는 노무를 제공했더라면 사용자가 얻었을 순이익 및 사용자가 근로자를 위하여 지출한 제비용(보험료, 복지후생비 등)의 합계액이 책임범위가 된다. 채무불이행을 넘어서 불법행위가 성립될 경우에는 불법행위로 인하여 입은 손해액 중에서 근로자의 행위에 귀책될 수 있는 손해가 책임범위가 된다.

손해배상의 범위와 관련하여 판례는 영업이익의 상실·감소, 쟁의행위기간에 대응하는 인건비의 지출, 쟁의행위에 수반된 작위에 의하여 발생한 물품훼손 등의 적극적 손해, 신용·명예 등 무형적 이익의 침해 등에 관하여 구체적인 상황에서 노사당사자의 행위 등을 감안하여 판단하고 있다. 또한 쟁의행위에 이른 경위에 있어서 사용자의 대응방식·쟁의행위의 유발 등도 과실상계에 있어서 고려되어야 할 것이다[37]. 불법파업기간 중 사용자가 지출을 면한 미지급 임금액 중 사용자가 지출한 대체 투입비를 초과하는 부분은 운송수입 감소분에서 이를 공제하는 것이 타당하다[38].

(2) 개별 근로자의 책임

정당성이 없는 쟁의행위에 참가하여 노무제공을 거부한 근로자는 노무제공 거부에 따른 채무불이행의 민사책임을 진다. 또한 노무제공거부는 사용자의 영업권을 침해하는 불법행위가 성립될 수 있다. 따라서 채무 불이행뿐만 아니라 불법행위에 대한 민사책임이 성립될 수 있다.

쟁의행위 자체는 정당성을 가지고 있으나 개별근로자가 노동조합지도부의 지시에 위반하여 폭력행위를 한다거나 불법적인 직장점거 또는 파괴행위를 행한 경우에는 쟁의행위와는 별개로 개별 근로자는 자신의 불법행위에 대하여 민사책임을 져야 한다.

---

37) 김유성, 앞의 책, p279.
38) 대판,2006.10.27,2004다12240.

(3) 노동조합 간부의 책임

노동조합의 간부 및 쟁의지도부에 속하는 임원 등은 위법한 쟁의행위를 기획·지시·지도한 경우에는 공동불법 행위 또는 교사자 또는 방조자로서 행위자와 연대하여 책임을 지게 된다. 판례도 노동조합 간부들의 불법쟁의행위 기획·지시·지도 행위에 대하여 민법 제35조 제1항의 적용에 의한 노동조합의 책임 이외에 그 행위를 주도한 조합 간부들의 개인책임을 인정하고 있다[39].

(4) 노동조합의 책임

근로자의 채무불이행 책임 불법행위 책임이 성립되어도 노동조합은 사용자 책임(민법제756)을 부담하게 된다. 근로자와 노동조합의 민사책임은 부진정 연대책임이 성립된다. 위법한 쟁의행위가 노동조합의 집행기관 또는 노동조합의 지휘감독 아래 그 업무에 종사하는 자의 직무행위로 행하여진 이상, 사용자 책임으로서 손해배상책임은 노동조합에 귀속되기 때문이다. 의결기관의 결의와 집행기관의 기획·지시·지도를 받아 행하여진 노동조합의 행위로서 위법한 쟁의행위가 행하여진 경우에는 노동조합이 그 재산·기금에서 손해를 배상할 책임을 진다. 또한 의결기관의 결의나 집행기관의 기획·지도가 없이 행하여진 경우라도 위법한 쟁의행위를 현실적으로 수행한 자가 조직 내에서 중요한 지위나 역할을 담당하고 있거나 노동조합의 집행기관이 당해 쟁의행위에 대하여 지원·승인하는 태도를 취한 때에는 그 쟁의행위로 인한 손해에 대하여 노동조합에 책임이 귀속된다고 해석된다.

---

39) 대판,1994.3.25,93다32828.

2. 형사책임

(1) 조합원 개인의 책임

조합원이 집행부의 지침에 따라 위법한 쟁의행위를 실행한 경우에는 위력에 의한 업무방해죄의 공동정범의 책임을 진다. 단순 방조하여 참가한 경우에는 종범으로 될 수 있다.

노동조합 집행부가 결의한 자체는 정당하지만 구체적인 실행과정에서 개별조합원이 일탈행위를 하여 위법한 것으로 나아간 경우에는 그 실행행위를 한 조합원은 그 일탈행위에 대한 형사책임을 진다. 이 경우에 조합간부에게는 그 일탈행위에 가담하지 않는 이상 책임을 물을 수 없다.

(2) 노동조합 간부의 책임

노동조합 간부가 위법한 쟁의행위를 기획하고 지시・지도하였다면 쟁의행위의 현장에서 직접 가담하지 아니하였더라도 조합원의 쟁의행위에 대한 공모 공동정범의 책임을 지게 된다[40]. 이와 달리 노동조합 간부가 위법한 쟁의행위의 결의가 성립되지 않도록 전력을 다하고 위법한 쟁의행위를 하지 못하도록 전력을 다하였다면 부진정부작위범의 책임을 물을 수 없다. 그러나 노동조합 간부가 위법한 쟁의행위가 결의되는데 방관한 경우에는 방관이 작위에 의한 법익침해와 동등한 형법적 가치가 있는 것이어서 범죄의 실행행위로 평가되어 부작위에 의한 범죄가 성립되며 형사책임을 지게 된다.

---

40) 대판,1991.4.23,90도2771.

(3) 노동조합의 책임

형사책임은 형벌이 부과되는 것이기 때문에 자연인이 아닌 노동조합은 책임을 지지 않는다. 다만, 특별한 규정이 있는 경우에는 예외로 벌금형의 형사책임이 행위자 개인과 함께 양벌규정을 적용받을 수 있다(노조법 제94조).

3. 징계책임

위법한 쟁의행위를 한 근로자에 대해서는 경영 질서위반에 따른 책임으로 징계책임을 부과할 수 있다. 징계책임은 손해전보의 성격을 갖는 민사책임과 국가형벌권에 의한 징벌인 형사책임과는 그 성격을 달리한다.

위법한 쟁의행위를 주도한 노동조합 간부에 대하여는 부정하는 견해, 긍정하는 견해로 대립이 있으나 위법한 쟁의행위를 기획 주도했거나 조합원의 위법한 행위를 제지하지 않은 경우에는 일반 조합원보다 중한 징계책임이 있을 수 있다는 절충설이 다수설의 입장이다. 경영 질서위반에 실질적으로 중요한 역할을 한 경우에는 현실의 행위에 대한 책임으로서 일반조합원보다 무거운 제재를 받아야 한다고 본다[41].

41) 임종률, 앞의 책, p236.

4. 쟁의행위와 제3자의 손해

(1) 사용자의 책임

사용자와 현실적 거래관계 내지 잠재적 거래관계에 있는 제3자가 조업중단으로 인한 손해를 입었을 경우에 제3자는 손해의 배상을 사용자에게 청구할 수 있는가의 문제가 제기된다. 학설은 긍정설과 부정설로 나뉘는데, 긍정설이 다수설로 쟁의행위가 기업내부적인 현상이기 때문에 대외적으로 사용자가 책임을 면할 수 없고 근로자는 이행보조자이기 때문에 이행보조자의 조업중단은 사용자가 책임을 지는 것이 당연하다고 한다. 부정설은 쟁의행위는 헌법상의 단체행동권의 행사이기 때문에 사용자로서는 불가항력으로 단순한 계약위반 또는 불법행위로 볼 수 없으며 조업유지를 통하여 제3자가 기대하는 거래관계를 유지할 이익과 집단적 노사관계에서 노사자치의 존중은 사회형평의 관점에서 조화 있게 해석되어야 하기 때문에 사용자책임을 인정할 수 없다고 한다. 쟁의행위가 사용자의 부당노동행위로 인하여 야기·확대되었거나, 단체교섭의 진행과정에서 사용자의 고의적인 지연 내지 거부가 노사관계 악화의 원인이 된 경우에는 노사자치의 존중의 이익이 사회적 형평의 관점에서 볼 때 오히려 부당하기 때문에 예외적으로 사용자의 손해배상책임이 인정된다고 한다[42]. 판례의 태도는 아직 없는데 사용자의 책임을 인정하는 것이 바람직하다고 본다.

---

42) 김유성, 앞의 책, p286.

(2) 노동조합·근로자 개인의 책임

정당한 쟁의행위에 의한 제3자의 손해는 기업경영 활동의 주체는 사용자이므로 경영활동으로 인한 대외적인 책임도 사용자에게 귀속되는 것이 원칙이다. 쟁의행위로 인한 제3자의 손해는 쟁의행위와 상당인과관계가 있는 손해라고 볼 수 없다. 제3자는 단체행동권의 헌법적 보장 및 집단적 노사자치에서 발생하는 결과를 수인하여야 하면 쟁의행위로 인한 손해를 사용자에게 청구하든지 하여야지 노동조합이나 근로자에게 청구할 수 없다.

다만, 당해 쟁의행위가 직접적으로 제3자에 대한 가해를 목적으로 행하여져 제3자에 대한 폭행 또는 제3자의 재산파괴 등을 수반하는 경우에는 노동조합 또는 근로자의 불법행위가 성립되어 손해배상책임을 질 수 있다.

쟁의행위가 특별히 제한·금지법규에 위반하여 공공서비스의 중단을 초래한 경우에는 그로 인한 손해에 대하여 배상책임을 부담하여야 한다는 것이 일반적인 견해이다. 예컨대 안전보호시설 유지의무에 위반한 쟁의행위로 인하여 제3자의 생명·신체에 대한 침해가 있었을 경우에는 불법행위로 인한 손해배상책임이 인정되어야 한다. 즉 쟁의행위의 제한·금지법규 위반행위가 이용자 개인의 법적으로 보호받을 만한 가치가 있는 법익을 침해한 경우에 한하여 손해배상책임이 인정되어야 한다고 보아야 할 것이다[43].

---

43) 김유성, 앞의 책, p288.

제5절 사용자의 쟁의행위

1. 쟁의행위 기간 중의 사용자의 행위제한

(1) 의의

사용자는 자신의 사업 또는 사업장에 파업 등 쟁의행위가 개시되면 사실상 조업이 중단되기 때문에 사용자로서는 다른 수단으로 조업중단에 따른 손실을 최소화하고자 할 것이다. 사용자의 쟁의행위에 대한 대항행위가 무제한적으로 허용된다면 노동조합의 쟁의행위는 아무런 실효성을 거두지 못하고 근로자들의 단체행동권은 본질적인 내용이 침해될 수 있다. 이에 현행법은 쟁의행위 기간 중 노동조합의 쟁의행위에 대하여 사용자가 대항하는 행위수단에 일정한 제한을 가하고 있다. 노조법 제43조에서 신규채용·대체근로의 금지와 도급·하도급의 금지 등에 관하여 금지하고 있고 파견근로자보호 등에 관한 법률 제16조에서 근로자파견 등을 금지하고 있다. 그러나 2006년 노조법 개정 시에 일정한 사업에서는 대체근로가 허용되게 되었다. 필수공익사업의 직권중재 제도가 폐지됨에 따라 필수공익사업 중 필수유지업무 대상이 아닌 업무의 경우 파업이 전면 허용되어 공익보호의 관점에서 보완방안 마련 필요에서 필수공익사업의 사용자가 쟁의행위기간 중에 한하여 당해 사업과 관계없는 자를 채용 또는 대체하거나 그 업무를 도급 또는 하도급을 줄 수 있도록 개정되었다. 그 범위는 당해 사업 또는 사업장 파업참가자의 100

분의 50을 초과하지 않는 범위 내에서 채용 또는 대체하거나 도급 또는 하도급 줄 수 있으며 이 경우 파업참가자 수의 산정 방법 등은 대통령령으로 정하도록 하고 있다(동법 동조 제3,4항). 다만 이러한 공익사업의 대체근로 허용은 직권중재 제도 폐지와 필수유지업무 제도와 연계하여 2008년1월 1일부터 시행된다.

(2) 신규채용·대체근로의 금지

사용자는 쟁의행위 기간 중 그 쟁의행위로 중단된 업무의 수행을 위하여 당해 사업과 관계없는 자를 채용 또는 대체할 수 없다. 당해 사업과 관련이 없는 자만의 채용 또는 대체가 금지될 뿐이므로 당해 사업과 관련이 있는 자를 신규 채용하거나 대체근로에 종사하게 하는 것은 문제되지 않는다.

여기서 하나의 사업이라 함은 개인사업체 또는 독립된 법인격을 갖춘 회사 등과 같이 경영상의 일체를 이루면서 계속적 유기적으로 운영되고 전체로서의 독립성을 갖춘 하나의 기업체 조직을 말한다[44]. 어느 회사가 여러 곳에 공장 또는 지점사무소를 두고 있다거나 혹은 국내사업과 해외사업으로 나뉘어 있다거나 혹은 경영진의 사정 때문에 2개 이상의 단위로 인적·물적 설비를 서로 독립시키고 회계를 분리·경영하고 있다거나 혹은 하나의 회사가 건설업과 자동차 정비업 등 성격이 다른 여러 가지의 영업을 함께 운영하고 있거나 하나의 학교법인이 사립 대학교와 부속의료원·병원을 그 산하에 함께 두고 있다고 하더라도 그 경영주체가 동일한 법인격체인 이상 하나의 사업이라고 할 것이다. 이러한 관련이 있는 사업에 종사하고 있는 자이라면 그가 파업에 참가하지 않는 조합원이거나 비조합원이거나 불문하고 당해 사업

---

44) 대판,1999.8.20,98다765. ; 1997.11.28,97다24511.

의 사용자와 근로관계를 맺고 있는 근로자이거나 당해 사업에 파견되어 있는 근로자에 해당하는지 불문하고 그가 같은 사업내의 다른 사업장에 종사하거나 그가 수행하는 업무가 파업참가 조합원의 업무와 전혀 다른 업무에 종사하는 자라로 하더라도 당해 사업에 관련이 있는 자에 해당하고 사용자는 쟁의행위기간 중에 이들을 신규 채용하거나 대체근로를 시킬 수 있다고 본다.

당해 사업과 관련이 없는 자에 대하여는 채용 또는 대체근로 할 수 없다. 채용과 대체의 형태는 불문하기 때문에 비록 아르바이트 학생 등 임시직 근로자를 활용하는 것도 금지된다. 또한 업무중단의 원인이 된 쟁의행위가 정당한 경우에만 신규채용 또는 대체근로가 금지되는가 아니면 쟁의행위가 정당여부와 관계없이 무조건 신규채용 또는 대체근로가 금지되는가에 대하여 견해가 나뉜다. 비록 위법한 경우에도 신규채용 또는 대체근로가 금지된다는 견해는 위법할 경우에 손해배상이 가능하기 때문에 사용자가 보호받을 수 있기 때문에 허용할 필요가 없다고 한다45). 그러나 쟁의행위기간 중 신규채용 또는 대체근로를 금지하는 것은 정당한 쟁의행위의 실효성을 확보하기 위한 것이지 위법한 쟁의행위의 보장을 위한 것이기 아니기 때문에 정당성이 없는 쟁의행위로 업무가 중단되는 경우에까지 사용자로 하여금 신규채용 또는 대체근로가 금지되는 것은 조업에 어려움을 초래할 것이다.

(3) 도급·하도급의 금지

사용자는 쟁의행위 기간 중 중단된 업무를 도급 또는 하도급 줄 수 없다. 당해 사업에 관계없는 자를 대체근로 시키는 것과 동일한 효과가 발생하게

---

45) 임종률, 앞의 책, p254.

되어 쟁의행위의 실효성이 없어지기 때문이다. 물론 정당한 쟁의행위에 한하여 도급 또는 하도급이 금지된다.

쟁의행위 기간 중에 근로자파견이 행하여지면 당해 사업에 관계없는 자를 대체근로하게 하는 것과 같은 효과가 발생하기 때문에 근로자파견도 금지된다. 파견사업주는 쟁의행위 기간 중인 사업장에 그 쟁의행위로 중단된 업무의 수행을 위하여 근로자를 파견하여서는 아니 된다. 그러나 사용사업주가 이미 쟁의행위 기간 이전에 파견 받아 당해 사업에 사용중인 근로자로 하여금 중단된 업무를 수행하게 하는 것은 가능하다.

2. 직장폐쇄

(1) 의 의

직장폐쇄(lock out)란 사용자가 쟁의행위 중인 근로자 집단을 일시 직장으로부터 축출하고 그 노무제공을 거절하여 반대급부인 임금을 지급하지 않음으로써 경제적 압력을 가하려는 사용자의 쟁의행위를 말한다. 근로자측의 쟁의행위의 구체적인 형태에 따라서 노사간의 세력균형이 파괴되어 사용자측이 현저히 불리한 압력을 받게 되는 경우 노사 간의 세력균형을 회복하기 위하여 대항 방어수단으로서 직장폐쇄가 인정된다.

직장폐쇄는 근로자측 쟁의행위에 대항하는 쟁의행위의 일종이므로 단순히 경제적・기술적 이유에서 조업을 중단하는 폐업이나 휴업과 구별되며, 인사관리 상 대기명령이나 근무정지 또는 징계처분의 일종인 정직이나 출근정지와도 구별된다.

직장폐쇄는 근로자의 쟁의행위가 개시되기 이전에 실시하는 선제적 직장폐쇄와 근로자의 쟁의행위가 개시된 이후에만 실시하는 대항적 직장폐쇄로 나눌 수 있다. 또한 직장폐쇄는 그 실시 목적에 따라 적극적으로 근로조건의 인하 또는 노동조합 조직력의 약화를 위한 공격적 직장폐쇄와 근로자의 쟁의행위가 예상되는 경우에 그러한 저해를 예방하기 위해 행하는 예방적 직장폐쇄 및 쟁의행위로 인한 경제적 손실의 최소화 또는 단체교섭에서의 교섭력 균형의 회복을 위한 방어적 직장폐쇄로 나눌 수 있다.

⑵ 정당성의 한계

① 대항성

노동조합이 쟁의행위를 개시한 이후에만 개시되어야 직장폐쇄의 정당성이 인정된다(노조법 제46조1항). 사용자가 먼저 행하는 직장폐쇄(선제적 직장폐쇄)는 정당성이 없다. 사용자는 직장폐쇄를 할 경우에는 미리 행정관청 및 노동위원회에 신고하여야 하나(동법 제46조2항) 신고는 단속규정으로서 신고를 하지 않았다 하여 대항성이 상실되는 것은 아니다.

② 방어성

노동조합의 쟁의행위로 현저히 불리한 압력 및 손해를 완화 방어할 목적으로 하는 것(방어적 직장폐쇄)은 상당성이 있는 한 정당하지만 노동조합에 대하여 사용자의 주장을 관철할 목적으로 하는 것(공격적 직장폐쇄)은 정당성이 인정되지 않는다. 노동조합이 파업을 철회하면 직장폐쇄는 해제되어야 하는 것이 원칙이다.

③ 긴급성·필요성

직장폐쇄는 긴급성 및 필요성이 제기될 때에 한하여 그 정당성을 확보할 수 있다.

(3) 정당한 직장폐쇄의 효과

① 임금지급의무의 면제

노무수령 거부가 채권자의 수령지체에 해당되지 않아 임금지급 의무가 면제된다. 반대로 직장폐쇄가 정당성을 가지지 못하면 임금지급의무가 면제되지 않고 휴업수당이 아니라 그 근로자가 정상적인 근로를 했더라면 받을 수 있었던 임금을 지급하여야 한다.

비조합원에게도 임금지급 의무가 면제되는가가 문제되는데 노동조합이 주도한 쟁의행위로 인하여 미치는 손해를 완화하기 위하여 인정되는 대항 방어적 수단이기 때문에 그 손해와 관련되는 범위 안에서는 비조합원이라 하더라도 직장폐쇄의 대상으로 할 수 있고 임금지급의무 면제의 효과가 미친다고 보아야 하는 통설이다[46].

② 근로자 등의 사업장 출입저지

사용자가 직장폐쇄 후 근로자들에게 퇴거명령을 하였음에도 불응하는 경우 형법상 퇴거불응죄(형법 제319조)에 해당한다. 그러나 노동조합 사무소나 기숙사 식당 등 조합원의 단결활동 또는 후생복리를 위한 시설에 대하여는 비록 쟁의기간 중이라도 사용자는 조합원의 시설이용을 배제할 수 없으며 그러한 시설을 그 본래의 목적에 따라 이용하는 근로자에 대하여는 퇴거를 요구할 수도 없다고 보아야 한다. 그러한 조합원의 시설 이용을 배제한다

46) 임종률, 앞의 책, p258.

면 오히려 사용자의 부당노동행위 또는 불법행위가 될 수 있을 것이다[47].

제6절 쟁의행위와 근로관계

1. 파업과 근로관계

파업기간 중의 근무일 산정과 관련하여 정당한 쟁의행위인 경우에는 그 기간 동안 근로제공 의무를 일시 정지하는 효과를 발생하므로 그 기간이 소정근로일수에서 제외되지만 정당성이 없는 파업에 참가한 것은 정지적 효과가 발생하지 않으므로 그 기간이 소정근로일수에 포함되고 파업참가자는 결근한 것으로 보아야 할 것이다. 연월차 휴가와 관련하여서 출근여부는 이와 같이 평가하면 될 것이다.[48] 다만, 평균임금 계산을 위한 산정기간과 관련하여서는 노조법 제2조 제6호에 의한 쟁의행위기간은 평균임금 산정기간과 임금의 총액에서 각각 공제하여야 한다. 파업에 참가하더라도 근로계약관계는 소멸하지 않고 존속되므로 퇴직금 산정에 있어서 계속근로연수에는 아무런 영향을 미치지 않는다. 또한 상여금 청구의 기초가 되는 근로 일을 산정하는 데에 있어서 정당한 파업인 때에는 당연히 산입되어야 할 것이다.

---

47) 김유성, 앞의 책, p297.
48) 임종률, 앞의 책, p239.

2. 파업참가자와 임금

임금은 근로의 대가이므로 근로자의 근로제공이 없으면 사용자의 임금 지급의무도 발생하지 않는다(무노동 무임금원칙). 노조법 제44조 1항에서 사용자는 쟁의행위에 참가하여 근로를 제공하지 않은 근로자에 대하여 그 기간 중의 임금을 지급할 의무가 없다고 규정하여 이를 확인하고 있다. 지급할 의무가 없을 뿐이지 지급을 금지하는 것은 아니기 때문에 단체협약, 취업규칙, 당사자 간의 약정으로 임금을 지급하거나 사용자가 임의로 지급하는 것은 금지되지 않는다. 다만, 파업기간에 대한 임금지급 요구를 관철한 목적의 쟁의행위는 금지된다(노조법 제44조2항).

무노동 무임금 원칙에 따라 파업기간 중의 임금을 급여에서 공제함에 있어서 그 범위를 어디까지 할 것인가와 관련하여 학설의 대립이 있다. 일부 삭감설은 임금은 근로제공의 대가부분인 교환적 부분과 종업원으로서의 지위에 대한 대가부분인 보장적 부분이 있다고 전제(임금이분설)하면서 파업참가자에 대하여는 교환적 부분의 임금만 삭감할 수 있다고 한다.

반면, 전면 삭감설은 임금은 모두 근로의 대가로만 구성되어 있다는 것을 전제(노동력대가설)로 한 견해로서 반대의 특약 또는 관행이 없는 이상 어떠한 명목의 임금이라도 삭감할 수 있다고 한다[49].

계약 해석설은 파업참가자에 대한 임금을 삭감할 수 있는지의 여부는 당사자의 근로계약 내용에 따라 결정된다고 한다. 파업은 사용자에게 노무를 제공하지 않는 점이 결근자와 비슷하다는 점에 착안하여 평상시의 결근자와 동일하게 취급하여야 한다고 한다. 전면 삭감설은 평상시 결근자보다 불리하게 파업 참가자를 취급할 수 있기 때문에 부당노동행위의 문제까지 야기하

---

49) 대판,1995.12.21,94다26721.

므로 계약 해석설에 따르는 것이 바람직하다고 본다[50].

실적급의 근로자인 경우에는 파업에 참가하였더라도 업무실적에 전혀 변화가 없었다면 임금을 삭감하는 것이 부당할 것이다.

태업의 경우에 있어서 감속태업(slow-down)의 경우에는 태업으로 평상시의 생산량이 얼마나 감소하였는가에 따라 개별적으로 임금의 삭감범위를 결정하여야 한다. 그러나 태업의 경우에 있어서 사용자가 지시한 업무와 전혀 상관없는 일을 한 경우 즉 외근을 지시하였는데 내근을 한 경우 등에는 사용자가 지시한 근로를 제공하였다고 인정되지 않기 때문에 사용자는 대상기간에 대하여 파업과 동일한 방법으로 임금을 삭감할 수 있다. 임금을 공제하는 방법에 있어서 당월분의 임금을 공제하는 것은 당연한 것이고 차월분의 임금에서 지난 달의 임금에서 공제하지 못하고 지급한 금액만큼 공제할 수 있는가에 관하여 판례[51]와 행정해석[52]은 긍정하고 있다. 즉 초과 지급된 전달의 임금을 다음 달의 임금에서 정산하는 것은 임금 그 자체의 계산에 관한 것이므로 근로기준법에 위반된다고 볼 수 없다고 한다.

3. 파업불참자와 임금

파업불참자가 독자적으로 일할 수 있는 일거리가 있고 이를 수행하고자 하는데 사용자가 노무수령을 거부한 경우에는 사용자의 책임 있는 사유로 채무를 이행할 수 없게 된 때에 해당하므로 근로희망자는 임금청구권을 가진다. 근로희망자는 조합원이든 비조합원이든 불문한다. 사용자는 이 경우 임

---

50) 임종률, 앞의 책, p241.
51) 대판,1995.12.21,94다26721.
52) 노동부 행정해석, 임금1990.7.14,32240-9945.

금지급 의무를 면제받기 위해서는 정당한 직장폐쇄를 하여야 한다.

근로희망자가 할 수 있는 일이 없어서 수령을 거부한 경우나 노동조합의 쟁의권의 행사인 파업감시에 의하여 출입·조업이 저지되어 근로제공을 할 수 없는 경우 등에 있어서는 쌍방 당사자의 책임 없는 사유로 근로제공을 할 수 없게 된 때에 해당하므로 채무자 위험부담주의에 의하여 근로희망자의 임금청구권이 부정된다고 보아야 한다. 이 경우에 근로희망자가 비조합원인 경우에도 조합원과 차별취급 할 수 없기 때문에 임금청구권을 가지지 않는다[53].

4. 안전보호시설 등의 유지의무

생명·신체의 안전보호 시설에 대한 쟁의행위는 금지된다. 안전보호시설의 유지·운영을 저해하는 쟁의행위가 있을 경우에는 사용자가 그 정상운영을 확보하기 위하여 다른 근로자를 배치하더라도 이를 대체근로 금지위반으로 볼 수 없다.

안전보호시설에 대한 쟁의행위에 대해서는 행정관청은 노동위원회의 사전의결 또는 사후승인을 얻어 중지할 것을 통보할 수 있다(노조법 제42조3,4항).

2006년 12월 개정 전에는 중지명령이었으나 중지통보로 개정되어 과도한 행정관청의 쟁의행위 개입이라는 논란을 해소하였다. 안전보호시설이외에 작업시설의 손상이나 원료·제품의 변질 또는 부패를 방지하기 위한 작업은 정상적으로 수행되어야 한다고 규정(노조법 제38조2항)되어 있기 때문에 정상적인 작업을 요구하고 있다. 다만, 이들 시설은 행정관청이 중지통보를

53) 김형배, 앞의 책, p877.

발할 수 있는 대상에 속하지는 아니한다. 그러나 이를 위반하여 작업시설 손상이나 원료·제품변질 또는 부패방지를 위한 작업을 하지 않은 경우에는 1년 이하의 징역 또는 1천만원 이하의 벌금형을 받는다(노조법 제91조).

5. 쟁의행위 종료 후의 근로관계

파업의 종료와 더불어 근로계약관계는 다시 정상화되므로 파업에 참가했던 근로자들의 노무급부 의무와 사용자의 임금지급 의무는 원상태 대로 회복된다. 근로자가 노무제공을 거부하면 채무불이행의 책임을 져야 하고 사용자가 노무의 수령을 거부하면 수령지체의 책임을 져야 한다. 조업형태의 특수성 등으로 인하여 정상가동에 상당한 시일이 소요되어 즉각 조업을 재개할 수 없는 특별한 사정이 있다면 이는 법률적으로 휴업에 해당되는 것으로 보아야 하며 근로기준법 제45조 제1항의 사용자의 귀책사유의 유무에 따라 그 책임을 논해야 할 것이다[54].

근로자가 파업에 참가하였다는 이유로 불이익 취급을 하면 부당노동행위가 되므로 사용자는 이를 행할 수 없다. 그러나 위법한 쟁의행위를 한 근로자에 대하여는 해고 기타 불이익을 주는 행위를 하더라도 반드시 부당한 것은 아니다.

54) 김유성, 앞의 책, p310.

제 7 장 노동쟁의 조정

제 1 절 쟁의조정의 개념

1. 노동쟁의와 쟁의조정의 의의

노동쟁의라 함은 노동조합과 사용자 또는 사용자 단체간에 임금·근로시간·복지·해고 기타 대우 등 근로조건의 결정에 관한 주장의 불일치로 인하여 발생한 분쟁상태로서 당사자 간에 합의를 위한 노력을 계속하여도 더 이상 자주적 교섭에 의한 합의의 여지가 없는 경우를 말한다. 노동쟁의란 노사당사자가 근로조건의 결정에 관한 단체교섭의 결렬로 인한 분쟁상태를 말한다. 이러한 노동쟁의는 권리분쟁과 이익분쟁으로 구분하는 것이 일반적인데 권리분쟁은 법령이나 기존 단체협약의 해석·적용과 관련하여 발생한 노동쟁의를 말하고 이익분쟁은 단체교섭의 실패 단체교섭의 결렬로 인하여 발생하는 노동쟁의를 말한다. 권리분쟁에 대하여는 노동법원에서 관할하고 이익분쟁에 대해서만 알선·조정·중재 등의 조정절차가 적용된다.

노동쟁의의 대상은 근로조건의 결정으로 규정되어 있기 때문에 집단적 노사관계에 관한 사항은 노동쟁의의 대상이 될 수 없다. 노동조합 전임간부 등 집단적 노사관계에 관한 사항은 노동쟁의의 대상이 될 수 없다[1]. 그러나 법 규정상의 근로조건은 예시적인 것으로 보아야 한다는 점, 집단적 노동관계는 근로조건과 불가분의 관계에 있고 따라서 의무적 교섭사항으로 된다는 점에서 집단적 노동관계에 관한 사항도 노동쟁의의 대상이 될 수 있다는 견해가

1) 대판,1996.2.23,94누9177.

있다[2]. 그러나 집단적 노사관계에 관한 사항은 근로조건에 관한 사항이 아니기 때문에 의무적 교섭사항으로 볼 수 없다. 판례의 견해에서는 노동쟁의의 대상으로 인정될 수 없다. 결국 노동쟁의의 대상은 의무적 교섭사항인가 아닌가의 문제이다. 의무적 교섭사항이 아닌 임의적 교섭사항이 되면 본래 사용자가 일방적으로 결정할 수 있고 사용자가 임의로 교섭에 응하여 진행하여 왔더라도 언제든지 교섭을 거부할 수 있는 사항이어서 이에 대하여 노동위원회 등 제3자가 강제적으로 조정·중재를 하는 것은 월권이라 고 볼 수 있기 때문이다. 다만 당사자 쌍방이 임의적 교섭사항에 대하여 심지어 권리분쟁에 관한 분쟁의 조정·중재를 원하는 경우에는 노동쟁의에 준하여 사적인 조정·중재를 할 수 있다고 본다[3].

한편 쟁의조정이라 함은 노동쟁의에 제3자가 개입하여 노동관계 당사자 간의 문제해결을 촉진하도록 하여 당사자는 물론이고 국민경제에 큰 영향을 미치는 쟁의행위의 예방 내지 그 조속한 해결을 유도할 수 있도록 인정되고 있는 제도를 말한다. 외부의 제3자가 당사자 간의 단체교섭상 주장의 불일치를 조정하여 노동쟁의를 해결하기 위하여 노력하는 절차를 노동쟁의조정이라 한다. 단체교섭의 결렬로 인한 분쟁을 방치하면 노사 간의 갈등이 장기화되거나 쟁의행위가 일어난다. 노사관계는 원칙적으로 노사당사자가 자치적으로 문제해결을 하는 것이 바람직하다. 그러나 현실적으로 노사간에 이해의 대립이 첨예하여 자주적으로 해결되지 않을 경우 노동쟁의 조정을 거쳐 당사자간의 분쟁을 해결할 수 있도록 인정되고 있는 개념이 노동쟁의와 쟁의조정 개념이다. 쟁의조정은 노동쟁의 즉 당사자간의 단체교섭상의 주장의 불일치를 해결하도록 도와주는 절차이고 쟁의행위의 회피 또는 종결을 꾀하는

---

2) 임종률, 앞의 책, p173.
3) 이상윤, 앞의 책, p804.

절차이다[4].

2. 쟁의조정의 유형

(1) 조정방식에 의한 분류

쟁의조정은 노동쟁의에 대하여 조정자가 어떻게 개입하는가 하는 방식에 따라 알선(conciliation), 조정(mediation), 중재(arbitration)로 구분된다. 그 중 알선과 조정은 제3자가 당사자 간의 단체교섭이 합의에 도달할 수 있도록 조력하는 절차인 점에서 공통적이나 알선이 주로 교섭당사자간의 주장의 차이점을 정리하여 제시하는 정도에 그치는 점에 반하여 조정은 나아가 조정자 자신의 제안을 제시하는 정도에까지 개입하는 절차인 점에서 차이점이 있다. 그러나 오늘날 많은 나라에서 알선과 조정은 당사자의 동의에 의존하는 조정절차라는 점에서 질적으로 차이가 없는 것으로 이해하고 있다.

한편 중재는 제3자가 당사자의 주장을 듣고 당해 노동쟁의를 종결하는 결정을 할 수 있는 권한을 부여받은 절차인 점에서 알선, 조정과 다른 강력한 쟁의조정의 한 유형이다. 중재는 해결안(판정·중재)이 당연히 당사자를 구속하는 점에서 재판과 유사하다. 중재는 그 결정의 당사자의 권리와 의무를 정하는 내용을 포함하는 법적 노동쟁의에 관한 것이라면 그것은 기능면에서 판결과 유사하고 결정이 경제적 노동쟁의에 관한 것이라면 중재 재정은 단체협약을 대체하는 결과가 된다. 그리고 중재재정의 방식으로는 노동관계 당사자의 의견을 고려하여 재정을 행하는 전통적인 절충식 중재와 중재인이 노동관계 당사자가 각각 제출한 최종제안 중에서 또는 이와 함께 조정인이

4) 김유성, 앞의 책, p393.

나 사실 조사인의 권고안 중에서 하나를 선택하는 택일식 중재 등이 있다[5].

⑵ 사적조정절차와 법정조정절차

알선·조정·중재 등의 조정절차가 노동관계 당사자간의 합의에 의해서 사적으로 비롯된 것인가 아니면 법률에 의해 규정된 것인가에 따라 사적조정 절차와 법정 조정절차로 구분된다. 사적조정절차는 자주적 조정절차라고도 하는데 단체교섭이 교착상태에 이른 경우에 노사가 각각의 대표에게 또는 양자가 선정한 제3자에게 그 분쟁의 조정을 맡기는 절차를 말한다. 단체협약에 중재절차를 두고 있는 경우가 사적조정절차의 일반적인 예이다. 법정조정 절차는 국가가 산업평화의 유지 내지 노사관계의 안정화 등의 관점에서 법률에 의하여 쟁의조정을 위한 별개의 기구와 절차를 마련하고 노동관계 당사자나 공적 기관의 발의에 의해 분쟁에 대한 조정을 행하는 방식이다. 우리나라에서는 사적조정 절차가 아직 보편화 되어 있지 못하지만 미국에서는 단체협약 상 자주적 조정절차로서 고충처리와 중재절차 규정을 두고 있는 경우가 많다. 2006년 개정법에서 우리나라도 사적조정 절차를 전제로 규정들이 많이 보완되었다. 즉 제 노조법 제45조에서 사적조정을 인정하는 규정을 두고 동법 제52조에서 사적조정과 중재에 대하여 노동위원회법 제8조에 따라 공인노무사 등 일정한 자격요건을 가진 자가 노동관계 당사자로부터 수수료 수당 또는 여비 등을 받을 수 있도록 규정하고 있다.

---

5) 김유성, 앞의 책, p395.

(3) 임의조정절차와 강제적 조정절차

쟁의조정절차의 절차 개시 절차진행상의 행위 해결의 효력방식 등의 면에서 그 성격이 임의적인가 아니면 강제적인가에 따라 임의조정절차와 강제조정절차로 구분된다. 각국의 입법태도는 조정절차를 어떠한 목적으로 선택하는가에 따라 다르다. 당사자의 자유와 자주적 노동쟁의의 해결에 중점을 두는 국가에서는 임의적 요소가 강한 반면에 쟁의행위의 예방내지 회피에 중점을 두는 국가에서는 강제적요소가 강하다. 각국에서 주로 이익분쟁과 관련하여 어떠한 성격의 국가적 조정절차를 두고 있는가에 따라 여러 가지 조정정책 형태로 나뉘어 진다. 첫째, 오직 임의적 조정절차만이 채용되고 있는 경우로서 미국 등 다수의 나라가 취하고 있는 태도이다. 둘째, 국가적 조정절차로 임의적 절차를 두면서 동시에 필수부문 등 특정범주의 노동쟁의에 한하여 강제중재를 제한적으로 설정하는 경우가 있다. 셋째, 강제중재가 더욱 일반적으로 사용되는 경우로서 노동쟁의가 일반부문에서 발생한 것인가 혹은 필수부문이나 국가적 이익과 관련된 직무에서 발생한 것인가를 불문하고 알선이나 기타 사용 가능한 절차가 실패한 때에는 모두 강제중재가 사용된다[6]. 우리나라에서는 임의적 조정절차와 강제적 조정절차의 두 가지 모두를 택하고 있다.

---

6) 김유성, 앞의 책, p397.

3. 쟁의조정의 원칙

(1) 자주성

노사관계는 노사가 대등한 입장에서 노사 자치적으로 결정하는 것이 가장 바람직한 것이기 때문에 집단적 노사관계에 있어 가장 중요한 원칙이 노사자치 원칙이다. 헌법에서 노동3권을 보장하고 있는 것은 이를 통하여 노사가 실질적으로 대등한 지위를 확보하고 노사 간의 이해관계 및 분쟁을 자주적으로 해결하도록 하는 것을 목적으로 하고 있기 때문이다. 자주적 해결이 곤란하거나 불가능하게 되어 쟁의조정이 개시되더라도 그 조정기구나 절차는 노동관계 당사자의 자주적 해결을 촉진하여야 한다. 따라서 쟁의조정 중이라도 당사자는 자치적으로 해결이 가능하다.

(2) 신속성

노사 간의 분쟁해결 수단인 노동쟁의조정제도의 중요한 목적 중의 하나가 노사분규로 인한 쟁의행위가 가져오는 당사자 및 국민경제 전체에 미치는 부정적 영향을 줄이자는 데 있으므로 조정의 절차는 신속히 진행되어야 한다. 쟁의조정은 노동관계당사자가 쟁의행위에까지 이르지 않고 노동쟁의를 해결할 수 있도록 하거나 이미 쟁의행위가 개시된 경우에는 그 조속한 해결을 위하여 제3자가 조력하는 절차이어야 하기 때문이다.

(3) 공정성

쟁의조정은 노사 양당사자의 이해대립을 제3자가 개입하여 조정 해결하는 것이기 때문에 조정절차 진행 중에 그 조정은 당사자 모두 납득할 수 있도록 공정하게 행해져야 한다. 공정성이 문제된다는 것은 쟁의조정절차의 본래의 취지에 부합되지 않는 것이 된다. 따라서 쟁의조정은 신속성의 원칙이 있으나 공정성의 원칙 또한 중요한 의미를 가진다. 공정성은 양당사자가 느끼는 주관적인 문제이기 때문에 공정성을 기하기 위하여 쟁의조정기관의 자주성을 확보하는 것이 중요하다.

(4) 공익성

노동쟁의는 그대로 방치될 경우나 올바로 해결되지 않아서 쟁의해위로 나아갈 수 있으며 이에 따라 당사자 뿐 아니라 국가경제 등의 공익에도 나쁜 영향을 미칠 수 있다. 그러므로 노동쟁의조정은 당사자의 이익뿐만 아니라 공익의 측면도 고려하여 진행되어야 한다. 노동쟁의를 조정하는 위원회에 공익위원을 포함시키는 것은 이러한 의미가 있다.

4. 현행노동쟁의 조정제도의 특징

(1) 사적조정절차와 공적조정절차의 조화

우리나라 쟁의조정제도는 당사자 간의 자주적인 분쟁의 해결인 임의조정절차와 공적인 조직 노동위원회에 의한 공적조정 절차제도를 동시에 설정하고 있다. 노동관계 당사자는 쌍방의 합의 또는 단체협약이 정하는 바에 따라 자주적으로 사적 조정·중재절차를 이용할 수 있다. 또한 공적인 조정절차를 이용할 경우에는 노동위원회에 조정을 신청하고 노동위원회의 조정·중재를 받을 수 있다.

(2) 노동쟁의조정제도의 2단계 기본구조

우리나라 쟁의조정 절차는 종전에 알선·조정·중재의 3단계 절차를 거치도록 되어 있었으나 알선을 폐지하고 조정에 흡수시키면서 조정·중재의 2단계로 축소되었다. 조정은 당사자 일방의 신청에 의하여 개시되고 조정전치기간제도가 도입되었으며 조정위원회 또는 단독조정인, 중재위원회, 특별조정위원회 등이 구성되고 긴급조정 절차를 규정하고 있다.

(3) 자주적 조정노력의 강조

우리나라 노동쟁의 조정제도는 기본적으로 자주적인 조정절차를 우선시하고 있다. 노동쟁의조정에 대한 공적조정 절차가 규정되어 있더라도 노동관계 당사자가 직접 노사협의 또는 단체교섭에 의하여 근로조건 기타 노동관계에 관한 사항을 정하거나 주장의 불일치를 조정하고 이에 필요한 노력을 하는 것을 방해하지 아니한다(노조법 제47조)고 하여 자주적인 해결을 공적인 강제적인 조정절차보다 우선적인 것으로 강조하고 있다.

그러므로 공적인 조정절차가 진행 중이라 하더라도 양당사자가 조정절차의 중지를 요구하고 자치적으로 해결하기로 한 때에는 노동위원회는 당사자의 의견을 존중해야 하며 사적조정 절차가 진행되는 것을 방해할 수 없다고 해석된다(노조법 제52조).

제2절 법정조정 절차

1. 일반사업에 있어서의 법정조정

(1) 조 정

조정의 신청은 노동쟁의가 발생한 경우 당사자 일방이 상대방에게 통고하고 노동위원회에 서면으로 조정을 신청할 수 있다. 여기서의 노동위원회는 관할지방 노동위원회를 의미하며 2이상의 지방 노동위원회의 관할구역에 걸친 경우에는 중앙노동위원회에 신청해야 한다(노동위원회법 제3조1항). 조정을 신청하고자 하는 자는 노동쟁의조정신청서에 (a)사업장 개요 (b)단체교섭 경위 (c)당사자 간 의견의 불일치 사항 및 이에 대한 당사자의 주장내용 (d)기타 참고사항을 기재한 서류를 첨부하여 관할 노동위원회에 신고하여야 한다. 노동위원회는 조정신청의 내용이 조정의 대상이 아닐 경우 즉 권리분쟁인 경우에는 그 사유와 다른 해결방법을 알려 주어야 한다. 한편 노동부장관에 의한 긴급조정의 결정이 있는 경우에는 조정은 중앙노동위원회에 의하여 자동적으로 개시된다.

① 조정의 개시

노사관계 당사자 일방이 조정을 신청한 때에는 노동위원회는 지체 없이 조정을 개시하여야 하며 관계당사자 쌍방은 이에 성실히 임하여야 한다. 조정의 개시는 당사자 일방의 신청에 의하여 사실상 강제되는 것이 현행 법정 조정절차의 특징이지만 2006년 개정으로 당사자 일방에 의한 조정신청 전이라도 노동위원회가 원활한 조정을 위해 교섭을 주선하는 등 관계 당사자의 자주적인 분쟁해결을 위해 지원할 수 있다고 하여 조정신청 전이라도 조정활동을 할 수 있다고 규정하고 있다. 뿐만 아니라 조정이 관계 당사자 수락거부로 종료된 이후에도 노동쟁의의 해결을 위해 조정을 할 수 있다고 규정하여 조정을 상당히 폭넓게 할 수 있게 규정하고 있다. 이는 2006년 개정법에서 추가적으로 신설된 것으로 분쟁해결에 노동위원회가 적극적으로 개입하게 할 수 있게 한 취지이다.

노동위원회 위원장은 노동쟁의 조정신청이 있는 경우 지체 없이 당사자에게 조정위원 후보자명단을 통보하고 당사자가 희망하는 조정위원의 추천을 요구하여야 한다. 이 경우 기피신청을 할 수 있다는 뜻을 기재한 서면과 위원명단을 첨부하여야 한다. 또한 위원회는 (a)노동조합의 경우 노동조합의 개요 및 노동쟁의 발생에 관한 총회 또는 대의원회 회의록 (b)사용자 또는 사용자 단체의 경우 임금구조 체계표, 과거 3년간 대차대조표 및 손익계산서 (c) 기타 조정에 필요한 서류의 제출을 요구할 수 있다.

② 조정담당자

조정신청이 있을 경우 노동위원회는 당해 노동쟁의의 조정을 위한 조정위원회를 지체 없이 구성하여야 한다. 조정위원회는 3인의 위원으로 구성되며 당해 노동위원회의 위원 중에서 사용자를 대표하는 자 근로자를 대표하는 자 및 공익을 대표하는 자 각 1인을 그 노동위원회의 위원장이 지명하되 근로자를 대표하는 조정위원은 사용자가, 사용자를 대표하는 조정위원은 노동조합이 각각 추천하는 노동위원회의 위원 중에서 지명하여야 한다. 다만, 조정위원회의 회의 3일전까지 관계 당사자가 추천하는 위원의 명단제출이 없을 때에는 당해 위원을 위원장이 따로 지명할 수 있다.

노사를 대표하는 조정위원을 상대방 당사자가 지명하도록 하는 한 것은 조정위원회에 대한 노사 양 당사자의 신뢰와 협조를 높임으로써 조정의 효율성을 제고하기 위한 것이다[7]. 노동위원회의 위원장은 근로자를 대표하는 위원 또는 사용자를 대표하는 위원의 불참 등으로 인하여 제3항에 따른 조정위원회의 구성이 어려운 경우 노동위원회의 공익을 대표하는 위원 중에서 3인을 조정위원으로 지명할 수 있다. 다만, 관계 당사자 쌍방의 합의로 선정한 노동위원회의 위원이 있는 경우에는 그 위원을 조정위원으로 지명한다.

③ 조정기간

조정은 조정신청이 있은 날부터 일반사업에 있어서는 10일, 공익사업에 있어서는 15일 이내에 종료하여야 한다. 종전에는 냉각기간제도를 두어 일반사업에서는 10일 공익사업에서는 15일이 지나지 아니하면 쟁의행위를 행할 수 없도록 규정되어 있었으나 조정기간으로 변경하였다. 냉각기간은 당사자간에 단순한 기간설정으로 조정의 노력도 하지 않은 채 쟁의행위를 위한 준비기간으로 이용되는 문제가 있었기 때문에 변경하였다. 그러므로 당사자는 조정절차를 거치지 않고는 쟁의행위를 개시할 수 없게 되어 있다. 조정기간은 관계당사자간의 합의로 1회에 한하여 이를 연장하는 것이 가능하다. 조정위원회는 조정기간이 지났음에도 불구하고 당사자 쌍방이 조정의 계속을 요청한 경우 조정을 계속할 수 있다.

7) 김유성, 앞의 책, p405.

④ 조정의 방법

ⓐ주장의 확인 : 조정위원회 또는 단독조정인은 기일을 정하여 관계 당사자 쌍방을 출석하게 하여 주장의 요점을 확인하여야 하고 조정위원회의 위원장 또는 단독조정인은 관계 당사자와 참고인외의 자의 출석을 금할 수 있다.

ⓑ조정안의 작성 : 조정위원회 또는 단독조정인은 조정안을 작성하여 이를 관계 당사자에게 제시하고 그 수락을 권고하는 동시에 조정안의 수락을 간접적으로 강제하기 위해 노사당사자에게 권고한 조정안에 이유를 붙여 공표할 수 있으며 필요한 때에는 신문 또는 방송에 보도 등 협조를 요청할 수 있다.

⑤ 조정의 종료

조정은 조정안을 당사자가 수락하였을 때 종료되며 당사자가 수락하지 않고 거부하면 조정은 성립되지 않고 결렬된다. 조정안의 수락여부는 노사 양 당사자에게 달려 있다. 또한 조정위원회 또는 단독조정인은 관계 당사자가 수락을 거부하여 더 이상 조정이 이루어질 여지가 없다고 판단되는 경우에는 조정의 종료를 결정하고 이를 관계 당사자 쌍방에 통보하여야 한다. 그러나 2006년 개정법에 따라 노동위원회는 조정의 종료가 결정된 후에도 노동쟁의의 해결을 위하여 조정을 할 수 있다. 이는 노동위원회로 하여금 조정종료 이후에도 당사자 간의 분쟁해결을 위해 활동할 수 있는 여지를 남겨서 분쟁조정이 이루어지도록 하기 위한 취지로 인정되었다.

⑥ 조정의 효력

조정안이 관계 당사자에 의하여 수락된 때에는 조정위원 전원 또는 단독조정인은 조정서를 작성하고 관계 당사자와 함께 서명 또는 날인하여야 한다.

조정서의 내용은 단체협약과 동일한 효력을 가진다. 조정안이 관계 당사자의 쌍방에 의하여 수락된 후 그 해석 또는 이행방법에 관하여 관계 당사자 간에 의견의 불일치가 있는 때에는 관계 당사자는 당해 조정위원회 또는 단독 조정인에게 그 해석 또는 이행방법에 관한 명확한 견해의 제시를 요청하여야 하고 요청을 받은 조정위원회와 단독조정인은 그 요청을 받은 날부터 7일 이내에 명확한 견해를 제시하여야 한다. 조정안의 해석 또는 이행방법에 관한 견해가 제시될 때까지는 관계 당사자는 당해 조정안의 해석 또는 이행에 관하여 쟁의행위를 할 수 없다. 조정위원회 또는 단독 조정인이 제시한 해석 또는 이행방법에 관한 견해는 중재재정과 동일한 효력을 가진다.

(2) 중 재

① 중재의 개시

노동위원회는 관계 당사자의 쌍방이 함께 중재를 신청한 때, 관계 당사자의 일방이 단체협약에 의하여 중재를 신청한 때 등의 경우에는 중재를 행한다. 필수공익 사업장의 직권중재제도는 2008년 1월 1일부터 폐지되어 중재회부가 인정되지 않게 되었다. 대신 필수공익사업에서는 필수유지업무와 대체근로가 일정하게 허용되게 되었다. 당사자 일방이 단체협약에 의하여 중재를 신청하는 때의 단체협약은 일정한 요건 아래서는 중재를 신청하여야 한다거나 일방이 중재를 신청할 수 있다는 취지의 협약조항을 말한다. 단체협약에 의하여 당사자 일방이 중재를 신청하는 것은 임의중재에 해당되며 일반사업 뿐만 아니라 공익사업에서도 가능하다. 임의중재는 일반적으로 조정이 실패한 경우에 신청하지만 조정을 거치지 않고 신청하는 것도 가능하다[8]. 노동쟁의가 중재에 회부된 때에는 그 날부터 15일간은 쟁의행위를 할 수 없다.

② 중재담당자

노동쟁의의 중재 또는 재심을 위하여 노동위원회에 중재위원 3인으로 구성된 중재위원회를 둔다. 중재위원은 당해 노동위원회의 공익을 대표하는 위원 중에서 관계 당사자의 합의로 선정한 자에 대하여 그 노동위원회의 위원장이 지명한다. 다만, 관계 당사자 간에 합의가 성립되지 아니한 경우에는 노동위원회의 공익을 대표하는 위원중에서 위원장이 지명한다. 중재위원회에 위원장을 두며 위원장은 중재위원 중에서 호선한다.

③ 중재방법

중재위원회는 기일을 정하여 관계 당사자 쌍방 또는 일방을 중재위원회에 출석하게 하여 주장의 요점을 확인하여야 한다. 관계 당사자가 지명한 노동위원회의 사용자를 대표하는 위원 또는 근로자를 대표하는 위원은 중재위원회의 동의를 얻어 그 회의에 출석하여 의견을 진술할 수 있다. 중재기간에 대하여는 특별히 명문의 규정을 두고 있지 않으나 노동쟁의가 중재에 회부되는 등 중재 개시의 요건이 갖추어진 때에는 그날로부터 15일간은 쟁의행위를 할 수 없으므로 중재위원회에 대하여는 실질적으로 이 쟁의금지기간이 중재기간이 될 수 있다. 중재위원회의 위원장은 관계 당사자와 참고인 외의 자의 회의출석을 금할 수 있다.

④ 중재의 성립과 효력

ⓐ중재재정의 성립: 중재재정은 서면으로 작성하여 이를 행하며 그 서면에

8) 임종률, 앞의 책, p182.

는 효력발생 기일을 명시하여야 한다. 명문의 규정은 없으나 조정서와 균형상 중재위원회 위원 전원의 서명날인을 요한다고 보아야 한다.

(b)중재 재정 등의 확정 : 관계 당사자는 지방노동위원회 또는 특별노동위원회의 중재재정이 위법이거나 월권에 의한 것이라고 인정하는 경우에 상기의 불복방법으로 불복하지 않는 경우에 중재재정은 확정된다. 즉, 기간 내에 재심을 신청하지 아니하거나 행정소송을 제기하지 아니한 때에는 그 중재재정 또는 재심결정은 확정되며, 중재재정이나 재심결정이 확정된 때에는 관계 당사자는 이에 따라야 한다. 위반하면 벌칙이 적용된다.

(c)중재재정 등의 효력: 노조법 제68조 제1항에 따른 중재재정의 내용은 단체협약과 동일한 효력을 가진다. 기존에는 중재재정이나 재심결정이 확정되어야 단체협약과 동일한 효력을 가진다고 하였으나 개정으로 확정되기 이전에 단체협약과 동일한 효력을 인정하게 되었다. 이는 확정되기 이전에도 단체협약의 효력을 인정하자는 취지에서 마련된 규정이다. 노동위원회의 중재재정 또는 재심결정은 중앙노동위원회에의 재심신청 또는 행정소송의 제기에 의하여 그 효력이 정지되지 아니한다.

⑤ 중재재정의 불복

중재가 성립되면 당사자의 의사에 불구하고 당사자 쌍방은 구속되므로 중재재정에 대하여 불만이 있는 당사자는 조정과는 달리 중재재정을 거부할 수 없기 때문에 불복절차가 필요하다. 불복하는 당사자는 관할 노동위원회 또는 특별 노동위원회의 중재재정이 위법이거나 월권에 의한 것이라고 인정하는 경우에는 그 중재재정서의 송달을 날로부터 10일 이내에 중앙노동위원회에 그 재심을 신청할 수 있고, 또 중앙노동위원회의 중재재정이나 재심결정이 위법이거나 월권에 의한 것이라고 인정되는 경우에는 행정소송법 제20

조의 규정에도 불구하고 그 중재재정서 또는 재심결정서의 송달을 받은 날로부터 15일 이내에 행정소송을 제기할 수 있다.

2. 공익사업에 있어서의 법정조정

(1) 공익사업의 의의

공익사업이란 공중의 일상생활과 밀접한 관련이 있거나 국민경제에 미치는 영향이 큰 사업으로서 정기노선 여객운수사업 및 항공운수사업, 수도사업, 전기사업, 가스사업, 석유정제사업 및 석유공급사업, 공중위생사업, 의료사업 및 혈액공급사업, 은행 및 조폐사업, 방송 및 통신사업 등을 말한다. 항공운수사업과 혈액공급 사업은 2006년 개정시 추가적으로 공익사업으로 인정된 것으로 2008년 1월 1일부터 공익사업으로 시행된다. 이러한 공익사업은 국민경제에 미치는 영향이 크기 때문에 쟁의조정에 있어서도 일반사업에서의 그것과 다른 몇 가지 특별한 규율로 규정하고 있다. 즉 공익사업의 쟁의조정은 우선적으로 신속히 처리하여야 하며, 조정담당자는 조정위원회가 아닌 특별조정위원회가 담당하게 하고 있고 조정기간을 15일로 하여 일반사업보다 길게 하고 있으며, 긴급조정이 가능하게 하고 있다.

특히 필수공익사업은 공익사업으로서 그 사업의 정지 또는 폐지가 공중의 일상생활을 현저히 위태롭게 하거나 국민경제를 현저히 저해하고 그 업무의 대체가 용이하지 아니한 철도사업, 도시철도사업 및 항공운수사업, 수도사업, 전기사업, 가스사업, 석유정제사업 및 석유공급사업, 병원사업 및 혈액공급사업, 한국은행사업, 통신사업 등을 말한다. 2006년 개정으로 필수공익사업에 항공운수사업, 혈액공급사업 등이 추가되었으며 동 사업 등은 2008년

1월 1일부터 적용된다.

필수공익사업은 조정이 실패한 경우 노동위원회가 2007년 12월 31일까지는 직권중재에 회부할 수 있고, 2008년 1월 1일부터는 필수유지업무에 해당되는 일련의 보호를 받을 수 있다.

(2) 조정담당자

공익사업에 대한 노동쟁의조정은 특별조정위원회를 노동위원회에 구성하여 담당하도록 하고 있다. 특별조정위원회는 3인의 위원으로 구성하며 위원은 그 노동위원회의 공익위원 중에서 노동조합과 사용자가 순차적으로 배제하고 남은 4인 내지 6인중에서 노동위원회의 위원장이 지명한다. 다만, 관계당사자가 합의로 당해 노동위원회의 위원이 아닌 자를 추천하는 경우에는 그 추천된 자를 지명한다. 특별조정위원회에 위원장을 두며 위원장은 공익을 대표하는 노동위원회의 위원인 특별조정위원 중에서 호선하고, 당해 노동위원회의 위원이 아닌 자만으로 구성된 경우에는 그중에서 호선한다. 다만, 공익을 대표하는 위원인 특별조정위원이 1인인 경우에는 당해 위원이 위원장이 된다.

공익사업은 일반사업과 달리 공익 특히 공공의 일상생활이나 국민경제에의 영향도 고려하여야 하기 때문에 노동위원회의 공익위원만으로 구성하거나 노동위원회의 외부인사도 조정위원으로 참여할 수 있도록 한 것이다.

(3) 조정방법

공익사업에서의 조정방법은 일반 사업에서의 조정과 같다. 다만, 조정기간이 15일로 일반사업에서의 조정기간 보다 길다.

(4) 조정의 종결

특별조정위원회의 조정안을 당사자가 수락한 때에는 조정이 성립된다. 그러나 필수공익사업에 있어서는 직권중재 제도가 2007년 12월 31일까지 인정되는데, 조정이 성립될 가망이 없다고 인정한 경우에는 특별조정위원회는 결정에 의하여 그 사건의 중재회부를 당해 노동위원회에 조정기간 만료 이전에 권고할 수 있다. 노동위원회의 위원장은 특별노동위원회의 권고가 있는 경우에는 공익위원의 의견을 들어 그 사건을 중재에 회부할 것인가의 여부를 결정하여야 한다.

위의 이러한 특별규정은 필수공익사업의 노동쟁의에 대한 특별조정위원회의 조정이 실패한 경우에 직권중재에 회부하기 위한 절차를 규정한 것으로 직권중재에 회부하기 위해서는 특별조정위원회의 중재회부 권고가 있어야 하고 노동위원회 위원장의 중재회부 결정이 있어야 한다는 의미이다. 그러나 직권중재제도는 지나친 쟁의행위 제한이라는 측면에서 위헌 문제가 제기될 뿐만 아니라 ILO에서도 폐지 등의 주장이 야기되어 국제적인 추세에 맞추어 삭제하고 필수유지업무 제도를 도입하였다.

3. 긴급조정

(1) 의 의

긴급조정은 쟁의행위로 돌입한 노동쟁의에 대한 쟁의조정절차로써 노조법이 인정하고 있는 특별한 쟁의조정절차이다. 이미 시작된 쟁의행위가 대규모이거나 국민경제에 심대한 영향을 미치는 경우에 그 쟁의행위를 중지시키고 그 원인이 된 노동쟁의를 중앙노동위원회의 직권조정 또는 강제중재에 의하여 해결하는 비상한 절차이다.

(2) 긴급조정의 결정

노동부장관은 쟁의행위가 공익사업에 관한 것이거나 그 규모가 크거나 그 성질이 특별한 것으로서 현저히 국민경제를 해하거나 국민의 일상생활을 위태롭게 할 위험이 현존하는 때에는 긴급조정의 결정을 할 수 있다. 노동부장관은 긴급조정의 결정을 하고자 할 때 미리 중앙노동위원회 위원장의 의견을 들어야 한다. 또한 긴급조정을 결정한 때에는 지체 없이 그 이유를 붙여 이를 공표함과 동시에 중앙노동위원회와 관계 당사자에게 각각 통고하여야 한다. 당사자는 긴급조정의 결정이 공표된 때에는 즉시 쟁의행위를 중지하여야 하며 공표일 부터 30일이 경과하지 아니하면 쟁의행위를 재개할 수 없다.

(3) 조정개시와 중재회부

중앙노동위원회는 긴급조정 결정의 통고를 받은 때에는 지체 없이 조정을 개시하여야 한다. 중앙노동위원회의 위원장은 긴급조정이 성립될 가망이 없다고 인정한 경우 공익위원의 의견을 들어 그 사건을 중재에 회부할 것인가의 여부를 결정하여야 한다. 중재회부의 결정은 긴급조정 결정의 통고를 받은 날부터 15일 이내에 하여야 하며, 이 15일 동안 중앙노동위원회는 긴급조정을 할 수 있게 된다. 중앙노동위원회는 당해 관계 당사자의 일방 또는 쌍방으로부터 중재신청이 있거나 중앙노동위원회 위원장의 중재회부의 결정을 한 때에는 지체 없이 중재를 행하여야 한다.

제3절 사적조정 절차

1. 사적조정의 의의

노사간의 분쟁은 당사자간에 자치적으로 해결되는 것이 가장 바람직한 모습이다. 사적조정 제도는 당사자 간의 자율성을 보장하기 위해 노사당사자의 의사에 따라 노동위원회에 조정을 신청하지 않고 사인(私人)이나 임의단체에 조정과 중재를 해결해 주도록 요청함으로써 사적조정・중재인이 노사 간 분쟁을 해결하는 제도이다. 노조법은 당사자가 쌍방의 합의 또는 단체협약이 정하는 바에 따라 각각 다른 조정 또는 중재방법에 의하여 노동쟁의를 해결하는 것을 방해하지 않는다고 규정하여, 공익사업에 대한 특별조정 및 긴급조정의 경우를 제외하고는 공적조정・중재방법과 다른 사적조정・중재가 허용하고 있다.

2. 사적조정절차 및 방법

(1) 사적조정・중재절차

노사당사자는 조정 또는 중재의 모든 사적조정절차를 함께 규정할 수 있고, 그 중에서 하나의 절차만을 둘 수 있다. 사적조정절차는 각 기업체의 실정에 맞추어 여러 가지 형태로 활용할 수 있을 것이다. 예를 들면 단체교섭이 결렬되었을 때 자동적으로 개시될 수 있도록 규정할 수도 있으며, 노사당사자의 일방 또는 쌍방의 신청에 의하여 개시될 수 있도록 미리 합의할 수 있고, 더 나아가 공적조정절차가 개시된 후에도 사적조정에 관하여 합의할 수 있다. 이러한 당사자 간의 합의 또는 단체협약의 규정을 조정・중재협정이라고 한다. 조정・중재방법은 당사자의 합의로 자유로이 결정할 수 있으나, 조정전치주의의 규정, 조정기간에 관한 규정, 중재시의 쟁의행위 금지기간에 관한 규정은 그 적용을 배제할 수 없다. 이 경우에 노사 쌍방이 합의한 사적조정절차의 개시를 제한할 수 없으며 사적조정절차가 공적조정절차보다 우선하는 것으로 해석된다.

사적조정・중재절차 기간의 기산은 법정조정 절차가 당사자 일방의 신청이 있는 날부터 조정기간이 기산되는 것과는 달리 조정・중재절차의 개시에 의하여 조정기간이 기산된다. 사적조정이 개시되어 조정기간이 경과되면 당사자는 그 때부터 쟁의행위를 개시할 수 있다.

(2) 사적조정・중재방법

사적조정・중재방법은 현행법에는 아무런 규정이 없으므로 노사당사자가 자유로이 정할 수 있다. 조정·중재를 순차적으로 진행할 수도 있고 바로 제3자에게 중재를 의뢰할 수도 있다.

단체협약에 사적조정・중재에 관한 규정이 있으면 그 단체협약에 따라서, 단체협약에 규정이 없으면 필요시에 당사자 쌍방의 합의에 의하여 정할 수 있다.

(3) 공적조정제도로의 이행

노동쟁의 양당사자가 사적조정 결정신청을 하고 사적조정방법에 의하여 노동쟁의의 해결에 노력하였으나 노동쟁의가 해결되지 않는 경우에 공적조정·중재를 하여 줄 것을 노동부령이 정하는 바에 따라 관할 노동위원회에 신청할 수 있다. 이 경우 관할 노동위원회는 지체 없이 법정 조정·중재 절차에 따라 조정 또는 중재를 개시하여야 한다.

3. 사적조정 담당자

사적 조정인에 대한 자격은 노동위원회법 제8조 제2항 제2호의 각목에 규정된 자만이 할 수 있다. 사적조정인은 노동관계 당사자로부터 수수료 수당 또는 여비 등을 받을 수 있다. 구체적인 기준을 보면 공인된 대학에서 조교수 이상 재직한 자, 판사·검사·군법무관·또는 공인노무사로서 3년 이상 재직한 자, 노동관계 업무에 3년 이상 종사한 자로서 3급 또는 3급상당 이상의 공무원이나 고위공무원단에 속하는 공무원으로 재직한 자, 노동관계 업무에 10년 이상 종사한 자 4급 또는 4급 상당이상의 공무원으로 재직한 자, 기타 노동관계업무에 10년 이상 종사한 자 또는 사회적 덕망이 있는 자로서 조정담당공익위원으로 적합하다고 인정되는 자 등을 말한다.

4. 사적조정 · 중재의 효력

(1) 성립상의 효력

사적조정을 당사자가 수락하거나 중재가 성립되어 분쟁이 해결되었을 경우 양당사자와 조정인이 함께 서명 또는 날인하고 그 내용은 단체협약과 동일한 효력을 가진다.

(2) 조정전치기간 · 중재시 쟁의행위 금지

사적조정 시에도 공적조정과 마찬가지로 조정전치기간(일반사업 10일, 공익사업 15일)과 중재시 쟁의행위금지 규정(15일)이 적용된다.

(3) 사적조정 · 중재의 실패

사적조정 · 중재가 실패된 경우에는 공적조정 · 중재를 신청할 수 있고 이 경우 노동위원회는 지체 없이 노조법의 규정에 의한 조정 · 중재를 개시하여야 한다. 사적조정 중재의 절차를 거친 경우에는 노조법에 의한 조정과 중재를 거친 것으로 보기 때문에 노조법에 의한 조정 · 중재에 갈음한다고 보고 있다. 따라서 사적조정 · 중재가 실패한 경우에는 노조법의 규정에 의한 조정 · 중재를 강제하지 않는다. 따라서 일반사업 또는 필수 공익사업 이외의 공익사업에 있어서 사적조정이 실패한 경우에는 노조법에 의한 조정을 거친 것과 같이 보아서 그 실패에 이어 사적중재를 하기로 하였거나 임의중재의 개시요건이 갖추어지지 않은 이상 쟁의행위를 할 수 있다고 보아야 한다[9].

9) 임종률, 앞의 책, p187.

제 8 장 부당노동행위

제 1 절 부당노동행위 개념

1. 부당노동행위제도의 의의

(1) 의 의

부당노동행위라 함은 사용자에 의한 근로자의 노동3권에 대한 침해행위를 말한다. 부당노동행위 제도는 사용자의 부당노동행위로부터 근로자의 노동3권을 보호하기 위해 국가가 인정한 정책적인 공법상의 권리구제 제도이다. 부당노동행위제도는 원래 미국의 Wagner Act에서 인정되기 시작한 제도이다. 부당노동행위라는 용어는 Wagner Act에서 사용한 Unfair Labor Practice라는 용어를 일본이 도입하면서 부당노동행위로 번역하였고 우리나라에서도 그대로 사용되고 있는데 이는 정확한 용어가 아니다. 부당노동행위를 근로자의 불법행위 또는 사용자의 모든 부당한 행위로 오해하는 사람들이 많다. 이는 부당노동행위라는 어휘에 따라 부당한 노동관계행위가 아닌가 하는 생각에서 비롯되는 오해의 문제이다. 산업현장에서는 사용자가 임금을 제때 지급하지 않는다거나 해고시키는 경우에도 부당노동행위로 생각하는 사례가 많다. 그러나 그 본래의 의미는 노동3권에 대한 사용자의 침해행위로서 사용자의 반 조합적이고 불공정한 노동관행이라고 할 수 있다.

근로조건의 결정은 원래 근로자와 사용자가 대등한 입장에서 자유로운 분위기에서 이루어져야 한다. 그러나 실질적으로는 경제적 강자의 위치에 있는 사용자의 의사에 따라 결정되어 왔다. 산업사회가 발전되고 민주화가 진전되어짐에 따라 근로자와 사용자가 실질적인 평등의 문제로 해결하고자 근로자들이 단결체를 결성하고 이에 따른 단체교섭이 정당화되고 단체협약에 의해 근로조건이 결정되게 되었으며 단체교섭이 결렬될 경우 단체행동권이 보장되게 되었다. 이에 사용자는 경영의 능률성과 자신의 권익을 더 확대하기 위하여 근로자들의 단결체 결성과 단체교섭 및 쟁의행위 등에 개입하고 방해하고자 하는 행위를 자연스럽게 하게 되었다. 즉 노동3권에 대한 침해행위를 하게 된 것이다. 부당노동행위 제도는 사용자의 이러한 노동3권 침해행위를 하지 못하도록 하여 근로자와 사용자간의 대등한 지위를 확보하여 주고 그 대등한 지위에서 근로조건 등이 공정하게 결정되도록 하고자 하는 제도이다.

근로자의 노동3권은 그 본질상 사용자를 상대로 행사하는 것이 일반적이므로 국가에 의한 침해보다는 사용자에 의한 침해가 더욱 보편적이고 다양한 형태를 이루고 있다. 국가는 이러한 사용자에 의한 침해행위로부터 근로자의 노동3권을 보호할 의무를 지고 있으며 이러한 의무를 구체화한 것이 바로 부당노동행위제도이다. 즉, 부당노동행위라 함은 사용자가 근로자의 노동3권을 침해하는 행위를 말하며 부당노동행위제도라 함은 사용자의 부당노동행위로부터 근로자의 노동3권을 보호하기 위하여 국가가 정책적으로 설정한 일종의 공법상의 권리구제 제도이다[1].

(2) 연혁

① 미국의 부당노동행위

앞에서 본 바와 같이 부당노동행위제도는 원래 미국에서 생성·발전된 것

---

1) 대판,1988.12.13, 86다카1035.

이며 이것이 일본 노동법에서 도입되고 다시 우리나라에 도입되어 우리의 실정에 맞게 변형된 것이다. 그러나 미국식 부당노동행위제도를 채택하지 아니한 국가라 할지라도 사용자로부터의 노동 3권 침해에 대한 근로자 보호를 위한 제도 또는 정책을 보유하고 있지 아니한 것은 아니며 부당노동행위제도와 유사한 취지의 제도를 보유하고 있는 것이 일반적이다. 또한 ILO협약 제98호도 부당노동행위제도의 정립을 규정하고 있다.

미국의 부당노동행위제도는 루즈벨트 대통령시절에 1929년 세계공황 이후 경제재건을 위한 근로자들의 참여와 노동조합의 지지를 이끌어내기 위하여 노동조합 보호정책의 일환으로 1935년 와그너법에서 사용자의 부당노동행위로서 규정되었다. 이 최초의 부당노동행위제도는 사용자의 부당노동행위만을 금지하여 근로자의 노동3권을 보호하고자 하는 것에 주된 목적을 두었다. 와그너법은 그 후 1947년 태프트-하틀리법(Taft-Hartley Act)에 의해 개정되어 기존의 사용자의 부당노동행위와 함께 노동조합의 부당노동행위가 신설되었다. 이에 따라 부당노동행위제도의 체계는 근본적으로 전환되어 노동조합의 노동 3권의 남용을 방지하여 사용자의 재산권을 보호함으로써 노동3권과 재산권의 조화·균형을 통한 노사 간의 대등한 지위를 확보하고자 하였다.

태프트-하틀리법(Taft-Hartley Act)은 그 후 1959년에 제정된 랜드럼-그리핀(Landrum-Griffin Act)에 의해 개정되어 노동조합이 자신의 조합원에 대하여 부당노동행위를 하는 것을 제한함으로써 현재의 부당노동행위제도의 기본골격을 확립하였다.

② 우리나라의 부당노동행위

우리나라 부당노동행위제도는 미국의 Wagner Act의 부당노동행위제도를 계수하였다. 1953년 5월에 처음으로 노조법이 제정·공포되어 근로자의 단결권 등을 침해한 사용자의 행위와 단체교섭에 있어서 이를 거부하는 사용자 또는 노동조합의 대표자에게 형벌을 부과하는 부당노동행위 제도를 채택하였다. 즉, 당시의 노조법 제10조 제1항은 지배·개입을 동조 제2항은 조합원임을 이유로 하는 차별대우를 동법 제34조 제1항은 단체교섭의 거부(노사상호간)를 그리고 노동쟁의조정법 제10조는 근로자의 쟁의참가 및 노동위원회에의 신고·증언 등을 이유로 하는 차별대우를 각각 부당노동행위라고 하였다.

1963년에 노동관계법을 전면 개정하여 노동조합법과 노동쟁의조정법에 산재해있던 부당노동행위 규정을 노조법 제4장에서 독립된 하나의 장으로 하여 동법 제39조 내지 제44조에서 부당노동행위의 종류, 구제신청 및 구제명령에 관한 규정을 정비하였다. 비판을 받고 있던 제정 노조법상의 노동조합에 대한 단체협약 체결거부행위의 부당노동행위 성립규정을 삭제하였다. 또한 제정법 상의 과벌주의 대신에 노동위원회에 의한 행정적구제 즉 원상회복주의를 채택하게 되었고 노동위원회의 구제명령에 위반하는 경우에 한하여 벌칙을 부과하게 되었다.

1986년 노조법 개정 기존의 원상회복주의에 과벌주의를 신설하여 원상회복주의와 과벌주의를 병행하는 현재의 제도가 정립되게 되었다.

1997년의 노동관계법 전면 개정 시에는 종전의 체제를 그대로 유지하되 법조문이 변경되었으며 법원이 구제명령·긴급이행명령을 내릴 수 있도록 실효성 확보방안을 강구하였다.

2. 우리나라 부당노동행위제도의 특징

미국의 부당노동행위제도를 계수한 현행법의 부당노동행위 제도의 특징을 보면 다음과 같다.

첫째, 미국의 부당노동행위 제도를 따르고 있지만 미국 연방노동관계법과는 달리 부당노동행위의 주체 즉, 노동3권 침해행위의 부작위 의무는 사용자에게만 강제하고 있다. 근로자에 의한 부당노동행위 성립은 전제하지 않고 있다.

둘째, 부당노동행위의 효과적 구제를 위하여 구제전문기관으로서 노동위원회를 설치하여 행정적 구제를 인정하고 있다. 사법적 구제와는 별개로 인정하고 있는 특징이 있다. 그러나 미국과 같이 직권에 의한 부당노동행위의 소추나 구제의 권한은 가지지 않고 소추는 일반형사 건처럼 검찰의 권한에 속하고 구제절차는 피해자의 신청에 의하여 개시되고 진행된다. 특히 노동위원회 위원은 비상근체제로 운영되기 때문에 구제절차는 노동위원회가 주도하지 않고 당사자의 주도에 의하여 수행되는 경향이 있다.

셋째, 부당노동행위 구제 내용으로서 원상회복주의와 처벌주의를 병행하고 있다. 부당노동행위에 대한 강력한 대처로 임하고 있다는 특징이 있다. 즉 부당노동행위에 대한 효과적인 구제를 위하여 원상회복주의를 택하고 있고 금지된 부당노동행위 자체의 예방적인 조치를 위하여 처벌주의를 취하고 있다.

3. 부당노동행위의 주체와 요건

(1) 부당노동행위의 주체

부당노동행위는 사용자에 의한 단결 활동권에 대한 침해행위이기 때문에 그 행위의 주체도 또한 사용자이다. 부당노동행위 주체로서의 사용자에는 행위가 금지되는 사용자인 행위를 실행하는 사용자와 부당노동행위 구제명령을 받을 사용자 양자가 개념적으로 구분되어 논의될 필요가 있다. 노조법 제2조에서의 사용자는 사업주와 사업의 경영담당자 또는 그 사업의 근로자에 관한 사항에 대하여 사업주를 위하여 행동하는 자라고 포괄적으로 규정하고 있기 때문에 행위실행자와 구제명령 대상자로서의 사용자를 구분하는 것이 바람직하다.

① 행위금지의 사용자

부당노동행위를 가능한 금지하기 위해서는 금지의무의 주체로서의 사용자의 범위를 가능한 넓게 해석할 필요가 있다. 이에 노조법에서 말하는 사업주, 사업경영 담당자, 사업주를 위하여 행동하는 자 등 모두가 이에 해당한다고 보아야 한다.

부당노동행위의 금지의무자로서 사용자를 이보다 더 넓게 해석할 필요가 있다는 견해가 주장되고 있다[2]. 첫째, 원칙적으로 현재 근로관계에 있는 사용자이어야 하지만, 가까운 과거에 근로관계에 있었다거나 가까운 장래에 근로관계에 있게 될 자도 사용자가 될 수 있다고 한다. 합병과정에서 흡수회사가 그 예가 될 수 있다. 둘째, 근로계약상의 사용자는 아니지만 실제에 있어

---

2) 김형배, 앞의 책, p919.

서는 이와 유사한 지위에 있는 기업도 부당노동행위를 해서는 안 될 사용자에 해당된다고 한다. 모회사가 자회사에, 도급관계의 도급회사가 수급회사의 인사·노무 등에 지배력을 행사하는 경우 등이 그 예가 될 수 있다.

② 구제명령이행자로서의 사용자

부당노동행위의 구제명령은 사업주에게 행하는 것이 실질적인 효과를 발휘할 수 있다. 따라서 부당노동행위에 대한 구제명령을 받아야 할 사용자는 부당노동행위를 한 행위주체와는 달리 원칙적으로 사용자 가운데 사업주만이 해당된다. 주로 원상회복에 있어서 구제명령은 이렇게 사업주만을 사용자로 하더라도 충분하다. 그러나 부당노동행위에 대한 처벌에 있어서는 사업주만을 사용자로 하여서는 구제에 완전을 기할 수 없다. 따라서 처벌에 있어서는 사업주이외에 사업경영담당자 사업주를 위하여 행동하는 자가 부당노동행위의 주체가 될 수 있다.

(2) 부당노동행위의 요건

① 부당노동행위 의사

부당노동행위 가운데 황견계약은 부당노동행위의 의사가 당연히 내재하며 단체교섭의 거부 및 해태에 있어서는 부당노동행위의 의사가 문제되지 않는다. 그러나 불이익취급과 지배·개입에 있어서는 부당노동행위 의사가 문제가 된다.

불이익취급에 있어서 부당노동행위 의사가 필요한가와 관련하여 반 조합적 의도내지 동기가 필요하며 그 반 조합적 의사는 제반사정에서 추정되면 족하다는 견해와 부당노동행위 의사가 필요하지 않으며 근로자의 단결활동

등의 행위와 사용자의 불이익취급 사이에 객관적으로 인과관계가 있으면 족하다는 견해[3])로 나뉘어 있다. 후설에 따를 경우에는 너무 쉽게 부당노동행위를 인정하게 되는 것이 되어 무리가 있다고 보기 때문에 부당노동행위 의사가 필요하다는 의사필요설이 타당하다고 본다.

다만 의사설에 따르더라도 형법상의 고의의 수준까지는 필요하지 않다고 본다. 근로자가 정당한 단결활동 등의 행위를 했다는 사실의 인식 및 그 사실 때문에 그 근로자에게 불이익을 주려는 의욕이 부당노동행위 의사로 된다고 보아야 할 것이다. 또한 그 의사는 사용자의 행위에서 추정되는 추정의사로 족하다 할 것이다[4]).

지배·개입의 부당노동행위에 있어서 지배·개입의 의사가 있어야 하는가와 관련하여 반 조합적 의욕이나 자주성 침해의 목적이 필요하지 않다는 불요설과 사용자의 구체적인 반 조합적 의욕, 즉 지배·개입의 의사가 필요하다는 필요설로 나뉘어 있다. 필요설은 지배·개입의 의사는 추정의사로 족하다고 한다. 불이익취급과 지배개입의 의사에 대한 자세한 내용은 다음 제2절의 해당 부분에서 설명한다.

② 부당노동행위의 실행

부당노동행위가 성립되기 위해서는 부당노동행위가 구체적으로 실행되어야 한다. 행위의 주체는 앞에서 본 바와 같으며 행위의 양태는 노조법 제81조에서 규정하고 있는 바와 같이 5가지에 해당되어야 한다. 구체적인 행위가 여러 가지의 유형에 중복 해당될 경우도 많이 있을 수 있다. 다만 그러한 실행행위로 근로자나 노동조합의 단결활동 등 노동3권이 침해받아야 하는가

---

3) 김유성, 앞의 책, p237.
4) 임종률, 앞의 책, p262.

하는 점에 대해서는 현실적 침해의 결과발생이 필요하지 않다고 본다. 구체적인 실행행위는 해당부분에서 설명하기로 한다.

제2절 부당노동행위의 유형

노조법 제81조는 사용자의 행위 유형에 따라 다음과 같은 다섯 종류의 부당노동행위를 규정하고 이를 금지하고 있다.

1호, 근로자가 노동조합에 가입, 조직하거나 기타 정당한 조합활동을 한 것을 이유로 불이익을 주는 행위(불이익취급)

2호, 근로자가 노동조합에 가입하지 아니하거나 탈퇴한 것을 고용조건으로 하는 이른바 비열계약(yellow dog contract)을 체결하는 행위(황견계약)

3호, 노동조합과의 단체협약체결 또는 단체교섭을 정당한 이유 없이 거부 또는 해태하는 행위(단체교섭의 거부·해태)

4호, 노동조합의 조직 또는 운영에 지배·개입하거나 운영비를 원조하는 행위(지배개입)

5호, 근로자가 정당한 쟁의행위에 참가하거나 사용자의 부당노동행위를 신고한 것 등을 이유로 불이익을 주는 행위(보복적 불이익취급) 등을 부당노동행위로 금지하고 있다.

이들 유형들을 그 성격에 따라 구분하고자 하는 견해가 시도되고 있다. 근로자 개인에 대한 부당노동행위(불이익취급, 비열계약)와 노동조합에 대한 부당노동행위(단체교섭거부 및 지배·개입)로 구분하고자 하는 견해이다. 법외조합은 부당노동행위에 대하여 노동위원회에 구제신청을 할 수 없지만,

이 때문에 개인에 대한 부당노동행위의 규정에 의한 근로자의 보호를 부정하는 취지로 해석되어서는 아니 되므로 법외조합의 구성원 개인은 구제신청을 할 수 있다. 반면에 지배・개입으로 인하여 법외조합의 구성원이 임원선거에서 낙선된 경우에 개인에 대한 부당노동행위는 성립되지 않으므로 조합은 물론 당해 개인도 구제신청을 할 수 없게 된다. 이러한 점에서 개인에 대한 것과 노동조합에 대한 것을 구분하는 것이 의미 있다고 한다[5]. 구제신청권자를 판단하는데 의미가 있기 때문에 타당한 견해라고 본다. 이하 노조법 제81조에서 규정하고 있는 각 부당노동행위의 유형들을 살펴보기로 한다.

1. 불이익취급

(1) 의 의

불이익취급의 부당노동행위는 근로자의 노동조합 가입이나 조직 정당한 단체행동 참가 기타 정당한 조합활동을 이유로 또는 노동위원회 등에 대한 부당노동행위의 신고・증언・증거제출을 이유로 사용자가 그 근로자에게 불이익을 주는 행위를 함으로써 성립한다. 노조법 제81조는 부당노동행위로서 불이익 취급의 유형을 위와 같이 불이익취급의 이유에 따라 크게 2가지로 나누어 규정하고 있다. 즉, 근로자가 노동조합에 가입 또는 가입하려고 하였거나 노동조합을 조직하려고 하였거나 기타 노동조합의 업무를 위한 정당한 행위를 한 것(제1호) 또는 근로자가 정당한 단체행동에 참가한 것을 이유로 하거나 또는 노동위원회에 대하여 사용자가 이 조의 규정에 위반한 것을 신고하거나 그에 관한 증언을 하거나 기타 행정관청에 증거를 제출한 것(제5

5) 임종률, 앞의 책, p264.

호)을 이유로 하여 사용자가 그 근로자를 해고하거나 기타 불이익을 주는 행위를 부당노동행위로서 금지하고 있다. 제1호와 제5호 불이익취급의 사용자 행위는 그 내용은 동일하고 다만 그 원인에 있어 차이가 있을 뿐이다.

(2) 요 건

불이익취급의 원인행위로서는 첫째, 근로자가 노동조합에 가입 또는 가입하려고 하였거나 노동조합을 조직하려는 행위가 있어야 하고 둘째, 쟁의행위 참가 및 기타 노동조합의 업무를 위한 정당한 행위를 하였어야 한다. 셋째, 노동위원회에 부당노동행위 신고나 증언 행정기관에 증거 자료제출을 했어야 한다.

노동조합에의 가입 또는 가입하려고 하였거나 노동조합을 조직하려고 한 행위가 있어야 한다. 노동조합에의 가입이라는 것은 어느 근로자가 기존의 노동조합의 조합원이 되는 것을 의미한다. 가입의 대상이 되는 노동조합은 앞으로 탄생할 제2노조인 경우에도 마찬가지이다. 따라서 어느 노동조합의 조합원인 것을 이유로 하는 불이익취급에는 조합원을 비조합원과 차별하는 경우만이 아니라 다른 조합의 조합원과 차별하여 불이익취급을 하는 경우도 포함한다. 가입하고자 하는 노동조합은 기존의 노동조합이든 현재 조직중인 노동조합이든 불문한다.

근로자가 노동조합을 조직하려고 하였다는 것은 새로운 노동조합을 결성하려는 것을 의미한다. 이에는 노동조합 조직을 위한 준비행위가 당연히 포함되고, 나아가 근로자가 노동조합 조직의 의도로 취하였던 행동은 널리 준비행위로 해석하여야 한다. 여기서 말하는 노동조합은 노조법상의 자주성과 민주성을 갖춘 조합이어야 한다. 따라서 노동조합의 실질적 요건과 형식적 요건을 모두 갖춘 노조법상의 노동조합에 가입 또는 가입하려고 하였거나 이를 조직하려고 하는 경우를 뜻한다. 따라서 부당노동행위 당시에는 노동조합의 실질적 요건 또는 형식적 요건을 갖추지 못한 노동자단체에 불과할지라도 이를 노조법상의 노동조합으로 만드는 과정에 있는 노동자단체는 여기에서 보호하고자 하는 노동조합의 개념에 포함된다. 그러나 부당노동행위와 관련하여 노조법 제7조 제1항에서는 이 법에 의하여 설립된 노동조합이 아니면 노동위원회에… 부당노동행위의 구제를 신청할 수 없다고 규정하고 있기 때문에 구제신청을 할 수는 없다. 다만 제2항에서는 제1항의 규정은 제81조 제1호, 제2호 및 제5호의 규정에 의한 근로자의 보호를 부인하는 취지로 해석되어서는 아니 된다고 규정하고 있다. 따라서 사용자가 법외조합의 구성원에 대하여 불이익취급 또는 비열계약의 부당노동행위를 했을 때 법외조합은 노동위원회에 부당노동행위 구제신청을 할 수 없지만 피해 근로자는 부당노동행위 구제신청을 할 수 있다고 보아야 한다는 것이 통설의 견해이다[6].

쟁의행위 참가 및 기타 노동조합의 업무를 위한 정당한 행위를 하였어야 한다. 쟁의행위 참가와 조합활동은 정당성이 있어야 한다. 쟁의행위와 조합활동의 정당성은 쟁의행위의 정당성 조합활동의 정당성 부문에서 살펴본 바와 같이 해석해야 할 것이다. 그러나 부당노동행위에서의 쟁의행위와 조합활동의 정당성은 쟁의행위와 조합활동의 민·형사사건에서의 정당성 판단과 반드시 일치하는 것으로 볼 수는 없다. 민·형사사건에서의 정당성은 근로자나 노동조합의 행위에 대하여 어떠한 책임을 물을 것인가의 평가인데 반하여 부당노동행위 사건에서의 정당성은 권리의무 체계를 점검한 이후에 노사관계적인 점에서 어떻게 볼 것인가를 평가하는 것이다. 따라서 근로자가 정

6) 임종률, 앞의 책, p265 ; 김유성, 앞의 책, p366.

당하지 않는 쟁의행위에 참가하거나 정당하지 않은 조합활동을 한 경우에는 이를 이유로 사용자가 불이익처분을 하더라도 부당노동행위가 되지 않지만 그 불이익처분이 이례적이거나 상당성을 넘는 경우에는 불이익취급이 성립된다고 해석된다7).

노동조합의 업무에 해당하기 위해서는 노동조합 활동의 목적과 주체라는 측면에서 적정하여야 한다. 노동조합활동의 목적은 노동조합의 필요목적을 달성하기 위한 활동으로서의 단체교섭 및 단체행동 등은 당연히 노동조합의 업무에 해당되며, 조합간부의 선출, 회의에의 출석·발언·표결, 조합업무를 위한 출장 기타 노동조합의 간부 또는 일반조합원으로서 행하는 모든 행위도 이에 포함된다. 또한 노동조합의 임의목적을 달성하기 위한 활동으로서의 공제 · 수양 기타 복리사업이나 합창반 · 독서반 · 연극반 등의 조합원간의 취미활동도 노동조합의 업무에 해당됨은 물론이다.

노동조합을 위한 활동은 주체를 기준으로 노동조합의 행위와 조합원의 행위로 분류하여 볼 수 있다. 노동조합이 노동조합활동의 주체가 되는 경우는 단체교섭의 실시 단체협약의 체결 및 쟁의행위의 행사 등 노동조합이 직접 자신의 명의로 행하는 활동이나 또는 조합간부가 조합의 대리인으로서 하는 행위 등이 이에 포함된다. 노동조합은 단체교섭권 및 단체행동권의 보유 및 행사의 주체가 될 수 있으나, 조합원은 단체교섭권 및 단체행동권의 보유의 주체만이 될 수 있고 행사의 주체가 될 수 없다.

조합원 개인이 노동조합의 업무를 위한 행위를 하는 경우에는 노동조합의 명시적 · 묵시적 결의 · 지시 또는 수권이 있어야만 노동조합의 활동으로 인정될 수 있다는 견해가 있다. 판례에서도 노동조합의 활동이 정당하다고 하기 위해서는 행위의 성질상 노동조합의 묵시적 수권 또는 승인을 받았다고

7) 김유성, 앞의 책, p323.

볼 수 있는 것으로서 근로조건의 유지 · 개선과 근로자의 경제적 지위향상을 도모하기 위하여 필요하고 근로자의 단결강화에 도움이 되는 행위라고 판결하고 있다[8].

(3) 불이익 형태

근로자가 정당한 행위를 한 것에 대하여 사용자가 근로자에게 해고 및 기타의 불이익취급을 주는 행위를 하였어야 한다.

해고 및 기타의 불이익취급은 현실적인 행위나 조치로 행하여져야 하며 사용자가 단순히 불이익취급의 계획을 하고 있다든지 불이익취급의 의사를 표현하는 정도는 불이익취급의 부당노동행위로 인정되지 아니하며 지배개입의 문제로 된다[9]. 판례[10]도 불이익을 주는 행위란 해고 이외에 그 근로자에게 휴직 · 전직 · 배치전환 · 감봉 등 신분적 · 경제적으로 불이익한 대우를 하는 것을 의미하는 것으로서 어느 것이나 현실적인 행위나 조치로 나타날 것을 요한다고 할 것이므로 단순히 그 근로자에게 향후 불이익한 대우를 하겠다는 의사를 말로써 표시하는 것만으로는 노조법 제81조 제4호에 규정된 노동조합의 조직 또는 운영을 지배하거나 이에 개입하는 행위에 해당한다고 할 수 있음은 별론으로 하고 동법 제81조 제1호 소정의 불이익을 주는 행위에 해당한다고는 볼 수 없다고 하였다.

불이익취급의 행위란 통상적인 사례 또는 다른 근로자와 비교하여 볼 때에 불이익하게 처분하던가 또는 다른 근로자들에게 부여한 이익을 주지 않던가 하는 것 등이 모두 이에 해당된다. 불이익을 주는 사용자의 행위의 종류와

---

8) 대판,1992.4.10, 91도3044.
9) 김유성, 앞의 책, p330.
10) 대판,2004.8.30, 2004도 3891.

형태는 매우 다양할 수 있다. 불이익취급이라는 개념은 노동3권에 의하여 보장된 활동과의 상관관계에서 불이익하면 되는 것이므로 노동조합간부의 승급의 경우와 같이 사용자의 행위자체는 불이익한 것이 아니더라도 조합활동에 대해서는 불이익을 주는 때가 있음을 주의하여야 한다[11]. 사용자가 근로자의 노동조합활동을 혐오하거나 노동조합활동을 방해하려는 의사로 노동조합 간부 또는 적극적 조합원을 승진시켜 조합원 자격을 잃게 한 경우에는 승진의 시기와 조합활동의 관련성, 업무상 필요성, 능력의 적격성과 인선의 합리성 등의 유무와 당해 근로자의 승진이 조합활동에 미치는 영향 등 제반사정을 고려하여 부당노동행위로서 불이익취급의 여부를 판단하여야 한다[12]. 사용자가 노동조합 활동을 혐오한 나머지 근로자가 노동조합활동을 더 이상할 수 없도록 하기 위해서 행한 인사조치에 대하여 불응한 근로자를 해고 조치한 것은 조합활동을 저지하기 위한 불이익취급으로서 부당노동행위가 성립된다[13].

다만 근로자에 대한 승진조치가 회사의 정기 인사의 일환으로 승진대상자에 대한 합리적인 사정을 거쳐 행하여진 것일 때에는 비록 당해 근로자가 승진거부의사를 밝혔다하더라도 사용자가 인사질서의 문란을 무릅쓰고 이를 존중하여야 의무를 부담하는 것은 아니기 때문에 불이익취급으로 볼 수 없다[14]. 가장 일반적인 불이익취급의 사례로서는 해고가 있을 수 있고 기타 불이익취급 사례는 인사상의 불이익처분, 경제상의 불이익처분, 정신생활상의 불이익처분, 단결활동상의 불이익처분 등이 있을 수 있다.

---

11) 김형배, 앞의 책, p932.
12) 대판,1999.12.23, 97누18035.
13) 서울고판,1990.4.26, 89누4101.
14) 대판,1992.10.27,92누9418.

(4) 인과관계

근로자 정당한 행위를 한 것을 이유로 사용자가 불이익취급 행위를 하였어야 한다. 사용자의 불이익처분이 근로자의 정당한 단결권활동 등을 이유로 하여 행하여져야 한다. 이유로 한다는 것이 무엇을 의미하는가에 대하여는 학설이 나뉘어 있다. 부당노동행위의 의사를 가지고 불이익처분이 이루어져야 한다는 견해(의사설, 주관적 인과관계설)와 부당노동행위의 의사를 요하지 않고 근로자의 단결활동 등의 행위와 사용자의 불이익처분 사이에 객관적으로 인과관계만 있으면 된다는 견해(객관적 인과관계설)가 주장되고 있다.

의사설 내지 주관적 인과관계설은 근로자가 정당한 단결활동 등의 행위를 했다는 사실의 인식 및 그 사실 때문에 그 근로자에게 불이익을 주려는 의욕이 부당노동행위의 의사로 된다고 보아야 한다고 한다[15]. 우리나라의 소수설이나 일본에서는 통설의 견해이며 우리 대법원 판례[16]도 부당노동행위의 성립에는 부당노동행위의 의사가 필요하다고 한다. 부당노동행위의 의사는 사용자의 내심의 상태이고 사용자가 자신의 행위의 정당성을 대외적으로 명분화하기 때문에 노동위원회가 부당노동행위의 의사 존부를 확인하는 것은 사실상 불가능하다. 따라서 부당노동행위의 의사는 노동위원회가 노사관계의 경험법칙에 따라 제반사정에 따라 인정되는 추정적 의사로 족하다[17]. 따라서 평소에 노동조합을 혐오하는 등 부정적 반응을 보였을 경우 사용자의

15) 임종률, 앞의 책, p269.

16) 대판,1986.7.8,85누170.

17) 내심의 의사가 아니라 추정적 의사이기 때문에 사실 객관적 인과관계설의 주장, 즉 외부의 행위에 나타난 행위에서 객관적으로 추정되는 의사와 차이점이 없다고 볼 수 있다.

처분이 노동조합의 조직이나 의사결정에서 중요한 역할을 한 자를 대상으로 한 경우 사용자의 처분사유가 불명확하거나 불합리한 경우 처분이 종래의 관행에 비하여 이례적인 경우 처분 이후 노동조합 조직이 와해되거나 조합원의 단결활동이 위축되는 등의 경우에는 부당노동행위 의사가 있다고 추정된다고 한다[18].

객관적 인과관계설은 사용자의 의도 내지 동기는 요하지 않고 근로자의 단결활동 등의 행위와 사용자의 불이익처분 사이에 객관적으로 인과관계가 있어서 외부에 나타난 행위로부터 객관적으로 그 의사를 추정할 수 있으면 족하다고 한다. 이 견해도 사용자의 내심의 의도를 무시해야 한다는 것은 아니고 사용자의 반조합적 의사가 확인되는 경우에는 이를 고려하여 인과관계의 존부를 판단하고, 그 반조합적 의사는 제반사정에서 인정되는 추정적 의사라고 한다. 특히 이 견해는 근로자의 단결활동이 객관적으로 정당한데도 사용자가 주관적으로 이를 위법한 것이라고 오인한 경우에(위법성의 착오), 주관적 인과관계설에서는 반조합적 의도 내지 동기가 인정되지 않는 한 불이익취급의 성립을 부정하지만, 객관적 인과관계설에서는 불이익취급의 성립을 인정하게 되는 차이가 있다고 한다. 객관적 인과관계설은 주관적 인과관계설이 부당노동행위의 성립을 어렵게 하기 때문에 노동3권 보호를 목적으로 하는 부당노동행위제도의 취지에 부합되지 않는 견해이다고 비판한다[19].

생각건대 객관적 인과관계설과 주관적 인과관계설은 그 본질적인 면에서는 별로 차이가 없다고 본다. 객관적 인과관계설도 사용자에게 노동3권활동과 불이익취급 사이의 인과관계사실의 인식(의사)이 필요하다고 하며, 그 인식은 사용자의 불이익한 처분에서 추정되는 것이라고 한다[20]. 한편 주관적

18) 대판,1989.2.28, 89다카2567.
19) 김형배, 앞의 책, p936.

인과관계설도 내심의 의도를 말하는 것이 아니라 사용자의 의사가 사용자의 구체적인 행위에서 추정되는 추정의사로 족하다고 한다[21]. 다만, 객관적 인과관계설은 근로자의 단결활동과 사용자의 불이익처분행위 사이에 사용자가 그 단결활동에 대하여 인식하였으면 객관적인 의사가 추정되고 부당노동행위가 성립된다는 입장이고 주관적 인과관계설은 단결활동에 대하여 사용자가 인식하였더라도 부당노동행위 의사가 없이 불이익처분을 하였다면 부당노동행위가 성립되지 않는다는 입장이다[22].

불이익 처분이유의 경합이 문제된다. 즉 사용자의 불이익처분에 대하여 부당노동행위 의사를 추정할 만한 사정도 있고 근무성적 불량 등 다른 정당화 사유도 존재하는 경우에 부당노동행위가 성립하는가 하는 문제가 제기된다. 사용자가 특정 근로자의 단결활동에 대하여 혐오하고 반감을 갖고 있던 중에 당해 근로자가 비위행위를 저지르게 되자 해고하는 경우가 이에 해당된다. 이에 대하여 그 동안의 학설은 불이익취급을 할 수 있는 정당한 사유가 있는 경우에는 성립을 부정하려는 부당노동행위 성립부인설과 어느 사실이 불이익취급의 결정적 원인이었는가에 따라 판단해야한다는 결정적원인설, 단결활동과 불이익취급간의 상당인과관계가 있으면 성립한다는 상당인과 관계설 등이 주장되고 있다. 오늘날 상당인과관계가 있으면 불이익취급이 인정된다는 상당인과 관계설이 통설로 되어 있다[23].

---

20) 김형배, 앞의 책, p937.
21) 임종률, 앞의 책, p241.
22) 임종률, 앞의 책, p242.
23) 김형배, 앞의 책, p938 ; 임종률, 앞의 책, p242.

2. 비열계약

(1) 의 의

노동조합에의 불가입·탈퇴 또는 가입을 고용조건으로 하는 계약을 이른바 비열계약(yellow dog contract)이라고 한다. 노조법 제81조에서는 비열계약을 근로자가 어느 노동조합에 가입하지 아니할 것 또는 탈퇴할 것을 고용조건으로 하거나 특정한 노동조합의 조합원이 될 것을 고용조건으로 하는 행위라고 규정하고 있다. 비열계약, 황견계약, 반 조합계약 등으로 부른다.

비열계약의 내용은 반드시 근로계약 체결시에 약정될 필요는 없으며 일단 종업원이 된 후에 고용계속의 조건으로 약정하는 것도 마찬가지로 부당노동행위에 해당된다고 할 것이다. 또한 사용자가 근로자에게 조합에 가입하는 것은 허용하더라도 조합활동을 하지 아니하는 것을 고용조건으로 하는 계약을 체결할 경우에도 비열계약이라고 보아야 한다.

이것은 앞에서 설명한 해고 등의 불이익취급의 경우와는 달리 근로자가 황견계약을 위반하였을 경우 해고 등의 불이익취급을 필요로 하지 아니하며 단지 황견계약의 체결만으로 부당노동행위가 성립된다는 점에서 특징이 있다. 즉 불이익취급은 종업원이 된 자의 노동3권 보장활동을 억압하기 위한 것이라면 비열계약은 종업원이 되기 전에 단결활동을 봉쇄하려는 것이다. 비열계약은 강행규정인 노조법 제81조 제2호에 위배되므로 사법상 무효이다[24]. 따라서 이러한 황견계약의 합의를 위반하여 조합활동 등을 하더라도 계약위반의 문제가 발생하지 않는다.

---

24) 김형배, 앞의 책, p940. 황견계약의 약정만이 무효가 될 뿐이며 근로계약 전체가 무효로 되는 것은 아니다.

(2) 비열계약의 유형

① 노동조합에 가입하지 않을 것을 고용조건으로 하는 경우

모든 노동조합에의 불가입을 조건으로 하는 경우와 특정 노동조합에의 불가입을 조건으로 하는 경우가 모두 금지된다. 노동조합에 가입하는 것은 근로자의 헌법상 단결권의 가장 본질적인 것이므로 이를 금지하는 내용의 근로계약은 노동3권의 근본을 침해하는 행위로서 부당노동행위에 해당된다. 우리나라와 같이 기업별노조가 일반적인 나라에서 노동조합 활동 자체를 반대하는 사용자가 취할 수 있는 형태의 비열계약 유형이다.

② 노동조합탈퇴를 고용조건으로 하는 경우

우리나라의 노동조합은 대부분 기업별 조합이어서 고용 전의 미취업자는 조합원이 될 수 없으므로 조합에서의 탈퇴를 고용조건으로 하는 경우는 거의 없다 할 것이다. 그런 의미에서 조합으로부터의 탈퇴는 고용조건 뿐 아니라 종업원으로 고용된 자에 대한 고용계속의 조건을 포함하는 것으로 해석하여야 할 것이다. 다만, 비정규직근로자가 조합원인 경우 정규직으로의 고용조건에 노동조합 탈퇴를 요구할 수 있는데 이 경우에는 부당노동행위가 성립되는 예가 될 수 있을 것이다.

③ 특정한 노동조합의 조합원이 될 것을 고용조건으로 하는 경우

이것은 복수노조체제하에서 일어날 수 있는 부당노동행위 유형이다. 미국에서 자주 일어나는 유형으로 단체교섭권을 위한 투표에서 사용자가 원하는 노동조합으로 단체교섭권을 유도하기 위하여 신규 채용자에게 특정노동조합에 가입할 것을 조건으로 하는 근로계약을 행하는 경우에 성립되는 부당노

동행위 유형이다. 주로 사용자가 근로자에게 특정 조합에의 가입을 강요하거나 또는 다른 조합에의 가입을 방해하고 자주적인 조합의 조직을 약체화시키거나 어용조합을 확장하고자 하는 경우 등도 여기에 해당된다.

다만, 노조법 제81조 제2호 단서는 노동조합이 당해 사업장에 종사하는 근로자의 3분의 2이상을 대표하고 있을 때에는 근로자가 그 노동조합의 조합원이 될 것을 고용조건으로 하는 단체협약의 체결은 예외로 하며라고 하여 유니온 숍 협정[25]은 부당노동행위가 아니다고 규정하고 있다. 다만 이 경우 사용자는 근로자가 당해 노동조합에서 제명된 것을 이유로 신분상 불이익한 행위를 할 수 없다고 하여 당해 노조에서 제명된 것을 이유로 불이익한 행위를 하지 못하도록 하여 노조집행부에 의한 임의적 해고를 방지하고자 하고 있다. 특히 단서규정 후단을 2006년 12월 개정하면서 이 경우 사용자는 근로자가 그 노동조합에서 제명된 것 또는 그 노동조합을 탈퇴하여 새로 노동조합을 조직하거나 다른 노동조합에 가입한 것을 이유로 근로자에게 신분상 불이익한 행위를 할 수 없다고 개정하여 복수노조의 허용과 더불어 복수노조에 따라 기존 노조에서의 제명, 탈퇴나 다른 노조에의 가입 등으로 근로자에게 불이익을 주는 것이 없도록 규정하고 있다. 동 단서 규정은 2010년 복수노조 허용과 더불어 시행된다.

유니언 숍 협정은 노동조합의 단결강화를 위해서 이루어지는 것이므로 이에 대하여 사용자의 부당노동행위를 인정하지 아니하는 것이 오히려 근로자의 단결권을 더욱 보호할 수 있으므로 특정 조건이 충족되는 경우에는 이를 당연히 부당노동행위로 보지 아니하겠다는 것이 노조법의 취지이다. 그러나 단체협약이 아닌 취업규칙이나 근로자 개개인과의 합의를 통하여 특정 노동

---

25) 대판,1989.1.17,87다카2646에서 취업규칙에 union shop협정을 두는 것은 허용되지 않는다.

조합의 조합원이 될 것을 고용조건으로 하는 행위는 부진정 비열계약의 부당노동행위가 된다[26].

유니언 숍 협정은 일정한 경우에 노동조합의 단결력을 강제하기 위하여 인정되는 것이기 때문에 사용자가 일정한 기간 내에 노동조합에 가입하지 아니하는 자 또는 노동조합으로부터 탈퇴 또는 제명된 자는 해고하는 것이 원칙이다. 그러나 노조법 제81조 제2호 단서 후단은 사용자는 근로자가 당해 노동조합에 제명된 것을 이유로 신분상 불이익한 행위를 할 수 없다고 규정하고 있어 단결강제에 따라 일부 일어날 수 있는 노조 집행부에 의한 반대파의 제명과 해고로부터 근로자를 보호하기 위한 조치로 보인다.

3. 단체교섭

(1) 의 의

노조법 제81조 제3호는 단체교섭의 거부와 해태를 부당노동행위의 한 유형으로 규정하고 있다. 즉, 노동조합의 대표자 또는 노동조합으로부터 위임을 받은 자와의 단체협약체결 기타의 단체교섭을 정당한 이유 없이 거부하거나 해태하는 행위를 부당노동행위로서 금지하고 있다. 헌법상 노동3권의 보장은 궁극적으로 단체교섭을 통한 단체협약의 체결로 실현되므로 사용자에게 단체교섭을 강제적으로 실시하게 하고 그 결과를 단체협약으로 체결하도록 함으로써 헌법이 노동3권을 보장하는 목적을 달성하고자 하는 것이다.

사용자의 단체교섭의무는 성의를 가지고 교섭에 임할 것을 요구하는 것에 국한되며 반드시 교섭을 타결시켜 단체협약을 체결할 의무까지 갖는 것은

26) 임종률, 앞의 책, p273.

아니다. 단체교섭을 계속하였으나 당사자 간의 주장이 첨예하게 대립하여 더 이상 교섭을 계속하는 것이 무의미한 것이 명백해진 경우 즉 이른바 교섭결렬 상태로 된 경우에는 단체교섭을 중단하더라도 단체교섭의 거부는 아니다. 그러나 교섭이 타결되어 당사자 간의 합의가 성립된다면 이를 서면으로 작성하고 단체협약에 서명·날인을 하여야 한다. 이것을 거부하면 단체교섭 거부로 인한 부당노동행위에 해당된다고 보는 것이 일반적이다.

현행법에서는 구법에서와 달리 노동조합에도 성실교섭의무 즉 권리남용금지 정당한 이유 없는 교섭 또는 단체협약의 체결을 거부하거나 해태금지 등 교섭에 응할 의무가 부여되었다. 그러나 노동조합의 부당노동행위가 도입된 것은 아니므로 노동조합이 단체교섭을 거부하더라도 부당노동행위에 해당하지는 않는다.

다만, 그러나 노동조합도 단체교섭의 주체로서 사용자와 성실히 교섭할 의무가 있으며 정당한 이유 없이 교섭을 거부하거나 해태하는 것은 바람직하지 않다.

(2) 요 건

① 사용자가 단체교섭을 거부하거나 해태하는 행위

사용자란 사업주 또는 법인의 대표와 같이 단체교섭의 사용자측 당사자로써 담당자의 지위에 있는 자를 말한다. 단체교섭의 당사자와 담당자 문제는 단체교섭에서 논의한 내용과 동일하다.

단체교섭을 거부하거나 해태하는 상대방은 노동조합의 대표자 또는 노동조합으로부터 단체교섭권한을 위임받은 자를 말한다. 따라서 노조법상의 노동조합이 아닌 근로자단체에 대하여는 단체교섭을 거부하더라도 부당노동행위가 되지 않는다.

단체교섭을 거부 또는 해태하는 행위란 사용자가 노동조합과의 대면을 거부하고 서면에 의해서만 요구사항을 수취하겠다고 하는 것, 노동조합의 요구사항을 듣기만 하고 아무런 적극적인 대응을 하지 않는 것, 사용자측 교섭담당자에게 노동조합과 단체교섭의 타결점을 이끌어 낼 수 있는 실질적인 권한을 위임하지 않은 것, 교섭사항에 대하여 의견의 일치를 보았음에도 불구하고 단체협약에 서명·날인을 거부하는 것 등을 말한다.

② 단체교섭을 거부·해태할 수 있는 정당한 사유

단체교섭을 거부할 수 있는 정당한 사유란 사용자가 노동조합 측의 단체교섭요구에 대하여 거부하거나 해태할 수 있는 정당한 사유로서 부당노동해위성립을 조각할 수 있는 사유를 말한다. 정당한 사유의 존부는 부당노동행위제도가 사용자에게 성실한 단체교섭 의무를 부과하고 있는 이상 사용자에게 그와 같은 의무의 이행을 기대할 수 있느냐에 따라 구체적으로 판단하여야 한다[27]. 따라서 정당한 사유가 있느냐를 판단하는 대는 교섭상대방인 근로자측과의 관계에서 문제가 되므로 사용자측의 일방적 행위만을 보고 일방적, 추상적으로 판단할 수 없고 교섭 양측의 태도를 보고 종합적으로 판단하여야 한다. 판례[28]도 노동조합측의 교섭권과 교섭시간, 교섭사항 및 교섭태도 등을 종합하여 사회통념상 사용자에게 단체교섭의무의 이행을 기대하는 것이 어렵다고 인정되는지 여부에 따라 판단하여야 한다고 한다.

단체교섭을 거부할 수 있는 정당한 사유에 대한 구체적 사례로서는 단체교섭을 신청한 노동조합과의 관계에서 사용자의 지위에 있지 않은 경우, 교섭권

27) 김형배, 앞의 책, p947.
28) 대판,1998.5.22,97누8076.

한이 없는 노동조합의 대표나 그로부터 위임 받은 자가 교섭을 요구하는 경우, 노동조합이 제시한 교섭의 일시·장소·인원수가 부당하여 신중한 협의를 할 수 없는 경우, 단체교섭담당자가 협약체결권한을 갖지 못하고 교섭권만 갖고 교섭에 임하는 경우[29], 의무적 교섭사항이 아닌 사항에 대한 단체교섭을 요구하는 경우, 단위노조와 연합 단체간에 교섭권한의 조정이 이루어지지 않은 경우 등을 들 수 있다. 이러한 사례의 경우에는 사용자는 단체교섭을 정당하게 거부할 수 있으며, 정당한 거부는 부당노동행위가 되지 않는다.

사용자가 교섭을 진행하다가 교섭을 중단할 수 있는 정당한 사유를 구체적으로 살펴보면, 노조측의 교섭담당자의 수가 부당하게 많아서 이의 시정을 요구하는 경우, 노동조합이 당사자 간의 합의에 의해 성립하거나 관행적인 교섭원칙을 무시한 경우 또는 장시간에 걸친 협의의 결과 심신이 피로하거나 더 이상 정상적인 협의가 기대할 수 없는 경우 등을 들 수 있다. 이들의 경우는 사용자가 단체교섭을 거부할 수 있는 정당한 사유가 된다[30].

4. 지배개입·경비원조

(1) 의 의

노조법 제81조 제4호는 근로자가 노동조합을 조직 또는 운영하는 것을 지배하거나 이에 개입하는 행위와 노동조합의 전임자에게 급여를 지원하거나 노동조합의 운영비를 지원하는 행위를 부당노동행위로서 금지하고 있다.

---

29) 대판,1998.1.20,97도58에서는 단체협약에 총회인준 조항을 둔 경우에 이를 이유로 노동조합 대표자와의 단체교섭을 거부한 것은 단체교섭거부의 정당한 이유가 있다고 보고 있다.

30) 김유성, 앞의 책, p351.

이 규정의 취지는 사용자가 행하는 노조의 결성 또는 운영에 대한 일체의 간섭행위 또는 조직약화 행위를 금지함으로써 노동조합의 자주성·독립성을 보호하고자 하는 것이다. 다른 부당노동행위가 근로자의 자주적인 노동3권 행사 자체를 직접 방해·침해하고 있는데 반하여, 지배·개입의 경우는 근로자의 노동3권 행사 자체는 인정하되 이를 사용자가 지배·개입하여 노동조합이 원하는 방향으로 움직이게 함으로써 간접적으로 노동3권의 행사를 침해하고 있는 것이다.

지배개입과 함께 노조전임자에의 급여지원 및 운영비원조를 규정하고 있는데 노조전임자에 대한 급여지원이나 운영비 원조 역시 사용자의 노조의 활동에 대한 일종의 지배 내지 개입이라는 점에서 같으며 다만 그 태양이 재정적 지원의 방법으로 행하여진다는 점에서 다른 지배개입과 차이점이 있을 뿐이다. 같은 지배개입의 유형으로 포함하여 규정되고 있는 것이다.

지배와 개입의 개념에 대하여 구분하는 것이 일반적인데, 지배는 상대방의 의사결정을 좌우할 정도의 행위를 말하고 개입이란 그 정도에 이르지 않는 것으로서 자신이 관여할 수 없는 문제에 대해서 간섭하는 행위라고 한다. 그러나 지배개입을 개념상 구분하더라도 양자에 대하여 법률상의 효과에는 아무런 차이가 없고 노동위원회에서의 구제명령에 있어서도 이 구별이 어떤 기준적 역할을 하는 것은 아니기 때문에 양자를 통틀어 지배·개입이라는 용어로 포괄적으로 사용하고 있다[31].

(2) 지배·개입의 성립

① 지배·개입의 주체

31) 김형배, 앞의 책, p948 ; 김유성, 앞의 책, p352.

지배 · 개입의 주체가 되는 자는 ㉠사업주 자신은 물론이고, ㉡회사임원, 지배인, 지점장, 공장장 및 영업소장 등 상급 감독자나 부과장 등 상급관리 직원의 행위는 사업주의 명확한 위임 또는 수권이 없더라도 사용자에 해당되며, ㉢계장, 주임 및 반장 등의 하급 관리자의 행위는 사용자의 지시 또는 명시적 · 묵시적 승인하에 사용자의 행위로 간주된다고 하며, ㉣기타의 제3자는 사용자와의 통모나 구체적이고 명확한 지시나 위임이 있는 경우에만 사용자의 행위로 보아야 할 것이다[32].

② 지배 · 개입의 요건

(a) 지배 · 개입행위의 존재

노동조합의 조직 · 운영에 대한 지배 · 개입행위가 있어야 한다는 의미는 노동조합의 조직운영에 사용자의 관여행위가 있어서 노동3권의 침해위험이 있어야 한다는 것이다. 노동조합의 조직 · 운영이라는 개념은 헌법상의 단결권 행사에 국한된 것으로 해석될 수도 있으나 이는 단결권 단체교섭권 및 단체행동권 행사 전체를 대상으로 하는 포괄적인 개념으로 보아야 할 것이다. 즉 노동조합의 운영에는 조합의 내부적 운영뿐만 아니라, 단체교섭, 쟁의행위, 고충처리 등의 대사용자 활동, 선전, 계몽, 교육활동 등의 대내적 활동과 각종 문화활동 등의 대외적 활동도 포함된다고 보아야 한다. 한편 지배 · 개입이라는 개념은 앞에서 본 바와 같은 개념으로 이해하여야 할 것이다. 따라서 지배와 개입행위를 별도 구별할 필요 없이 동일하게 부당노동행위를 성립하게 할 것이다.

지배 · 개입행위의 구체적 유형으로는 노동조합의 조직에 대한 것은 적극

32) 임종률, 앞의 책, p275.

적으로 노동조합의 결성을 방해하는 행위와 소극적으로 특정 노동조합의 결성에 편의를 제공하거나 원조하는 행위가 될 수 있다. 조합운영에 대한 지배·개입은 조합행사에 대한 간섭과 방해, 조합원의 조합활동 참가에 대한 방해 조합활동 참가자에 대한 불이익대우 반조합적 의견표명과 조합비난 해고를 다투는 조합장의 대표성 부정 임원선거에의 간섭 등이 있다.

(b) 지배·개입 의사

지배·개입행위에 있어서 간섭·방해행위를 하는 사용자에게 반조합적 의욕이 필요한가 하는 문제가 지배·개입의 의사의 문제인데 불요설과 필요설로 나뉘어 있다. 지배·개입의 부당노동행위는 결과의 발생을 요하지 않으므로 사용자가 결과를 인식할 필요는 없다는 점에 대해서는 불요설이나 필요설이나 일치하고 있다.

불요설은 사용자가 자신의 간섭·방해행위를 인식한다는 것은 필요하고 그로써 족하지만, 반조합적 의욕이나 의도를 말하는 것은 아니라고 한다. 그러나 불요설도 일정한 의사는 필요하다고 한다. 즉 부당노동행위는 단순한 무의식적인 반사적 동작이 아니라 사용자의 의사에 기초를 둔 언동이기 때문에 부당노동행위에 대한 인식으로서의 의사는 필요하다고 한다[33].

한편 필요설은 불요설이 주장하는 자신의 행위에 대한 인식이 주관적 요소로서 독자적인 의미가 있는지 의문을 제기하면서 자신의 행위가 부당노동행위의 일환으로 하려는 의사가 필요하다는 주장을 하고 있다. 즉, 노동조합조직이 비밀리에 진행되고 있는 것을 사용자가 정말 알지 못한 채 그 중심인물을 전근시킨 경우에 사용자가 자신의 행위를 인식하고 있지만 그렇다고 하여 지배·개입의 부당노동행위가 성립된다고 볼 수 없다고 한다[34]. 생각

33) 김형배, 앞의 책, p950.

건대 부당노동행위로서 지배・개입에도 의사가 필요하다는 필요설이 올바르다고 본다. 다만, 불요설도 사용자의 행위 속에 의사가 내재하는 것으로 추정되면 되는 것이라고 보기 때문에 필요설의 주장내용과 실질적으로 차이가 없다고 본다.

(c) 지배・개입의 결과 발생 위험성

사용자의 지배・개입행위 이외에도 이러한 지배・개입행위로 인한 노동3권 침해의 결과가 발생하여야 하는가 즉 지배개입행위가 되려면 사용자의 지배・개입행위 자체만 있고 그 행위의 결과 노동조합 조직과 운영에 자주성이 침해되는 결과가 발생하지 않더라도 부당노동행위가 성립하는가 어용조합의 결성 또는 노동조합의 약화 등 구체적이고 현실적인 결과 또는 손해가 근로자에게 발생할 것이 필요한가의 문제가 있다.

노조법 제81조 제4호의 입법취지는 사용자의 지배·개입행위만으로도 부당노동행위의 성립을 인정하려는 것이며 또한 부당노동행위제도가 민사법에 있어서와 달리 이미 발생된 손해의 배상보다는 근로자의 노동3권 보호 자체에 그 목적을 두고 있으므로 구체적인 결과나 손해의 발생을 요건으로 하지 아니한다고 보아야 할 것이다.

(d) 지배・개입의 특수한 형태

사용자의 시설관리권 행사로 노동조합이 기업시설에 부착한 벽보 등을 사용자가 철거하는 것과 노동조합의 집회를 사용할 장소 사용신청을 하지 않는 경우에 부당노동행위가 되는가의 문제가 있다. 단체협약에 사용에 대한 합의가 되어 있지 않는 경우에 한하는 문제이지만, 조합활동에 대하여 수인

34) 임종률, 앞의 책, p275.

의무설에 따를 경우에는 사용자의 행위는 정당한 조합활동에 대한 침해행위로서 지배개입이 된다고 본다[35]. 한편 위법성 조각설의 입장에 있는 견해는 조합활동으로 불가결하여 정당성이 인정되더라도 노동조합이 기업시설에 벽보를 부착할 권한을 가지는 것은 아니기 때문에 사용자의 철거가 정당한 절차와 방법에 의한 이상 지배・개입이 되지는 않는다고 한다[36].

파업기간중의 임금삭감 및 직장폐쇄로 파업기간 중의 임금삭감에 대하여 그것이 적법성을 초월하여 조합원에 대한 보복적 차원에서 이루어진다면 지배개입으로 보아야 한다는 견해가 있다. 또한 동 견해는 조합원의 정당한 쟁의행위에 대한 보복적 억압조치로서 직장폐쇄가 이루어지거나 노동조합의 동요나 약체화를 꾀하는 행위로 볼 수 있는 경우에는 지배・개입으로 보아야 한다고 한다[37].

(3) 경비원조

① 의 의

노조법은 제24조 제2항에서 노동조합 전임자는 전임기간 동안 어떠한 급여도 지급받아서는 아니 된다고 규정하여 전임기간 동안 전임자가 급여청구를 할 수 없음을 명문으로 밝히고 있다. 이러한 제24조의 규정은 조합의 전임자가 사용자로부터 급여를 받는 것은 노사자치주의에 반하는 것이며 노사대등의 원칙에 반하기 때문에 부당노동행위에 해당된다는 것을 전제로 한 규정이라고 본다[38].

---

35) 김유성, 앞의 책, p347.
36) 임종률, 앞의 책, p280.
37) 임종률, 앞의 책, p281.
38) 김형배, 앞의 책, p948.

노조법 제81조 제4호에서 넓은 의미의 지배·개입의 한 형태로서 노동조합의 운영비원조행위와 함께 노동조합 전임자에게 급여를 지원하는 행위를 부당노동행위로 규정함으로써 전임자에 대한 급여지급 금지와 노동조합 운영경비 지원을 금지하고 있다. 제81조는 노동조합 전임자에 대한 급여지원을 부당노동행위로 규정함으로써 노조법 제24조의 규정보다 더 강력하게 전임자에 대한 급여를 사용자가 지급하는 것을 금지하고 있다.

지배·개입의 하나로 규정하면서도 단서 조항에서 근로자가 근로시간 중에 사용자와 협의 또는 교섭하는 것을 사용자가 허용함은 무방하며 또한 근로자의 후생자금 또는 경제상의 불행 기타 재액의 방지와 구제 등을 위한 기금의 기부와 최소한의 규모의 노동조합의 사무소의 제공은 예외로 한다고 규정하고 있다.

노동조합 전임자에 대한 급여지급 금지와 노동조합 운영경비를 지원하는 것을 부당노동행위로 규정하고 있는 취지는 노조가 사용자로부터 그 운영에 필요한 경비에 관해 재정적 원조를 받게 되면 노조의 자주성이 상실 내지 저해되거나 그럴 우려가 있기 때문이라고 본다[39].

② 경비원조행위의 성립

사용자의 경비지원행위가 부당노동행위로 성립되기 위하여 사용자의 재정적 또는 경제적 지원과 노동조합의 자주성 상실 또는 독자성의 침해와의 관계가 어떠하여야 하는가에 대하여 형식설과 실질설 등 학설의 다툼이 있다. 형식설은 경제적 지원 자체에 노동조합의 자주성 침해의 위험이 내포되어 있기 때문에 재정지원은 바로 지배·개입으로 부당노동행위가 된다는 견해이다. 이에 반하여 실질설은 노동조합에 대한 재정적 지원이라고 하더라도

---

39) 김유성, 앞의 책, p358.

노조의 자주성이 상실 내지 저해되든가 또는 그럴 우려가 현저한 경우가 아닌 한 지배개입으로서의 운영비 원조는 성립되지 않는다는 주장이다.

형식설은 노동조합 간부의 급여나 조합의 경상비를 사용자가 계속 지급하는 것은 노동조합의 자주성을 해칠 우려가 큰 것이기 때문에 부당노동행위가 되지 않을 수 없다고 한다[40]. 운영비 원조를 부당노동행위로 규정하고 있는 노조법의 취지는 사용자나 근로자의 의도 여하에도 불구하고 교섭당사자로서의 노동조합의 자주성과 독립성을 침식할 우려가 있는 행위를 금지하려는 것이라고 본다.

실질설은 사용자가 경제적 지원을 하더라도 바로 그것만으로 지배개입의 성립을 인정할 수 없다고 한다. 사용자의 경제적 지원으로 노조의 자주성이 저해될 구체적 위험성이 있는가의 여부를 실질적으로 판단하여 그 위험성이 현저하다고 인정하는 경우에 한하여 지배개입의 성립을 인정하여야 한다고 한다[41].

40) 김형배, 앞의 책, p954.
41) 김유성, 앞의 책, p360.

제3절 부당노동행위의 구제

1. 원상회복주의와 형벌주의

(1) 원상회복주의

현행법은 원상회복주의와 형벌주의를 병과하고 있다. 원상회복주의는 부당노동행위가 행하여지기 이전의 상태로 원상회복시킴으로써 침해된 근로자의 권리를 바로 잡는다는 데 그 실익이 있다. 그러나 사용자는 구제명령만 제대로 이행하면 부당노동행위를 하였다는 것으로 아무런 법적제재를 받지 아니하므로, 다시 사용자는 원하는 경우 언제든지 부당노동행위를 행할 여지가 있다. 즉, 원상회복주의는 부당노동행위 자체를 범죄로 보고 있지 아니하며, 노동위원회에 의한 부당노동행위구제명령에 위반하는 경우에야 비로소 당해 위반행위를 범죄로 보고 있는 것이다. 노조법 제89조에서 부당노동행위구제명령 위반에 따라 3년 이하의 징역 또는 3,000만원 이하의 벌금에 처할 뿐이다.

(2) 형벌주의

현행법은 형벌주의도 병행하고 있는데 사용자의 부당노동행위를 사전에 예방・억제하고 이에 대한 응보로서 부당노동행위를 행한 자를 직접 처벌하고 있다. 형벌주의는 헌법상의 노동3권을 침해하는 사용자의 부당노동행위 자체를 범죄로 보고 있는 것이다.

우리나라 노동법은 1963년 개정 시에 과벌주의 대신에 원상회복주의를 채택하였다가 1986년 개정 시부터 원상회복주의와 과벌주의를 병행하여 인정하고 있다. 그러나 현행법에서는 처벌에 있어서 "피해자의 명시적 의사"의 요건을 삭제하여 피해자의 의사에 관계없이 부당노동행위를 행한 사용자를 처벌할 수 있도록 처벌요건을 완화하였다. 원상회복의 방법을 사용자의 자발적 이행이 뒷받침되지 않고서는 부당노동행위를 효과적으로 저지할 수 없다. 사용자가 노동위원회의 구제명령을 제대로 이행하지 않는다거나 악의적 또는 치밀한 계획하에 부당노동행위를 자행하는 경우에는 부당노동행위 자체에 대한 처벌이 불가피한 일이다. 부당노동행위는 기본적으로 노동3권 보장질서를 침해하는 것으로서, 이를 악의적 또는 계획적으로 행할 때에는 이에 대한 제재로서의 처벌도 정당화될 수 있다[42].

그러나 형벌주의는 부당노동행위를 사전에 예방하고, 부당노동행위라는 범죄를 저지른 자를 응징하는 데에는 적합하지만 노동3권이 침해된 근로자의 피해를 회복하는 데에는 적합하지 아니하다. 즉, 노조법 제90조에서 2년 이하의 징역 또는 2,000만원 이하의 벌금에 처하고 있지만 이로써는 부족할 수 있다. 이에 우리 현행법은 원상회복주의를 병과하고 있다.

2. 행정적 구제와 사법적 구제

(1) 행정적 구제

① 의 의

사용자의 부당노동행위로 그 권리를 침해당한 근로자 또는 노동조합은 원

42) 김형배, 앞의 책, p958.

상회복을 위한 구제방법으로서 노동위원회에 그 구제를 신청할 수 있다. 노동위원회에 의한 부당노동행위구제제도는 헌법상 노동3권의 대국가적 효력을 구체화한 제도이다. 노동위원회에 의한 부당노동행위구제 제도는 노동3권을 구체화하고 있는 부당노동행위 제도하에서의 노사관계를 보호하는 것이 주된 목적이다. 즉 부당노동행위 구제 제도는 근로자의 노동3권 보호를 주된 목적으로 하고 사용자의 부당노동행위에 대하여 책임을 부과하는 것은 부차적인 목적이다.

② 취 지

개인의 권리와 의무관계의 존부와 그 범위를 확정하는 사법적 구제제도는 사용자와 부당노동행위에 대한 민사·형사상의 책임을 부과하는 데는 적합할지 모르나 근로자의 노동3권 보호라는 부당노동행위의 본래적 취지를 달성하는 데는 적합하지 아니하다. 따라서 근로자의 노동3권을 보호하기 위해 법원에 의한 사법적구제 제도와는 별개의 제도가 필요하고 노동3권의 보호는 그 성질상 그 구제절차의 신속성·간이성 및 전문성이 요구되는 바 이를 위하여 제도화된 절차가 노동위원회에 의한 부당노동행위 구제제도이다.

③ 행정적구제의 특징

첫째, 신청주의를 들 수 있다. 구제절차는 관할 노동위원회에 신청을 함으로써 개시되고 신청을 취하하면 신청이 처음부터 계속되지 않은 것으로 된다. 심사의 대상도 신청의 대상이 된 부당노동행위를 구성하는 구체적 사실에 한정된다. 노동위원회는 구제신청을 하지 않은 사실에 대하여 명령을 내릴 수 없다. 둘째, 부당노동행위를 구성하는 사실에 대한 입증책임은 신청인에게 원칙적으로 있다. 셋째, 부당노동행위의 구제는 전문적 행정기관에 의한 재량적 시정조치라고 할 수 있다. 따라서 노동위원회는 신청한 구체적 사실을 벗어나 심판할 수 없으나 신청한 사실의 범위 내에서는 구제의 내용이나 한도에 관하여 재량권을 갖는다고 할 수 있다[43].

④ 부당노동행위의 관할

지방노동위원회는 부당노동행위사건의 초심을 관할한다. 신청인은 부당노동행위가 발생한 사업장 소재지 지방노동위원회에 구제신청을 한다. 또한 2 이상의 관할구역에 걸친 사건은 주된 사업장의 소재지를 관할하는 노동위원회에서 관장한다. 이 경우 주된 사업장을 정하기 어렵거나 주된 사업장의 소재지를 관할하는 지방노동위원회에서 처리하기 곤란한 사정이 있는 경우에는 중앙노동위원회가 직권으로 관계당사자의 신청이나 지방노동위원회위원장의 신청에 따라 지방노동위원회를 지정할 수 있다. 중앙노동위원회는 부당노동행위구제 재심사건을 관장한다. 특별노동위원회는 설치목적으로 규정된 특정사항에 관한 사건을 관장한다.

(2) 사법적 구제

노동위원회에 의한 부당노동행위구제 제도가 있지만 사법적 구제제도가 또한 그 존재가치가 있다. 노조법에 명문규정은 없으나 해석상 민사법원에 의한 사법적 구제가 인정된다고 본다. 노동위원회에 의한 부당노동행위 구제제도는 부당노동행위 결과 발생한 노사당사자 간의 권리·의무관계의 확정 및 손해의 전보 등을 위하여 적합하지 아니하므로 이를 위하여 사법적 구제제도가 별도로 필요하게 된다.

---

43) 대판,1999.5.11,98두9233.

판례에서는 구제신청을 기각하는 노동위원회의 기각결정이 확정되었다 할지라도 근로자는 사법상의 지위의 확보 및 권리의 구제를 받기 위하여 별도로 민사소송을 제기할 수 있다고 하여 이를 인정하고 있다[44].

(3) 양자의 관계

근로자는 동일한 부당노동행위에 대하여 원상회복을 위하여 노동위원회에 의한 행정적 구제절차와 사법적 구제절차를 동시에 밟을 수 있다. 이 경우 노동위원회에 의한 행정적 구제절차와 사법적 구제절차 간에 경합문제가 발생한다. 이에 대하여 부당노동행위의 구제제도와 관련하여 ①일차적으로 노동위원회에 의한 구제제도가 전속 관할권을 가지며 사법상의 구제는 2차적인 구제제도라는 견해와 ②노동위원회에 의한 구제와 사법상의 구제가 병행된다는 견해가 있다. 이 경우 두 가지 구제제도는 병행되나 법원에 의한 형벌부과의 경우와 마찬가지로 민사소송에 있어서도 노동위원회의 판정을 우선적으로 존중하여야 할 것으로 본다.

3. 노동위원회에 의한 구제절차(행정적 구제절차)

노동위원회에 의한 구제절차는 초심절차 및 재심절차로 나누어 볼 수 있으며 중앙노동위원회의 결정에 대하여 불복하는 자는 행정소송을 제기할 수 있다.

초심・재심절차는 신청→심사→합의(조정) 및 구제명령(기각, 각하)의 순서로 진행되며 그 과정에서 신청의 각하・취하 또는 화해에 의하여 구제

44) 대판,1992.5.22, 91다22100.

절차가 종료될 수 있다. 행정소송을 제기하는 경우 출소기간 및 재심사에 관한 노조법상 특례규정을 제외하고는 행정소송법상의 절차에 의한다.

(1) 초심절차

① 구제신청

(a) 신청인

권리를 침해당한 근로자 또는 노동조합이 될 수 있다. 노동조합 설립과정의 부당노동행위는 당해 설립 당사자 뿐만 아니라 후에 설립된 노동조합에게도 신청자격이 인정된다[45]. 불이익취급 내지 비열계약 사건에서는 해당 근로자와 그 소속 노동조합이 구제신청을 할 수 있다. 당해 근로자가 구제신청 할 의사가 없는 경우에 노동조합은 별도로 신청할 수 있는데 구제내용은 노동조합을 대상으로 하는 것에 한정된다[46]. 단체교섭의 거부・해태 사건에서는 교섭당사자가 조합원이 아닌 노동조합이기 때문에 단체교섭권을 침해당한 노동조합만이 구제신청을 할 수 있다고 보아야 한다[47]. 그러나 노동조합의 지배개입에 대하여 노동조합이 어용화되어 다투지 않는 경우에는 조합원 개인이 다툴 수 있다고 하며, 노동조합의 결성에 대한 지배개입에 의하여 노동조합의 결성이 이루어지지 않은 경우에 그 결성에 참여한 근로자가 신청인이 될 수 있다고 한다[48]. 신청적격을 갖는 노동조합은 법내 노동조합이라야 한다. 다만, 근로자개인이 신청인으로 되는 경우에는 그 소속 노동조합

45) 대판,1991.1.25,90누4952.
46) 임종률, 앞의 책, p284.
47) 김유성, 앞의 책, p364.
48) 김형배, 앞의 책, p960.

이 법내 조합인지는 불문하고 신청할 수 있다.

(b) 피신청인

피신청인은 사업주를 의미한다고 본다. 부당노동행위 피지의무를 지고 있는 자 즉 경영담당자나 관리자도 피신청인이 될 수 있다는 견해가 있으나[49], 노조법이 회복하려는 정상적인 노사관계는 지배개입 등 현실적인 행위를 실행하는 자가 아니라 사업주의 의사결정에 의하여 비로소 실현될 수 있다는 점에서 법적 당사자와 현실의 행위자를 구별하여 사업주로 한정하여야 한다는 견해가 타당하다고 본다[50].

(c) 신청방식

신청은 서면신청과 구두신청의 두 종류가 있다. 구두신청의 경우 접수자가 작성하여 신청인이 기명날인함으로써 신청에 갈음한다. 서면신청의 경우 신청은 관할 노동위원회에 신청서를 제출함으로써 이를 행한다. 신청서에는 ㉠신청인의 성명・주소, ㉡피신청인의 성명・주소, ㉢부당노동행위를 구성하는 구체적 사실, ㉣청구할 구제의 내용 ㉤신청일자 등을 기재하고 이에 신청인이 기명날인하여야 한다(노동위원회규칙 제19조 제1항, 3항). 구두신청의 경우 접수담당자는 앞의 기재사항에 대한 진술을 듣고 이를 작성하여 신청인이 이에 기명날인하는 경우 이를 신청서로 본다(노동위원회규칙 제19조 제2항).

(d) 구제신청 기간

---

49) 김유성, 앞의 책, p365.
50) 김형배, 앞의 책, p961 ; 임종률, 앞의 책, p284.

구제신청은 부당노동행위가 있는 날로부터(계속되는 행위를 종료일로부터) 3월 이내에 노동위원회에 신청하여야 한다. 비록 신청인이 사용자에게 이의 신청을 행하였더라도 3월의 기간은 당초 행위가 있은 날로부터 기산한다. 3월의 기간은 제척기간으로 이해된다. 상당한 기간이 경과하면 사실관계의 입증이 곤란하고 구제명령의 실효성이 상실되기 때문이다.

(e) 관할

부당노동행위가 발생한 사업장의 소재지를 관할하는 지방노동위원회가 관할한다. 어느 곳이 부당노동행위가 발생한 사업장인가는 개별적인 사항에 따라 판단하여야 한다. 가령 지방공장에서 근무하는 근로자에 대하여 서울의 본사에서 해고명령을 한 경우에는 본사와 지방공장 두 곳 모두 부당노동행위가 발생한 장소가 된다[51].

(f) 신청의 심사 및 정정

신청서를 수리한 후에도 그 신청서가 요건을 구비하고 있는가에 대하여 심사한다. 이 심사는 필요적 기재사항에 대한 형식적인 심사에 한한다. 신청서에 필요적 기재사항의 흠결이 있을 때에는 상당한 기간을 정하여 그 보정을 요구할 수 있다. 신청이 수리되어도 부당노동행위가 성립하는가 여부의 판단을 하기 위한 전제조건이 흠결되었다고 인정되는 경우에는 심판위원회의 결정으로 신청을 각하할 수 있다. 신청을 각하하는 결정에는 주문과 이유를 기재하여야 하며 각하사유로는 ㉠신청서의 기재요건의 불충족으로 보정요구를 하였으나 이를 보정하지 아니한 경우, ㉡신청인인 노동조합이 노조법에 의한 노동조합이 아닌 경우, ㉢노조법 제82조 제2항의 규정에 의한 제척기간을

51) 김유성, 앞의 책, p365.

지나서 신청한 경우, ㉣신청인이 주장하는 사실이 부당노동행위를 구성하지 아니함이 명백한 경우, ㉤신청하는 구제의 내용이 법령상 또는 사실상 실현될 수 없거나 신청의 이익이 없음이 명백한 경우, ㉥신청인이 2회 이상 출석통지를 받고도 이에 응하지 아니하거나, 신청인의 소재 불명 또는 주소 불명으로 출석통지서가 2회 이상 반송되거나, 기타 사유로 신청의 의사를 명백히 포기한 것으로 인정되는 경우이다. 부당노동행위구제제도의 실효를 위하여 각하사유에 대하여는 이를 엄격하게 제한적으로 해석하여야 하며 유추적용은 허용되지 아니한다.

(g) 신청의 취하

신청인은 부당노동행위구제에 관한 명령서 또는 결정서가 교부될 때까지 언제든지 신청의 전부 또는 일부를 취하할 수 있다. 취하는 서면에 의하여야 하며 위원장은 신청이 취하되었을 때에는 지체 없이 그 사실을 상대방에게 통지하여야 한다. 취하된 부분에 대해서는 처음부터 신청이 제기되지 아니한 것과 동일하게 된다. 취하는 화해의 성립에 의하는 경우가 대부분일 것이다.

② 심사

(a) 의의와 대상

노동위원회가 구제신청을 받은 때에는 지체 없이 필요한 조사와 관계당사자의 심문을 하여야 한다. 부당노동행위 구제심판을 하기 위하여 노동위원회가 구제신청 내용에 대하여 조사와 심문을 하게 되는데 이 조사와 심문을 합하여 심사라 한다. 심사의 대상은 구제신청의 대상이 된 부당노동행위의 구체적 사실이다. 심사의 대상이 된 처분을 사용자가 그 후 변경한 경우에도 신청인이 신청내용을 변경하지 않는 한, 노동위원회는 당초의 처분을 심판대상으로 삼아야 한다[52]. 노조법은 조사와 심문에 대한 구체적 절차는 중앙노동위원회의 규칙에 의해 정하도록 하고 있다.

(b) 조사절차

신청인이 주장하는 사실·내용 및 쟁점 등을 정리하고 당사자의 견해를 명확히 하여 사실인정의 자료로 하기 위한 것으로, 조사는 어디까지나 심문의 전단계로서의 의미를 가진다. 신청서를 접수한 때에는 당해 사건의 처리를 담당할 심사관을 지정하고 신청인에게 신청이유를 소명하기 위한 증거의 제출을 요구하며, 피신청인에게는 신청서의 부본을 송부하고 그에 대한 답변서 및 그 이유를 소명하기 위한 증거의 제출을 하여야 한다. 심사관은 당사자 또는 증인의 진술 기타 사실의 조사에 대하여는 필요한 경우 따c로 조서를 작성할 수 있으며, 작성 후 당사자에게 이를 열람하게 하거나 직접 낭독하는 방법에 의하여 진술의 내용에 관하여 이의의 유무를 확인한 후 당사자로 하여금 기명날인하도록 한다. 다만, 당사자 또는 증인이 서명 날인한 진술서 등을 제출한 때에는 이를 조서에 갈음할 수 있다.

(c) 심문절차

조사가 종료된 후에는 부당노동행위의 구제명령을 내리기 이전에 반드시 필요한 심문을 하여야 한다. 심문절차는 당사자의 참석기회부여, 증거제출 및 증인의 출석, 심문절차의 공개 및 노사위원의 참여 등이 보장되고 있으므로 절차의 공정성 확보라는 관점에서 이를 생략될 수 없다. 심문은 당사자가 모두 출석한 가운데 이를 행하는 것이 원칙이다. 당사자 일방이 정당한 이유

52) 대판,1995.4.7, 94누1579.

없이 출석하지 아니한 경우에는 그러하지 아니하다. 회의는 공개를 원칙으로 하고 다만 당해 회의에서 비공개로 할 것을 결정한 경우에는 그러하지 아니하다. 노동위원회가 심문을 할 때에는 관계당사자의 신청 또는 직권으로 증인을 출석하게 하여 필요한 사항을 질문하게 할 수 있고, 당사자는 당해 심판위원회 위원장의 승인을 얻어 진술할 수 있으며 증인을 심문하고 또 반대심문을 할 수 있다.

(d) 입증책임

부당노동행위를 구성하는 사실에 대한 입증책임에 대하여 판례는 신청인에게 있다고 한다. 즉, 불이익취급 사건에 있어서 신청인은 조합 활동을 이유로 한 것이라는 사실을 입증하여야 한다고 본다[53]. 이에 대하여 민사소송절차에서와 같은 당사자주의에 의한 엄격한 입증책임분배방식을 취하는 것은 문제가 있다면서 원칙적으로 신청인에게 있으나 노동위원회가 직권에 의한 증거조사와 증인심문을 통하여 적극적으로 사실을 규명하여야 하며 또한 상황에 따른 심증판단을 활용하여야 할 것이라는 주장이 있다[54].

(e) 화해

위원회는 조사 및 심문과정에서 언제든지 당사자에 대하여 화해를 권고할 수 있다. 화해가 성립된 때에는 사건 절차가 종료된다. 당사자간의 화해가 성립한 경우, 화해조서에 당사자 · 대리인 · 신청취지와 원인 · 화해조항 · 연월일을 기재하고 심판위원회의 위원과 담당직원이 서명한다.

---

53) 대판,1991.7.26, 91누2557.
54) 김유성, 앞의 책, p372.

③ 의결

심판위원회는 심문을 종결하였을 때에는 심문회의에 참석한 노·사위원의 의견을 들은 다음 판정회의를 개최하여야 한다. 판정회의는 심문의 결과에 기한 사실의 인정 판정의 종류와 내용에 관하여 3인의 위원 중 2인이 찬성하여야 성립된다. 심판위원회는 위원들의 의견이 일치하지 아니하여 의결하지 못하는 경우 심문회의를 재개할 수 있다.

④ 판정

노동위원회는 심문을 종료하고 부당노동행위가 성립한다고 판정한 때에는 사용자에게 구제명령을 발하고 부당노동행위가 성립되지 않는다고 판정한 때에는 그 구제신청을 기각하는 결정을 하여야 하며, 판정·명령 및 결정은 서면으로 하되 이를 사용자와 신청인에게 각각 교부하여야 한다. 이외의 사항은 노동위원회규칙에서 규정하고 있다. 초심판정은 구제명령과 기각결정으로 나뉘어 진다.

노동위원회는 그 의결에 의하여 신청의 전부 또는 일부가 이유가 있다고 인정할 때에는 사용자에게 서면으로 신청의 전부 또는 일부를 인정하는 구제명령을 발하여야 한다. 그러나 이유 없다고 인정할 때에는 서면으로 그 신청의 전부 또는 일부를 기각하는 결정을 하여야 한다. 구제명령서 또는 기각결정서를 노동위원회는 당사자에게 송부하여야 한다.

⑤ 구제명령의 내용과 효력

(a) 구제명령의 내용

노조법에서 아무런 내용도 규정하고 있지 않다. 해석상 부당노동행위의 내용 기타 여러 가지 사정을 고려하여 원상을 회복하는데 가장 적절하고 타당한 구제내용을 명령하여야 한다. 구제명령은 일종의 행정처분이기 때문에 그 재량에 따라 합리적인 범위 내에서 명령의 내용을 결정할 수 있다. 불이익취급에서 해고나 배치전환의 경우에는 원직복귀명령이 내려지고 해고자의 복귀명령에는 특히 소급 임금지급명령(Back Pay)이 내려진다. 징계처분일 경우에는 징계효력정지명령을 내릴 수 있다. 비열계약에서는 계약의 폐기명령이 내려질 수 있으며 단체교섭의 거부・해태의 경우에는 단체교섭을 명령하는 단체교섭응낙명령이 내려진다. 지배・개입에 있어서는 지배・개입에 해당하는 행위의 중지를 명하는 중지명령, 시설물 이용에 관해서는 편의제공명령이 내려지고 명령과 더불어 사과문의 게시명령을 내릴 수도 있다.

(b) 구제명령의 한계

구제명령은 부당노동행위를 사실상 시정하기 위하여 행하는 행정상의 처분이므로 국가법 체계 속에서 행하여지는 것이므로 강행법규에 반할 수 없다[55]. 구제명령은 사용자에 의한 조합활동 침해행위로 인하여 발생된 상태를 직접 시정함으로써 집단적 노사관계질서의 신속한 회복을 도모하면서 부당노동행위에 의한 피해를 구제하는 범위 내에서 행하여져야 한다[56]. 구제명령은 공법상의 의무를 부가하는 것이므로 사용자가 이행 가능한 것이어야 하며, 구제명령에 대한 재량권 행사는 부당노동행위제도의 본래의 취지와 목적을 벗어나서는 안 된다. 즉, 부당노동행위로 인한 노동3권 침해를 회복하는 것 이상으로 사용자에게 부담을 주거나 필요하지 아니한 내용의 구제명령을 내릴 수 없다[57].

55) 임종률, 앞의 책, p294.
56) 김형배, 앞의 책, p966.

(c) 구제명령의 효력

구제명령은 행정처분이므로 판정서의 교부일로부터 효력을 발생하므로 당사자는 지체 없이 공법상의 이행의무를 부담한다. 초심판정에 대하여 당사자가 명령서 또는 결정서의 송달을 받은 날로부터 10일 이내에 중앙노동위원회에 재심신청을 하지 않은 경우에는 그 구제명령은 확정된다. 이 확정된 구제명령에 대하여는 이행을 확보하기 위하여 불이행시 벌칙을 규정하고 있다. 초심판정은 재심신청에 의하여 그 효력이 정지되지 않는다고 하여 사용자가 재심신청을 한 경우에도 초심의 구제명령을 이행할 의무를 부담한다.

(d) 구제명령의 사법상의 효력

구제명령은 공법상의 처분이므로 사법상의 법률관계를 발생 또는 소멸시키는 것은 아니라고 보는 것이 통설과 판례의 입장이다[58]. 불이익취급에 의한 부당노동행위로 해고를 당한 경우에 구제명령으로 원직복귀명령이 이루어 지더라도 해고자를 사실상 원직으로 복귀시키는 공법상의 의무를 부과할 뿐 사법상 당해 해고를 무효로 하는 것은 아니다. 사용자가 구제명령을 거부하는 경우 부득이 근로자는 해고무효의 소 또는 종업원의 지위확인을 구하는 소송을 제기하여 사법상의 권리를 구제받을 수 있다[59]. 그러나 원직복귀명령이 확정되었을 때에는 그 원인인 해고는 부당노동행위 금지의 강행법규에 위반하는 행위로서 무효가 된다고 보아야 한다[60].

---

57) 김유성, 앞의 책, p375.
58) 대판,1976.2.11,75마496.
59) 대판,1998.12.13,96다204.
60) 임종률, 앞의 책, p294.

(2) 재심절차

① 재심의 신청

(a) 재심신청인

재심신청은 노동위원회의 초심명령 결정에 불복이 있는 당사자가 할 수 있지만 당사자는 초심에서 신청인과 피신청인 이었던 자로 한정되는 것은 아니므로 초심에서는 노동조합만이 신청인이었던 경우에 그 사건의 직접 당사자인 근로자 개인도 재심을 신청할 수 있다[61].

(b) 신청기간

지방노동위원회의 구제명령 또는 기각결정에 불복이 있는 관계당사자는 그 명령서 또는 결정서의 송달을 받은 날부터 10일 이내에 중앙노동위원회에 그 재심을 신청할 수 있다.

(c) 신청절차

재심신청서에 초심지노위의 명령서 또는 결정서 사본을 첨부하여 초심의 지방노동위원회를 경유하거나 직접 중앙노동위원회에 제출하여야 한다. 지방노동위원회에 재심신청서가 제출되었을 때에는 지체 없이 중앙노동위원회에 송부하여야 하며, 재심신청서가 중앙노동위원회에 직접 제출되었을 때에는 지체 없이 그 뜻을 초심의 지방노동위원회에 통지하여야 한다. 지방노동위원회에 재심신청이 접수된 날을 중앙노동위원회에 재심신청한 날로 본다.

---

61) 김유성, 앞의 책, p382.

(d) 신청범위

재심은 신청한 불복의 범위 내에서 한다. 그러나 불복신청은 초심에서 청구한 범위를 넘어서는 아니 된다. 초심에서 청구한 범위를 넘지 아니하는 재심신청이란 초심에서 그 구제신청의 대상이 되는 부당노동행위 사실 이외에는 재심에서 새로이 구제를 신청할 수 없음을 정한 것이다. 따라서 초심에서 구제를 신청한 부당노동행위에 대하여는 재심에서 그 구제의 내용을 변경·취소할 수 있음은 물론이다.

② 재심사 및 재심명령·결정

(a) 재심사 절차

재심절차에 있어서도 초심절차에 관한 규정은 그 성질에 반하지 아니하는 한 그대로 준용된다. 다시 말하면 신청→조사→심문→합의→명령 등의 절차가 행하여진다. 재심신청이 취하되거나 화해가 성립된 때에는 중앙노동위원회는 그 뜻을 초심의 지방노동위원회에 통지하여야 한다.

(b) 재심 구제명령·결정

중앙노동위원회는 재심사의 결과 그 신청이 이유 없다고 인정하는 경우에는 이를 기각하고 이유 있다고 인정할 때에는 지방노동위원회의 처분을 취소 또는 변경하여야 한다. 중앙노동위원회는 초심의 각하결정이나 기각결정을 취소하는 경우에 당해 사건을 초심 노동위원회에 환송하지 않고 직접 적절한 구제명령을 내린다. 또한 초심의 구제명령의 내용이 타당하지 않거나 불충분할 경우 중앙노동위원회는 적절한 다른 구제명령을 변경하여 발할 수 있다. 다만 초심의 명령을 변경하는 때에는 불복의 범위 내에서 하여야 한다.

(c) 재심명령·결정의 확정

법정 기간 내에 행정소송을 제기하지 않으면 그 재심명령·결정은 확정되며, 관계당사자는 이에 따라야 한다. 재심명령·결정에 대해 행정소송이 제기된 경우에도 행정소송의 제기만으로 그 효력이 정지되지 않는다.

(3) 행정소송

① 소송당사자

사용자측이 취소소송을 제기한 경우에는 구제명령의 명의인인 사업주가 원고가 된다. 구제명령이 공장·지점 등 사용자인 법인의 일부조직에 대하여 행하여졌거나 회사사장, 공장장, 지점장 등 경영자 또는 관리자에 대하여 행하여진 경우에도 이는 부당노동행위의 구제명령의 수규자로서의 사용자인 사업주에 대하여 행하여진 것으로 보아야 하므로 당해 사업주만이 원고적격을 갖는다고 해석해야 한다(행정소송법 제12조).

근로자 또는 노동조합측이 제소하는 경우에는 재심판정에서 당사자였던 자는 당연히 원고가 될 수 있지만, 재심판정에서 신청인 또는 피신청인이 아니었던 자라도 당사자의 자격을 가지는 자는 원고가 될 수 있다고 보아야 할 것이다[62].

취소소송에 있어서의 피고는 당해 명령 또는 결정을 내린 중앙노동위원회이다(행정소송법 제13조). 사용자가 취소소송을 제기한 경우에는 그 상대방인 근로자 또는 노동조합이 그리고 근로자 또는 노동조합이 소송을 제기한 경우에는 그 상대방인 사업주가 그 소송에 보조참가를 할 수 있다.

---

62) 서울고판,1990.2.8, 89구7407.

② 심리의 범위

취소소송에 있어서의 소송물은 처분의 위법성 일반이므로 노동위원회의 명령 또는 결정을 취소해야 할 위법성이 있는가의 문제가 심리의 대상이 된다. 따라서 ㉠중앙노동위원회의 부당노동행위 성립에 관한 사실인정의 타당성, ㉡구제명령이 내려진 경우에 구제조치내용의 적법성 ㉢재심절차의 적법성 여부 등이다.

사실인정을 위한 최소소송의 법원 심리에서 당사자는 재심절차에서 주장 및 제출되지 않은 새로운 증거를 제출할 수 있으며[63]심리법원도 직권으로 증거조사를 하여 새로이 증거를 수집할 수 있으므로 법원은 이러한 새로운 증거에 근거하여 중앙노동위원회와는 다른 사실을 독자적으로 인정할 수 있다[64].

③ 화해

구제명령의 취소소송 중에 원고인 사용자가 보조참가인인 근로자 또는 노동조합과 다툼해소를 합의하는 경우를 화해라고 한다. 이러한 화해가 성립된 경우에는 사용자는 취소소송을 취하하고, 피고인 중앙노동위원회는 이에 동의함으로써 취하를 성취할 수 있다. 화해의 성립에 의해 구제명령의 효력자체가 상실되는 것은 아니지만 사실상 당해 사건은 해결된다. 다만, 화해는 구제명령의 효력을 좌우하는 것은 아니므로 화해에 따른 소의 취하 후에도 구제명령의 효력은 지속된다고 해석된다[65].

---

63) 대판,1990.8.10, 89누8217.
64) 김형배, 앞의 책, p972.
65) 김형배, 앞의 책, p976.

4. 법원에 의한 구제절차(사법적 구제절차)

(1) 의 의

부당노동행위에 대한 구제는 원칙적으로 행정적구제가 신속성으로 인해 효과적인 구제제도로 작용하고 있다. 그러나 행정적 구제로 인하여는 부당노동행위를 한 사용자에 대한 구제가 미흡할 수 있다. 즉 형사벌로서 처벌하는 문제와 부당노동행위로 비롯된 손해를 배상받을 수 없다. 이에 일반적으로 행정적 구제로 우선 긴급한 사항의 구제를 받은 후에 사법적 구제로서 사법상의 위법 여부를 가려 손해배상 등을 청구할 수 있는 민사적 구제와 부당노동 행위자에 대한 형벌을 가하는 형사적 구제가 있다. 민사법원에 의한 구제는 해고무효 확인소송 등 부당노동행위 처분 자체에 대한 구제와 손해배상으로 나눌 수 있다. 즉 부당노동행위로 해고 등을 당한 근로자는 법원에 해고무효 확인소송 등을 제기하여 권리구제를 받을 수 있고 피해당사자는 사용자의 불법행위로 인한 손해배상 청구를 관할법원에 제기할 수 있다. 또한 부당노동행위를 당한 근로자나 노동조합은 사용자에 대한 형사처벌을 요구할 수 있다. 이 때 노동부 근로감독관에게 고발하고 이에 따른 수사와 검찰의 기소에 따라 형사법원에서 형사처벌이 가능하다.

(2) 민사적 구제

① 의 의

부당노동행위로 인한 손해를 당한 근로자의 민사적 손해를 구제하기 위한 민사적 구제는 그 질서회복을 위한 구체적 조치로서 원상회복을 목적으로 하는 행정적 구제와 구별된다. 사법적 구제에 있어서는 부당노동행위가 주관적 권리・의무를 침해한 행위로서 문제되기 때문에 그 구제의 내용은 법적 지위의 확인, 불법행위에 의한 손해배상 청구권으로 실현된다.

② 법적근거

노조법상 부당노동행위 금지규정은 단지 노동위원회를 통한 구제를 전제로 하는 공법상의 규범 즉 행정법규에 불과한 것이 아니라, 헌법상의 노동3권 보장을 구체화하는 노사관계 규범으로서의 실질을 가지는 강행규정이라고 보아야 한다는 것이 다수설의 입장이다[66]. 이 견해에 의하면 이 금지규정에 위반한 법률행위는 사법상 효력이 없게 되고 이 규정을 근거로 근로자 또는 노동조합에 대해 불법행위가 성립할 수 있게 된다. 판례도 같은 태도를 취하여 독자적인 민사적 구제를 인정하고 있다[67].

③ 구제내용

금지규정은 강행규정이므로 금지규정에 위반한 부당노동행위가 법률행위인 경우에는 사법상 무효가 되고 사실행위인 경우에는 불법행위가 된다. 예컨대 조합활동을 이유로 사용자가 불이익취급을 하는 경우에 근로자는 당해 처분의 무효확인 소송을 제기할 수 있다. 또한 판례는 정신적 고통에 대해서는 위자료(손해배상)청구도 인정하고 있다[68]. 그리고 해고무효의 본안 판결이 있을 때까지 해고 근로자의 종업원으로서의 지위를 구하는 종업원지위 가처분, 그 기간 동안의 임금지급을 구하는 임금지급가처분 등의 신청이 가능하다. 불이익취급 부당노동행위 판결이 있을 때까지 전근・배치명령 등 부

66) 김형배, 앞의 책, p978 ; 김유성, 앞의 책, p390.
67) 대판,1988.12.13,86다204.
68) 대판,1993.12.21,93다11463.

당한 인사처분에 대한 효력부인 가처분 신청이 가능하다. 판례는 또한 노동조합에 대한 지배개입을 구성하는 경우에는 당해 조합에 대하여 불법행위에 의한 손해배상청구를 인정하고 있다. 비열계약에 있어서는 관련 계약 부분의 무효확인 소송이 가능하고 비열계약에 의해 해고된 경우에는 해고무효 확인 소송이 가능하다[69]. 단체교섭거부인 경우에는 당해 노동조합의 단체교섭권의 확인 또는 단체교섭을 할 수 있는 지위의 확인을 구하는 소송이 가능하다. 이러한 확인소송 뿐만 아니라, 단체교섭의무의 확인 및 가처분인 단체교섭 응낙가처분 신청도 가능하다고 한다[70]. 사용자의 지배·개입에 의한 부당노동행위인 경우에는 불법행위로 인한 손해배상청구가 가능할 것이다.

(3) 처벌주의

① 취 지

노조법상 부당노동행위 금지규정에 위반한 자는 동법 제90조에 규정에 의하여 처벌된다[71]. 이는 사용자가 부당노동행위를 하더라도 구제명령이 확정된 후에 이를 이행하기만 하면 아무런 제재를 받지 않게 된다면 부당노동행위가 반복될 수 있기 때문에 이를 고려한 취지에서 입법화되었다.

② 처벌대상

처벌대상은 부당노동행위 금지규정에 위반한 자 즉 부당노동행위의 현실

---

69) 김유성, 앞의 책, p391.

70) 김유성, 앞의 책, p391. 그러나 판례는 이를 인정하지 않는 하급심에서의 사례가 있다(마산지법판,1992.4.23,92가합684).

71) 확정된 구제명령에 위반하는 경우에는 노조법 제89조에 의하여 처벌된다. 이는 부당노동행위에 대한 구제명령이 확정되고서도 이를 이행하지 않는 경우에 처벌하여 구제명령의 실효성을 높이기 위한 취지에서 입법화된 것으로 보인다.

적 행위를 한 자이다. 따라서 일반적으로 사업주가 아니라 현실적 행위자인 경영담당자 또는 관리자가 처벌되지만, 이와 병행하여 양벌규정에 의하여 그 사업주에게도 벌금형을 과한다.

③ 형사처벌

국가의 형벌권 행사에 의한 것이기 때문에 원칙적으로 노동위원회의 구제신청이나 노동위원회의 부당노동행위 판정과 상관없이 독자적으로 기소할 수 있다. 즉 부당노동행위에 대한 고소(고발)가 이루어지면 근로감독관은 신속히 수사하여 사건을 검사에게로 송치하여야 한다. 검사는 노동위원회의 구제절차와 관계없이 독자적으로 금지규정 위반을 이유로 기소할 수 있다. 그러나 검사는 범행의 동기, 수단, 결과, 피해자에 대한 관계, 범행후의 정황 등을 참작하여 불기소 처분을 할 권한도 갖고 있기 때문에(형사소송법 제247조)), 노동위원회의 구제명령 유무와 피해자의 처벌의사 여부 등을 참작하여 기소하지 않을 수도 있다. 특히 노동부의 부당노동행위에 대한 근로감독관 업무처리지침에서도 초심판정을 기다려 그 결과를 존중하여 신고사건을 처리할 것을 지시하고 있다[72].

부당노동행위가 성립하면 이를 위반한 사용자에게 2년 이하의 징역 또는 2천만원 이하의 벌금을 과할 수 있으며, 그 사업주에게는 2천만원의 벌금형을 병과할 수 있다.

72) 업무편람, 노동부 행정해석(2002.12), p142.

제 9 장 공무원노조법

제1절 공무원의 노동기본권 개요

1. 공무원의 노동기본권

공무원은 근로자인가 노조법 제2조 제1호에서 근로자에 대한 정의로 근로자라 함은 직업의 종류를 불문하고 임금·급료 기타 이에 준하는 수입에 의하여 생활하는 자로 되어 있다. 직업의 종류를 불문하기 때문에 사법적 계약에 의한 私人이나 공법적 계약에 의한 공무원이 노조법상의 근로자에 배제될 이유가 없고 또한 임금·급료 기타 이에 준하는 수입에 의하여 생활하는 공무원 역시 임금 생활자임에 틀림없다. 결론적으로 공무원은 노조법상의 근로자에 해당한다고 할 수 있고 더구나 헌법 제33조 제2항 역시 공무원의 근로자적 성격을 인정하는 것을 전제로 규정하고 있다[1].

2. 공무원노동기본권의 특수성

공무원 노동조합의 목적은 민간노동조합과 마찬가지로 공무원의 근로조건의 유지향상에 있다. 그러나 직무의 특수성, 사회적 역할기대 등 실제 운영면에서 민간노동조합과 다른 특성을 갖게 된다. 사용자 측면에서 보면 공무원노사관계의 사용자는 이익을 목표로 하는 기업이 아닌 공익을 추구하는 정부 조직이다. 그러므로 공무원노사관계는 민간의 노사관계에 비해 사용자

1) 임종률, 앞의 책, p308.

와 피고용인이라는 노사 대항적 요소가 약하다. 근로조건의 법정화 면에서 보면 공무원의 근로조건이 법정화되어 있어서 정부교섭대표가 최종적인 근무조건에 대한 결정권을 가질 수 없다는 것이다.

공무원이 수행하는 업무의 적정을 기하는 것과 공무원의 처우를 적정히 하는 것은 공무원노사관계의 당사자뿐 아니라, 국민전체의 관심사로 공무원노사관계의 형성 및 발전에 있어서 국민의 여론이 중요하다. 업무의 특수성, 공공서비스라는 업무 특성상, 노사 간 분쟁으로 인한 행정서비스가 중단되면 정부의 대응수단을 찾기 어려워 노사 간 힘의 균형을 확보하기 어렵고 분쟁에 따른 비용을 노사 당사자가 아닌, 일반 국민이 부담한다는 특수성이 있다.

3. 공무원노조법의 입법형식

(1) 제정경위

1948년의 제헌헌법은 근로자의 노동3권을 기본권으로 보장하였을 뿐, 현재와 같은 공무원에 대한 특례규정은 두지 않았다. 1961년 5.16 이후 헌법 제29조 2항, 국가공무원법 제37조 및 노동조합법 제8조를 개정하여 현업 공무원을 제외한 일반 공무원의 노동기본권을 제한하고, 그 후 공무원의 노동기본권이 오랫동안 부인되어 오다가 1987년 헌법에서 "공무원인 근로자는 법률이 정하는 자에 한하여 단결권 · 단체교섭권 · 단체행동권을 가진다."고 규정함으로써 공무원의 노동기본권을 인정하였다.

그러나 국가공무원법과 노동조합법의 개정이 이루어지지 않아 실질적으로 일반직 공무원의 노동기본권은 보장되지 않다. 1989년에는 여소야대의 임시국회에서 여야 만장일치로 현역군인, 경찰공무원, 교정공무원, 소방공무원을 제외였다. 또한 6급 이하의 모든 공무원에게 단결권과 단체교섭권을 부여하는 노동법 개정안이 통과되었지만, 대통령의 거부권행사로 폐기되었다.

1990년 UN, 국제노동기구(ILO) 및 경제협력개발기구(OECD)에 가입하는 등 국제화의 변화 속에서 공무원과 교원의 노동기본권과 관련하여 UN의 권리위원회, ILO의 결사의 자유위원회 및 이사회 그리고 OECD의 노조자문위원회로부터 수차례 법 개정 권고를 받았고, 감시대상국으로 지정되었다.

이러한 사정을 반영하여 노사관계개혁위원회에서 공무원 노동기본권 보장방안을 본격적으로 논의하였고 그 결과 1997년 12월에 노사관계개혁위원회 전체회의에서 공무원의 단결권과 단체교섭권을 인정하는 "공무원 단결권 보장방안"에 대하여 의결하게 되었다.

1998년 1월에는 노사정위원회의 합의를 통해 제 1단계로 "공무원 직장 협의회의 설립·운영에 관한 법률"이 제정되어 1999년부터 공무원직장협의회가 설립·운영되었다.

이후 노사정위원회에서 공무원노조법 제정을 위한 논의가 지속되어 왔고 2002년 10월 18일 행정자치부 주관으로 "공무원조합의 설립 및 운영 등에 관한 법률(안)"을 마련하여 국회에 제출하였으나. 동 법률안에서 공무원 노동조합이라는 명칭 대신 "공무원조합"이라는 명칭을 사용하였고 단체협약 체결권을 제외한 협의의 단체교섭권만을 보장하고 있었으나 입법화에 이르지는 못하였다.

참여정부 이후, 노동부 주관으로 2004년 8월 25일 "공무원의 노동조합 설립 및 운영 등에 관한 법률(안)"을 다시 입법예고하였고 동 법안은 2004년 10월 19일 국무회의를 통과하여 동년 10월 28일 국회에 제출되었다.

(2) 법체계

① 관련법규

(a) 헌법에서 국민전체에 대한 봉사자, 직업공무원 제도(제7조), 공무원의 노동기본권 보장(제33조제2항) 등이 있고, (b)노조법에는 공무원과 교원에 대하여는 별도 법으로 위임(제5조 단서), (c)국가공무원법 · 지방공무원법에서는 현업공무원외 집단행동 금지(국공법 제66조, 지공법 제58조), 공무원 복무상 의무규정(성실의무, 복종의무, 정치운동 금지 등이 있다.

[표2] 공무원노조법 관련법규

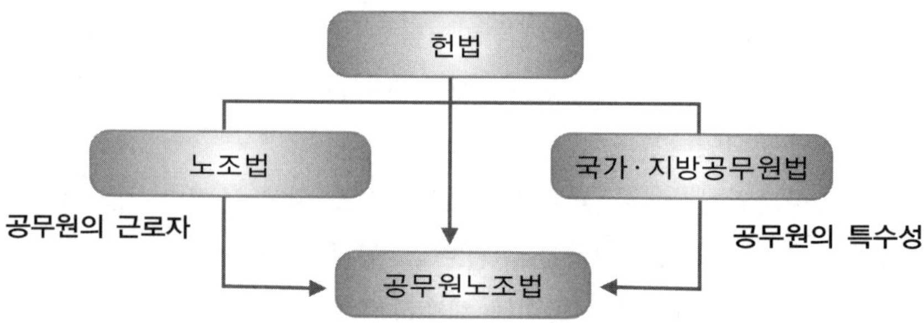

(3) 입법형식 및 의의

①정당한 조합활동의 범위를 넘어서 공무원의 신분에 위배되는 행위를 할 경우에는 국가공무원법(제66조제1항) 및 지방공무원법(제58조1항)에 따라 규율하고 있다. 또한 공무원노조법은 노조법 제5조 단서에 근거하여 공무원 노조의 설립, 가입범위, 교섭구조, 분쟁조정기구 등에 대해 별도로 규정하되 동법에서 정하지 않는 사항은 일반 노조법을 적용하기로 하였다.

②동 법률안에서 단체행동권의 행사가 금지되고 있는 것 등을 이유로 "전국공무원노동조합"이 2004년 11월 15일부터 17일까지 집단행동에 돌입하는 등 반발하였으나, 국회 논의과정에서 공무원의 정치적 중립성을 보다 명확히 하는 한편 노동조합에 가입할 수 없는 공무원의 범위를 특정하는 등 일부 조문만이 수정되었을 뿐 대부분 정부 원안대로 2004년 12월 31일 국회 본회의를 통과하였다[2].

제2절 공무원노조법 내용

1. 공무원노조법의 목적

(1) 노조법 제2조 제4호

노동조합이라 함은 근로자가 주체가 되어 자주적으로 단결하여 근로조건의 유지·개선 기타 근로자의 경제적·사회적 지위의 향상을 도모함을 목적으로 조직하는 단체 또는 그 연합단체를 말한다. 다만 다음 각목의 1에 해당

---

2) 공무원은 국민전체에 대한 봉사자로서 직무수행에 있어서 공공성·중립성이 요구되는 점을 감안하여 일반 근로자와 같은 노동기본권을 보장하지 않았다. 그러나, ①공직사회 내에 공무원의 근로조건이나 근무환경에 대하여 스스로 사용자와 대표자를 통하여 의견을 개진할 수 있는 통로가 마련되어야 한다는 요구가 커지고 일부 공무원들이 불법단체를 결성(법외조합)하여 사실상 노조활동을 전개하였다. ②각종 노사관계 제도의 국제화·세계화에 따라 공무원인 근로자에게 노동기본권이 보장되어야 한다는 것은 일반적·보편적인 원칙이라 할 수 있다. ③공무원노조법이 특별법 형식으로 규율되고 있지만 공무원의 노동기본권 제한에 최소한의 제한법칙을 적용하여 운용하고 있다.

하는 경우에는 노동조합으로 보지 아니한다.

①사용자 또는 항상 그의 이익을 대표하여 행동하는 자의 참가를 허용하는 경우, ②경비의 주된 부분을 사용자로부터 원조 받는 경우, ③공제·수양 기타 복리사업만을 목적으로 하는 경우, ④근로자가 아닌 자의 가입을 허용하는 경우[3], ⑤주로 정치운동을 목적으로 하는 경우 등이다.

(2) 공무원노조법 제17조

공무원에 적용할 노동조합 및 노동관계 조정에 관하여 이 법에서 정하지 아니 한 사항에 대하여는 제3항에서 정하는 경우를 제외하고는 노동조합 및 노동 관계조정법이 정하는 바에 따른다.

2. 단결권(공무원노동조합)

(1) 의 의

공무원 노동조합은 공무원이 주체가 되어 자주적으로 단결하여 근로조건의 유지·개선 기타 공무원의 경제적·사회적 지위 향상을 목적으로 하는 단결체를 의미한다. 그러나, 공무원 노조법에서 공무원노동조합의 의의에 대하여 언급하지 않고, 다만 공무원노조법 제17조 제2항에 따라 일반 노조법이 준용되므로 노조법 제2조 제4호에 따라 공무원 노동조합을 정의할 수 있다.

3) 다만, 해고된 자가 노동위원회에 부당노동행위의 구제신청을 한 경우에는 중앙노동위원회의 재심판정이 있을 때까지는 근로자가 아닌 자로 해석하여서는 아니 된다.

(2) 설립

① 공무원노조법 제1조(목적)

이 법은 헌법 제33조 제2항의 규정에 의한 공무원의 노동기본권을 보장하기 위하여 노동조합 및 노동관계조정법 제5조 단서의 규정에 따라 공무원의 노동조합 설립 및 운영 등에 관한 사항을 정함을 목적으로 한다. 공무원노조법 제1조는 공무원노조법의 목적을 규정한 것이지만, 동시에 공무원노동조합에 관한 법적 규율체제를 규정 한 것이다[4].

② 설립요건

노동조합이 완전한 법적노조가 되기 위해서는 실질적 요건으로서의 대외적 자주성과 대내적 민주성을 가져야 하며 형식적 요건으로서 설립 신고증을 교부받아야 한다. (a)적극적 요건으로, 공무원이 주체가 되어 자주적으로 조직되어야 한다. 즉, 여기에서 말하는 "공무원"이라 함은 "국가공무원법 제2조 및 지방공무원법 제2조에서 규정하고 있는 공무원"을 말하다(공무원노조법 제2조). 다만 공무원노조법 제6조에서는 구체적인 가입범위를 정하고 있기 때문에 공무원노조법 제6조 제2항에서 가입이 금지되는 공무원은 공무원노조에 가입할 수 없다. 그러므로 가입할 수 없는 공무원이 가입한 공무원노조는 공무원노조법 제3조에서 규정하는 "이 법에 의한 공무원의 노동조합"이 될 수 없다.

---

4) 공무원노조법은 공무원의 노동기본권을 보장하기 위한 것이다. 공무원도 노동기본권의 향유주체가 된다는 점을 분명하게 함으로써 공무원이 근로자에 해당하는지의 여부, 노동기본권의 향유주체가 되는지의 여부, 공무원노동조합이 민간부문의 노동조합과 본질적으로 차이가 있는지의 여부 등에 대하여 발생할 수 있는 논란을 해소한 것이다.

사실상 노무에 종사하는 현업 공무원과 교원노조법의 적용을 받는 교원인 공무원은 공무원노조법 소정의 공무원에 해당하지 않기 때문에 공무원노조를 설립하거나 가입할 수 없다. 사실상 노무에 종사하는 현업 공무원은 공무원노조법에 의한 공무원노조를 설립할 수는 없으나 노조법상의 일반적인 노동조합을 설립할 수 있고, 교원인 공무원은 교원노조법에 의한 노동조합을 설립할 수 있다.

또한 근로조건의 유지·개선 기타 공무원의 경제적·사회적 지위향상을 도모할 것을 목적으로 하여야 한다. 공무원노조는 근로조건, 엄격하게 말하면 근무조건의 유지·개선을 기본적인 목적으로 하면서 그밖에 근무조건과 간접적으로 관련되는 공무원의 경제적·사회적 지위향상을 목적으로 하여야 하지만, 뒤에서 보는 바와 같이 부수적으로 복리 후생활동을 할 수 있다. (b) 소극적 요건으로, 행정기관의 장, 공무원에 관한 사항에 대하여 행정기관의 장을 위하여 행동하는 자의 참가를 허용하는 경우이다. 여기서 말하는 "행정기관"이라 함은 단순히 행정주체의 행정사무를 담당하는 지위에 있는 기관만이 아니라 입법사무를 담당하는 입법기관 및 사법사무를 담당하는 사법기관 지방자치단체를 포괄하는 광의의 개념으로 해석된다. 따라서 행정기관에 포함될 수 있는 기관의 범위는 다음과 같다. 정부조직법상의 행정기관인 부·처 및 청(정부조직법 제2조 제2항), 법원조직법상 사법행정사무를 담당하는 기관(법원조직법 제9조), 의장의 지휘·감독을 받아 국회 및 국회의원의 입법 활동과 국회의 행정업무에 관련된 사무를 처리하는 국회사무처(국회사무처법 제2조), 지방자치법 제2조 소정의 지방자치단체, 그밖에 업무관할권의 범위가 전국에 미치는 광의의 행정기관인 국가정보원, 공정거래위원회, 감사원, 대통령비서실도 포함되는 것으로 해석한다.

따라서 행정기관의 장은 다음과 같은 경우를 의미한다. 국가공무원의 경우 부·처 및 청의 장(정부조직법 제7조 참조), 지방공무원의 경우 특별시장, 광역시장, 도지사, 시장, 군수, 구청장 등 지방자치 단체의 장(지방자치법 제85조), 대법원장(법원조직법 제9조 제1항), 국회사무총장(국회사무처법 제4조), 교육감(지방교육자치에 관한 법률 제20조, 제22조), "공무원에 관한 사항에 대하여 행정기관의 장을 위하여 행동하는 자"의 구체적인 범위는 개별적으로 판단하여야 한다.

(3) 설립단위

공무원노조법 제5조 제1항은 공무원이 노동조합을 설립하고자 하는 경우에는 국회, 법원, 헌법재판소, 선거관리위원회, 행정부(이상헌법기관), 특별시, 광역시, 도, 시, 군, 구(자치구)및 특별시, 광역시, 도의 교육청을 최소단위로 한다.

① 조직형태의 제한 취지

공무원노조는 공무원의 근무조건 결정 단위에 따라 최소설립 단위를 규율하여 조직형태를 제한하고 있다. 그 취지는 공무원노조가 근무조건을 중심으로 한 공무원의 사회·경제적 지위향상을 그 목적으로 하고 있다는 점을 고려하여 근무조건을 결정할 수 있는 법적인 권한을 가진 자를 노동관계의 상대방으로 함으로써 불필요하고 무용한 교섭을 방지하여 국민·주민에게 미치는 불편을 최소화하고 공무의 안정적 운영을 확보하며 공무원노사관계의 안정을 도모하고자 하는 것이라고 할 수 있다.

② 노조설립 최소단위의 규제

공무원노조법 제5조는 조직의 최소단위에 대한 규제만이 존재하고 최대단위에 대한 규제는 없기 때문에 예컨대 행정부의 공무원과 법원의 공무원을 모두 조직대상으로 하는 공무원단위 노동조합이나 모든 국가공무원을 조직대상으로 하는 국가공무원 단위노동조합을 설립할 수 있다.

(4) 가입범위

공무원노조법 제6조는 노동조합에 가입할 수 있는 공무원의 범위는 다음 각 호와 같다. ①6급 이하의 일반직공무원 및 이에 상당하는 연구 또는 특수기술 직렬의 일반직 공무원, ②특정직공무원 중 6급 이하의 일반직공무원에 상당하는 외무행정・외교정보 관리직공무원, ③기능직공무원, ④6급 이하의 일반직 공무원에 상당하는 별정직공무원 및 계약직공무원, ⑤고용직공무원 등이다.

(5) 전임자

공무원노조법 제7조는 ①공무원은 임용권자의 동의를 얻어 노동조합의 업무에만 종사할 수 있다. ②제1항의 규정에 의한 동의를 얻어 노동조합의 업무에만 종사하는 자(이하 전임자라 함)에 대하여는 그 기간 중 국가공무원법 제71조 또는 지방공무원법 제63조의 규정에 따라 휴직명령을 하여야 한다. ③국가 및 지방자치단체는 전임자에 대하여 그 전임기간 중 보수를 지급하여서는 아니 된다. ④국가 및 지방자치단체는 공무원이 전임자임을 이유로 승급 그 밖의 신분상의 불이익한 처우를 하여서는 아니 된다.

3. 분쟁해결(조정 및 중재)

(1) 조 정

공무원노조법 제12조에서 ①제8조의 규정에 의한 단체교섭이 결렬된 경우에는 당사자 일방 또는 쌍방은 노동위원회법 제2조의 규정에 의한 중앙노동위원회(이하 "중노위"라 함)에 조정(調停)을 신청할 수 있다. ②중노위는 제1항의 규정에 따라 당사자 일방 또는 쌍방이 조정을 신청한 경우에는 지체 없이 조정을 개시하여야 한다. 이 경우 당사자 쌍방은 이에 성실히 임하여야 한다. ③중노위는 조정안을 작성하여 이를 관계 당사자에게 제시하고 그 수락을 권고하는 동시에 그 조정안에 이유를 붙여 공표할 수 있다. 이 경우 필요한 때에는 신문 또는 방송에 보도 등 협조를 요청할 수 있다. ④조정은 제1항의 규정에 의한 조정신청이 있는 날부터 30일 이내에 종료하여야 한다. 다만, 당사자 간의 합의가 있는 때에는 30일 이내의 범위에서 연장할 수 있다.

공무원노조법에서는 노동쟁의의 개념을 도입하지 않고 "단체교섭의 결렬"이라고 표현하고 있지만 이는 노조법상의 노동쟁의와 본질적으로 동일한 의미라고 할 수 있다. 다만 공무원노조법에서는 단체교섭의 대상이 아닌 사항에 대하여 규정하고 있는 바(공무원노조법 제8조 제1항 단서), 일반노조에게는 허용되는 단체교섭의 대상이라 할지라도 공무원노조의 특수성으로 허용되지 않는 대상이 있을 수 있다. 노동쟁의가 발생한 경우, 당사자 일방 또는 쌍방은 중앙노동위원회에 조정을 신청할 수 있다. 노조법상 조정은 필수적이지만(조정전치주의), 공무원노조법상 조정은 필수적이지 않고, 따라서 조정은 언제나 당사자의 신청에 의해서만 개시된다. 다만 단체교섭이 결렬된다 하더라도 쟁의행위를 할 수 있는 권한이 없으므로 조정은 실질적 단체교섭의 연장선으로서 활용될 것이다. 조정의 개시는 당사자 일방 또는 쌍방의 신청에 의한다.

(2) 중 재

공무원노조법 제13조에서는 중앙노동위원회는 다음 각 호의 1에 해당하는 경우에는 지체 없이 중재(仲裁)를 행한다. ①제8조의 규정에 의한 단체교섭이 결렬되어 관계 당사자 쌍방이 함께 중재를 신청한 경우, ②제12조의 규정에 의한 조정이 이루어지지 아니하여 제14조의 규정에 의한 공무원노동관계조정위원회의 전원회의에서 중재회부의 결정을 한 경우이다.

조정이 성립하지 않은 경우에 중재의 신청이 있거나 공무원노동관계조정위원회 전원회의의 의결로써 중재회부의 결정을 한 경우에는 중재의 절차가 개시되고 중재 재정이 내려지게 된다. 중재 재정이 위법하거나 월권이라고 당사자가 인정하는 경우에는 중재 재정서의 송달을 받은 날부터 15일 이내에 중앙노동위원회 위원장을 피고로 하여 행정소송을 제기할 수 있다. 행정소송을 제기하지 않은 경우에는 중재재정이 확정된다. 확정된 중재재정은 단체협약과 동일한 효력을 가진다.

(3) 중재재정의 확정 및 행정소송의 제기

관계당사자는 중앙노동위원회의 중재재정이 위법하거나 월권에 의한 것이라고 인정하는 경우에는 그 중재재정서의 송달을 받은 날부터 15일 이내에 중앙노동위원회 위원장을 피고로 하여 행정소송을 제기할 수 있으며, 그 기간 이내에 행정소송을 제기하지 아니한 때에는 그 중재 재정은 확정된다. 이 경우 확정된 중재재정의 내용은 제10조의 규정에 의한 단체협약과 동일한 효력을 가진다. 또한, 중앙노동위원회의 중재재정은 행정 소송의 제기에 의하여 그 효력이 정지되지 아니 한다.

(4) 공무원노동관계조정위원회

①위원회의 구성은 공무원노동조합의 쟁의행위를 금지하는 대신, 중앙노동위원회에 별도의 '공무원노동관계조정위원회'를 구성하여 공무원노사관계 분쟁조정을 전담하게 하다(공무원노조법 제14조 제1항). 위원회는 공무원노동관계의 조정・중재를 전담하는 7인 이내의 공익위원으로 구성 함(동조 제2항). 공익위원은 공무원 문제 또는 노동문제에 관한 지식과 경험을 갖춘 자 또는 사회적 덕망이 있는 자 중에서 중앙노동위원회 위원장의 추천과 노동부장관의 제청으로 대통령이 위촉(동조 제3항) 한다.

②회의의 운영은 위원회에는 전원회의와 소위원회를 둔다(공무원노조법 제15조 제1항). 전원회의는 공익위원 전원으로 구성하며, 전국에 걸친 노동쟁의의 조정사건, 중재회부의 결정, 중재재정 사항을 담당 한다. 소위원회는 위원회의 위원장이 중앙노동위원회 위원장과 협의하여 지명하는 3인으로 구성하며, 전원회의에서 담당하지 아니하는 조정사건을 담당(동조 제3항). 소위원회의 위원장은 소위원회의 위원 중에서 위원회의 위원장이 중앙노동위원회의 위원장과 협의하여 지명하는 자가 되며, 소위원회의 위원장은 소위원회의 의장이 된다.

제 10 장 교원노조법

제1절 교원의 노동기본권 개요

1. 교원의 노동기본권

노조법 제2조 제1호에서 근로자에 대한 정의로 근로자라 함은 직업의 종류를 불문하고 임금·급료 기타 이에 준하는 수입에 의하여 생활하는 자로 되어 있다. 그렇기 때문에 직업의 종류를 불문하기 때문에 사적 계약에 의한 사립학교 교원이나 공적 계약에 의한 공·국립학교 교원이 노조법상의 근로자에 배제될 이유가 없고, 또한 임금·급료 기타 이에 준하는 수입에 의하여 생활하는 교원 역시 임금 생활자이다.

노조법 제5조에서는 근로자는 자유로이 노동조합을 조직하거나 이에 가입할 수 있다. 다만, 교원과 교원에 대하여는 따로 법률로 정한다고 규정하고 있어 교원의 근로자성을 인정하고 있다. 결론적으로 교원은 노조법상의 근로자에 해당한다고 할 수 있다.

2. 교원노동기본권의 특수성

교원 노동조합의 목적은 원칙적으로는 민간노동조합과 마찬가지로 교원의 근로조건의 유지 향상에 있다. 그러나 직무의 특수성, 사회적 역할기대 등 실제 운영 면에서 민간노동조합과 다른 특성을 갖게 된다.

즉 교원은 일반근로자와의 차이점으로 노동조합 구성원으로서의 근로자라는 지위와 학교에서의 교육을 담당하는 스승으로서의 지위를 동시에 보유하고 있다. 또한 우리나라 교육은 유교적 전통 하에서 중요한 비중을 차지하고 있으며, 이러한 교육을 담당하고 있는 교원은 소위 스승으로서 개인의 사익을 추구하기보다는 공익의 존중과 품위의 유지가 사회적으로 요구되고 있다. 교원은 교육에 대한 전문가로서의 지위를 보유하고 있다. 즉 교원은 근로자로서 근로조건에 대한 이해당사자일 뿐 아니라, 교육정책에 관하여도 합리적이고 타당한 결정을 내릴 수 있는 전문가에 해당하여 일반적인 근로자와는 다른 특수성이 존재하기 때문이다.

또한 교원노조의 특수한 법적성질은 국 · 공립학교 교원은 교육교원의 신분을 보유하고 있고 복무 및 근로조건이 관련 법령 및 예산에 의하여 결정된다. 사립학교 교원의 경우 사립학교법 제55조에 의하여 국 · 공립학교 교원의 복무 및 근로조건이 동일하게 적용. 또한 정부가 예산에 의하여 사립학교 재정의 상당부분을 지원하고 있으며, 사립학교의 감독권한을 교육청 또는 교육부가 보유하고 있다. 따라서 교원노조에게 단체교섭권을 인정할 경우, 정부의 고유한 입법 · 예산 및 정책결정기능을 노사당사자가 담당하게 됨으로써, 소위 국가권한의 불법위임이 초래될 가능성이 있다. 또한 교원노조가 파업을 하는 경우 교육의 중단 등 중요한 공공기능의 마비를 초래할 수 있다[1].

---

1) 대판,2006.5.26.2004다62597.
교원의 경우 헌법 제33조 제1항 및 노조법 제2조 제1호 소정의 '근로자'에 해당한다고 볼 수 있으나, 헌법 제31조는 교육 및 교원의 지위 등에 관하여 헌법적 차원에서 특별한 규율을 하고 있다. 헌법 제31조 제6항은 같은 조 제1항 소정의 국민의 교육을 받을 기본적 권리를 보다 효과적으로 보장하기 위하여 교원의 보수 및 근무조건 등을 포함하는 개념인 '교원의 지위'에 관한 기본적인 사항을 법률로써 정하도록 한 것이므로, 교원의 지위에 관련된 사항에 관한 한 헌법 제31조 제6항이 근로기본권에 관한 헌법 제33조 제1항에 우선하여 적용되기 때문에, 입법자가 교원에 대하여 일반노동조합과 유사한 형태의 조합을 결성할 수 있음을 규정하되 그 규율방식을 달리하여 근로조건의 향상 등을 목적으로 하는 단결권 및 단체교섭권은 허용하면서도 단체행동권의 행사는 전면적으로 금지하거나, 혹은 개별 직장이 아닌

3. 교원노조법의 입법형식

(1) 제정경위

1948년의 제헌헌법은 근로자의 노동3권을 기본권으로 보장하였을 뿐 현재와 같은 교원에 대한 특례규정은 두지 않았다. 1987년 6.29선언이후 민주교육추진전국교사협의회(전교협)이 창립되었고, 1989년 5월에는 교원들의 단결체로서 전국교직원노동조합(이하 전교조라 함)이 설립되었으나, 합법적인 단체로 인정되지 못했다. 1997년 교육기본법 제정 전까지 단일 교원단체 정책을 유지함으로써 한국교총이 유일한 교원단체로 활동하였다.

우리나라는 ILO(국제노동기구)에 1991년에 가입한 이후 1993년 3월의 제255차 집행이사회의 전교조 인정과 해직교사 복직을 요구하는 권고 결의한 채택 등에 의하여 이에 대해 수차례 권고를 받았다. 또한 1996년 OECD에 29번째로 가입하면서 한국 노사관계 기준을 국제기준에 맞게 개선하겠다고 약속하였다. 이후 OECD는 한국의 노사관계 진전 상황을 5차례에 걸쳐 점검하는 등 우리나라의 노사관계가 국제무대에서 평가되어 왔다.

1998년 1월 국민의 정부의 출범과 더불어 대통령 자문기구로 노사정위원회를 구성, 교원노조를 1999년 7월부터 허용하여 합법화하는 것을 합의. 이후 1998년 8월에는 노사정위원회 노사관계소위에서 '교원노동기본권'을 최우선과제로 추진하기로 하였다. 1998년 11월 23일 정부는 「교원의 노동조합설립 및 운영등에 관한 법률(안)」을 국무회의에서 의결하고, 12월 1일 정기국회에 제출하다. 1999년 1월 6일 국회 본회의 의결을 거쳐 1월 29일

광역단위에 한하여 노동조합을 설립할 수 있도록 하는 등 이에 대하여 특별한 규율을 하는 것도 허용된다고 보아야 한다.

공포하였다. 결국, 교원노조법은 1999년 7월 1일부터 시행되어 2006년 12월 30일에 4차 개정이 이루어져 시행되고 있다.

(2) 법체계

관련법규로, 헌법에서 국민전체에 대한 봉사자, 직업교원 제도(제7조), 교원의 노동기본권 보장(제33조 제2항), 노조법에서 교원과 교원에 대하여는 별도 법으로 위임(제5조 단서), 국가교원법・지방교원법에서는 현업교원외 집단행동 금지(국공법 제66조, 지공법 제58조), 교원복무 상 의무규정(성실의무, 복종의무, 정치운동 금지 등) 등이 있다.

교원의 근로자성 인정, 스스로의 근로조건 개선을 위한 노동기본권을 보장하되, 국민전체에 대한 봉사자라는 교원의 신분 및 직무의 특수성과 조화를 이루도록 일정부분 제한하였다[2].

---

2) 근로기준법 등 개별적 노사관계법과의 관계를 보면, 국·공립 교원의 경우, 국가교원법, 교육교원법, 교원지위향상을위한특별법, 초·중등교육법, 국가교원복무 규정, 교원보수규정 등은 근로기준법 등 개별적 노사관계법령과의 관계에 있어서 특별법의 지위에 있다. 따라서 국·공립 교원의 신분, 복무, 휴가, 보수 등에 관하여는 우선적으로 교육관계법령이 적용된다. 다만, 교육관계법령에 특별한 규정이 있지 아니하면서 근로기준법 등에 규정이 있는 경우에 한하여 개별적 노사관계법령이 적용된다. (1)사립 교원의 경우는, 역시 사립학교법과 동법에 의해 준용되는 국가교원법·교육교원법, 교원지위향상을위한특별법, 초·중등교육법 등이 개별적 노사관계법령에 대해 우선 적용된다. (2)교원노조법 등 집단적 노사관계법과의 관계로, 교원노조법은 국가교원법과 사립학교법에 대해 특별법의 지위에 있다. 따라서 교원의 노조 설립과 그 활동에 관하여는 교원노조법이 우선 적용되고 교원노조법에 규정이 없는 사항에 대해서는 특별한 규정이 없는 한, 노조법이 적용된다.

(3) 입법형식 및 의의

교원노조법은 노조법 제5조 단서에 근거하여 교원노조에 대하여 교원의 노동조합 설립, 단체교섭, 노동쟁의, 정치활동에 관한 사항 등 특례로 적용되는 사항만을 별도로 규정하고 동법에서 정하지 않는 사항은 노조법을 적용하기로 하였다. 교원들이 자신의 권익신장을 위하여 합법적으로 활동할 수 있고, 국제적으로 통용되는 노동기준에 관한 보편적 규범을 수용함으로써 국제사회에서 우리나라의 신인도를 높일 수 있는 계기가 되었다. 현재 교원노조법 개정안이 국회에 계류 중에 있고 교육계에서 충돌하고 있는 상황이다.

제2절 교원노조법 내용

1. 교원노조법의 목적

제1조(목적)는 이 법은 국가교원법 제66조제1항 및 사립학교법 제55조의 규정에 불구하고 노조법 제5조 단서의 규정에 의하여 교원의 노동조합 설립에 관한 사항을 정하고 교원에 적용할 노조법에 대한 특례를 규정함을 목적으로 한다.

교원노조법 제1조는 국가교원법 제66조제1항을 적용 받는 국·공립 교원과 사립학교법 제55조에 따라 이를 준용 받는 사립 교원들은 노동운동과 같은 집단적 행위를 할 수 없음에도 불구하고 노조법 제5조의 단서규정에 의하여 노동조합 설립 및 운영 등에 대해 허용하고 있다. 노조법에 대한 특별법으로 교원노조법을 제정한 것은 교원노조의 특수한 법적·사회적 성격으로 인하여 노조법의 적용을 받게 하는 경우 교원노조에 관한 다수의 예외조항을 신설하여야 하는 법체계의 문제점 발생이 가장 큰 이유이다.

2. 단결권(교원노동조합)

(1) 의 의

교원노조법 제14조는 교원에 적용할 노조법에 관하여 이 법에서 정하지 아니한 사항에 대하여는 제2항에서 정하는 경우를 제외하고는 일반 노조법이 정하는 바에 따른다.

헌법 제33조 제1항에 규정된 단결권의 주체에는 근로자 개인 뿐만 아니라 근로자의 단결체인 노동조합도 포함한다하다. 교원 노동조합은 교원이 주체가 되어 자주적으로 단결하고. 근로조건의 유지·개선 기타 교원의 경제적·사회적 지위 향상을 목적으로 하는 단결체를 의미한다. 따라서 교원노조법에서 교원노동조합의 의의에 대하여 언급하지 않고 있지만, 교원노조법 제14조 제1항에 따라 일반 노조법이 준용되므로 노조법 제2조 제4호에 따라 교원 노동조합을 정의할 수 있다.

(2) 설 립

교원노조법 제2조에서 이 법에서 교원이라 함은 초·중등교육법 제19조 제1항에서 규정하고 있는 교원을 말한다. 다만, 해고된 자로서 노동조합 및 노동관계조정법 제82조제1항의 규정에 의하여 노동위원회에 부당노동행위의 구제신청을 한 자의 경우에는 중앙노동위원회의 재심판정이 있을 때까지 이를 교원으로 본다.

①설립요건으로 노동조합이 완전한 법적노조가 되기 위해서는 실질적 요건으로서의 대외적 자주성과 대내적 민주성을 가져야 하며 형식적 요건으로서 설립 신고증을 교부받아야 한다.

②적극적 요건으로 교원이 주체가 되어야 하고 여기에서 말하는 "교원"이라 함은 "초·중등 교육법 제19조 제1항에서 규정하고 있는 교원"을 말 한다(교원노조법 제2조). 「초·중등 교육법」 제19조에서 규정하고 있는 교원이라 함은 "초등학교·중학교·고등학교·공민학교·고등공민학교 및 특수학교"의 교사, 교장, 교감 등을 의미한다. 그러나 노조법상의 사용자 지위에 해당하는 학교 설립·경영자, 교장, 교감 등은 교원노조의 가입이 제한된다.

최초 교원노조법이 시행되었던 1999. 7. 1. 에는 '유치원 교사'에 대해서도 교원노조법상 조합원으로 가입할 수 있는 교원의 범위에 포함되어 있었으나 2004. 1. 29. 해당조문이 삭제되었다. 따라서 유치원 교사는 교원노조에 가입할 수 있는 교원의 범위에서 제외된다. 따라서 교원노조법상의 교원노조를 설립 및 가입할 수 있는 교원의 범위를 '초중등교육법'상의 교원으로 한정하고 있기 때문에 「고등교육법」 의 적용을 받는 대학교수는 교원노조를 설립하거나 이에 가입할 수 없다.

다만, 직원은 교원노조에 가입할 수 없다. 교원노조법의 적용을 받는 교원인 교원은 교원노조법 소정의 교원에 해당하지 않기 때문에 교원노조를 설립하거나 가입할 수 없다.

③교원이 자주적으로 조직하여야 한다. 교원노조는 외부의 지배나 개입 없이 교원의 자주적인 의사결정에 의하여 독립적으로 조직·운영되어야 한다. 사용자의 지위에 있는 국가나 지방자치단체만이 아니라 정당, 종교단체,

시민단체 등 외부세력의 간섭이나 개입으로부터 독립하여 조직・운영되어야 한다. 그리고 근로조건의 유지·개선 기타 교원의 경제적·사회적 지위향상을 도모할 것을 목적으로 하여야 한다. 그러므로 교원노조는 근로조건 즉 임금·근로시간 등 근로관계의 형성 · 유지 및 종료 등에 관한 모든 사항을 유지 · 개선할 것을 기본적인 목적으로 하다. 그밖에 근무조건과 간접적으로 관련되는 교원의 경제적・사회적 지위향상을 목적으로 한다[3].

④소극적 요건으로 교원노조법 제14조제2항에 의해 준용되는 노조법 제2조제4호단서 각목은 같은 호 본문의 주체성・자주성・목적성・단체성 등 적극적 요건과 함께 소극적 요건으로서 일정한 사항을 규정하여 여기에 해당할 경우에는 교원노조로 간주되지 않는다. 즉, 노동조합이 사용자 또는 항상 그의 이익을 대표하여 행동하는 자의 참가를 허용하는 경우, 여기서 교원노조법상 사용자라 함은 교원노조법 제6조를 근거해 볼 때 교육부장관, 각 시·도교육청의 교육감, 사립학교를 설립 · 경영하는 재단 이사장, 사립학교를 설립 · 경영하는 자가 전국 또는 시 · 도 단위로 연합하여 구성한 연합단체장을 말한다. 사용자의 이익을 대표하여 행동하는 자에 대해서는 교원의 인사, 급여, 후생, 노무관리 등 근로조건의 결정 또는 업무상의 명령이나 지휘감독

---

3) 대판,1996.6.28,93도855.
노조법제3조(현행 노조법제2조제4호)에서 노동조합이라 함은 근로자가 주체가 되어 자주적으로 단결하여 근로조건의 유지・개선과 근로자의 복지증진, 기타 경제적・사회적 지위의 향상을 도모함을 목적으로 조직하는 단체 또는 그 연합단체를 말한다. 그러나 다음 각호의 1에 해당하는 경우에는 그러하지 아니하다 라고 하여 그 각호로서 ①사용자 또는 항상 그의 이익을 대표하는 자의 참가를 허용하는 경우, ②그 경비 지출에 있어서 주로 사용자의 원조를 받는 경우, ③공제・수양 기타 복리사업만을 목적으로 하는 경우, ④근로자가 아닌 자의 가입을 허용하는 경우, ⑤주로 정치운동을 목적으로 하는 경우를 규정하고 있으므로, 위 법 조항의 규정취지로 보아 노조법상의 노동조합이라고 하려면 근로자가 주체가 되어 자주적으로 조직한 단체이고 또한 근로조건의 유지・개선과 근로자의 복지증진, 기타 경제적・사회적 지위 향상을 도모함을 목적으로 하는 단체임을 요한다.

을 하는 등의 사항에 대하여 사용자로부터 일정한 권한과 책임을 부여받은 자로 해석할 수 있다[4].

(3) 설립단위

①교원은 특별시·광역시·도·특별자치도(이하 "시·도"라 한다)단위 또는 전국단위에 한하여 노동조합을 설립할 수 있다. ②노동조합을 설립하고자 하는 자는 노동부장관에게 설립신고서를 제출하여야 한다.

또한 교원노조법시행령 제2조 교원의 노동조합 중 2이상의 특별시·광역시·도에 걸치는 단위노동조합은 시·도단위의 지부·분회등에 한하여 교원노조법 제4조제2항의 규정에 의한 노동조합의 설립신고를 할 수 있다.

전국 단위의 교원노조 : 교원노조에 가입할 수 있는 교원의 경우, 국 · 공립학교 또는 사립학교 교원을 불문하고 전국단위 교원노조에 조합원으로 가입할 수 있다. 교원노조의 경우 교원노조법 제14조제2항에 의해 관련 일반 노조법의 부칙 규정이 적용되지 않기 때문에 조직대상을 같이하는 전국단위 교원노조를 2개 이상 조직하는 경우 즉, 복수노조를 허용하고 있다[5].

---

4) 대판,1998.5.22.97누8076.
노조법 제3조 단서 제1호의 규정(현행 노조법 제2조 제4호 가목)은 노동조합의 자주성을 확보하기 위하여 사용자 또는 항상 사용자의 이익을 대표하여 행동하는 자의 노동조합에의 참가를 금지하고 있는바, 원심이 적법하게 인정한 바와 같이, 전쟁기념사업회노동조합(이하 이 사건 조합이라고 함)의 조합장인 소외 ○○○는 학예부장의 차 하위자인 3급직 학예담당관으로 그 부하직원을 지휘하고 그 휘하의 6급 이하 직원에 대한 1차적 평가를 하지만, 부장이 2차 평정권자로 그 평정의 권한 및 책임은 궁극적으로 부장에게 귀속되고, 부하직원의 지휘도 부장을 보조하는데 지나지 아니하며, 인사, 급여, 후생, 노무관리 등 근로조건의 결정에 관한 권한과 책임을 원고로부터 위임받은 사실이 없다면, 위 ○○○는 법 제3조 단서 제1호에 정한 사용자 또는 항상 그의 이익을 대표하여 행동하는 자에 해당하지 않는다.

5) 민간부문의 경우 하나의 사업 또는 사업장에 노동조합이 조직되어 있는 경우 조직

시 · 도 단위의 교원노조 : 전국단위 교원노조와 더불어 교원노조법상 허용되는 노조설립 단위는 특별시 · 광역시 · 도 단위임. 즉 1개 특별시와 6개 광역시, 9개 도 단위(제주 포함)로 교원노조를 독자적으로 조직할 수 있다. 학교 단위의 교원노조 : 일반 사업장의 경우 임금 기타 근로조건이 사업 또는 사업장 단위로 결정되어 질 수 있기 때문에 사업장 노동조합의 설립이 일반적인 형태라 할 수 있지만, 교원의 경우에는 교원의 특수성을 고려하여 학교 단위별 교원노조의 설립이 금지되어 있다.

(4) 노동조합의 운영

교원노동조합의 운영과 관련하여서는 교원노조법에서 특별히 정하고 있는 바가 없으므로 일반 노조법에 의거하여야 한다(노조법 제14조 내지 제27조). 따라서 조합운영에 관해 ①조합규약의 작성과 개정, ② 조합의 기관, ③조합의 재정, ④조합의 조합원에 대한 내부통제, ⑤조합활동과 사용자의 편의제공 등 노동조합운영에 대한 노조법의 규정이 그대로 적용된다. 다만 교원노조법 제14조제2항에서 일반 노조법의 규정 가운데 교원노조 운영에서 노조법 제81조제2호단서와 노조법 제24조(노조의 전임자)가 적용되지 않음을 규정하고 있다.

대상을 같이하는 새로운 노동조합 설립을 금지한다(2009년 말까지).

3. 분쟁해결(조정 및 중재)

(1) 조 정

①교원노조법 제6조의 규정에 의한 단체교섭이 결렬된 경우에는 당사자 일방 또는 쌍방은 중앙노동위원회에 조정을 신청할 수 있다. ②제1항의 규정에 의하여 당사자 일방 또는 쌍방이 조정을 신청한 경우에는 중앙노동위원회는 지체 없이 조정을 개시하여야 하며 당사자 쌍 방은 이에 성실히 임하여야 한다. ③조정은 제1항의 규정에 의한 신청이 있는 날부터 30일 이내에 종료하여야 한다.

조정이라 함은 근로자와 사용자의 단체교섭에서 합의가 이루어지지 않아 당사자간 교섭이 결렬된 노동쟁의 상태에서 노동위원회의 조정위원회가 당사자의 의견을 들어 조정안을 작성하고 당사자에 대해 조정안 수락을 권고하는 제도이다. 노동조합과 사용자간의 단체교섭이 결렬된 경우 노동조합측의 가장 강력한 단체협약체결의 가장 중요한 압력수단은 파업 등의 쟁의행위이다. 그러나, 교원노조는 파업 · 태업 기타 업무의 정상적인 운영을 저해하는 일체의 쟁의행위가 금지되므로, 단체교섭이 결렬되는 경우 자신의 주장을 관철할 수 있는 수단이 제한되어 있다.

(2) 중 재

교원노조법 제10조에서 중앙노동위원회는 다음 각호의 1에 해당하는 때에는 중재를 행한다. ①제6조의 규정에 의한 단체교섭이 결렬되어 관계 당사자 쌍방이 함께 중재를 신청한 경우, ②중앙노동위원회가 제시한 조정안을 당사자 일방 또는 쌍방이 거부한 경우, ③중앙노동위원회 위원장이 직권 또는 노동부장관의 요청에 의하여 중재에 회부한다는 결정을 한 경우이다.

중재는 노동쟁의조정절차 중 최종단계의 조정절차로서 조정과정에서 당사간의 합의가 이루어지지 아니하는 경우 개시되는 절차이다. 중재의 경우 중재안이 당사자를 구속한다는 점에서 당사자가 구속되지 아니하는 조정과 구별된다. 행정소송을 제기하지 않은 경우에는 중재재정이 확정된다. 교원노조법에서는 교원노사간의 단체교섭이 결렬되어 관계당사자 쌍방이 함께 중재를 신청한 경우, 조정신청을 통해 중앙노동위원회가 제시한 조정안은 당사자 일방 또는 쌍방이 거부한 경우 중재가 개시된다.

일반 노조법에서 해당 사업이 필수공익사업에 있어 노동위원회위원장이 특별조정위원회의 권고에 의하여 중재에 회부한다는 결정을 한 때 직권중재가 허용되었으나 2006. 12. 30. 에 삭제되었다. 교원노조법에서는 중재개시의 한 요건으로서 중앙노동위원회 위원장이 직권 또는 노동부장관의 요청에 의하여 중재에 회부한다는 결정을 한 경우 바로 중재조치가 내려진다.

⑶ 교원노동관계조정위원회

교원노조법 제11조에서 ①교원의 노동쟁의를 조정·중재하기 위하여 중앙노동위원회에 교원노동관계조정위원회(이하 "위원회"라 한다)를 둔다. ②제1항의 규정에 의한 위원회는 중앙노동위원회 위원장이 지명하는 조정담당 공익위원 3인으로 구성한다. 다만, 관계당사자의 합의로 중앙노동위원회의 조정담당 공익위원이 아닌 자를 추천하는 경우에는 그 추천된 자를 지명하여야 한다. ③위원회의 위원장은 위원회의 위원 중에서 호선한다.

교원노동조합의 쟁의행위를 금지하는 대신, 중앙노동위원회에 별도의 '교원노동관계조정위원회’를 구성, 교원노사관계 분쟁조정 을 전담하게 하다(교원노조법 제11조 제1항). 위원회는 중앙노동위원회 위원장이 지명하는 조정담당 공익위원으로 구성된다. 다만, 관계 당사자의 합의로 중앙노동위원회의 조정담당 공익위원이 아닌 자를 추전하는 경우에는 그 추천된 자를 지명하여야 하다. 그러나 조정담당 공익위원이 아닌 자를 추천 · 지명하기 위해서는 반드시 관계당사자의 합의가 전제되어야 한다.

중재가 개시되게 되면 중재위원회는 기일을 정하여 관계당사자 쌍방 또는 일방을 중재위원회에 출석하게 하여 주장의 요점을 확인하여야 하다. 반면, 관계당사자와 참고인외의 자의 회의출석을 금지할 수 있다.교원노동관계조정위원회는 중앙노동위원회에 특별위원회로 설치되는 중앙노동위원회의 비상설 특별조정위원회이며, 특별노동위원회가 아니다.

부록 노동조합 및 노동관계조정법

노동조합 및 노동관계조정법

[일부개정 2008.3.28 법률 제9041호]

제1장 총칙

제1조 (목적)

이 법은 헌법에 의한 근로자의 단결권·단체교섭권 및 단체행동권을 보장하여 근로조건의 유지·개선과 근로자의 경제적·사회적 지위의 향상을 도모하고, 노동관계를 공정하게 조정하여 노동쟁의를 예방·해결함으로써 산업평화의 유지와 국민경제의 발전에 이바지함을 목적으로 한다.

제2조 (정의)

이 법에서 사용하는 용어의 정의는 다음과 같다.

1. "근로자"라 함은 직업의 종류를 불문하고 임금·급료 기타 이에 준하는 수입에 의하여 생활하는 자를 말한다.
2. "사용자"라 함은 사업주, 사업의 경영담당자 또는 그 사업의 근로자에 관한 사항에 대하여 사업주를 위하여 행동하는 자를 말한다.
3. "사용자단체"라 함은 노동관계에 관하여 그 구성원인 사용자에 대하여 조정 또는 규제할 수 있는 권한을 가진 사용자의 단체를 말한다.
4. "노동조합"이라 함은 근로자가 주체가 되어 자주적으로 단결하여 근로조건의 유지·개선 기타 근로자의 경제적·사회적 지위의 향상을 도모함을 목적으로 조직하는 단체 또는 그 연합단체를 말한다. 다만, 다음 각목의 1에 해당하는 경우에는 노동조합으로 보지 아니한다.

가. 사용자 또는 항상 그의 이익을 대표하여 행동하는 자의 참가를 허용하는 경우

나. 경비의 주된 부분을 사용자로부터 원조받는 경우

다. 공제·수양 기타 복리사업만을 목적으로 하는 경우

라. 근로자가 아닌 자의 가입을 허용하는 경우. 다만, 해고된 자가 노동위원회에 부당노동행위의 구제신청을 한 경우에는 중앙노동위원회의 재심판정이 있을 때까지는 근로자가 아닌 자로 해석하여서는 아니된다.

마. 주로 정치운동을 목적으로 하는 경우

5. "노동쟁의"라 함은 노동조합과 사용자 또는 사용자단체(이하 "노동관계 당사자"라 한다)간에 임금·근로시간·복지·해고 기타 대우등 근로조건의 결정에 관한 주장의 불일치로 인하여 발생한 분쟁상태를 말한다. 이 경우 주장의 불일치라 함은 당사자간에 합의를 위한 노력을 계속하여도 더이상 자주적 교섭에 의한 합의의 여지가 없는 경우를 말한다.
6. "쟁의행위"라 함은 파업·태업·직장폐쇄 기타 노동관계 당사자가 그 주장을 관철할 목적으로 행하는 행위와 이에 대항하는 행위로서 업무의 정상적인 운영을 저해하는 행위를 말한다.

제3조 (손해배상 청구의 제한)

사용자는 이 법에 의한 단체교섭 또는 쟁의행위로 인하여 손해를 입은 경우에 노동조합 또는 근

로자에 대하여 그 배상을 청구할 수 없다.

제4조 (정당행위)
형법 제20조의 규정은 노동조합이 단체교섭·쟁의행위 기타의 행위로서 제1조의 목적을 달성하기 위하여 한 정당한 행위에 대하여 적용된다. 다만, 어떠한 경우에도 폭력이나 파괴행위는 정당한 행위로 해석되어서는 아니된다.

제2장 노동조합

제1절 통칙

제5조 (노동조합의 조직·가입)
근로자는 자유로이 노동조합을 조직하거나 이에 가입할 수 있다. 다만, 공무원과 교원에 대하여는 따로 법률로 정한다.

제6조 (법인격의 취득)
①노동조합은 그 규약이 정하는 바에 의하여 법인으로 할 수 있다.
②노동조합은 당해 노동조합을 법인으로 하고자 할 경우에는 대통령령이 정하는 바에 의하여 등기를 하여야 한다.
③법인인 노동조합에 대하여는 이 법에 규정된 것을 제외하고는 민법중 사단법인에 관한 규정을 적용한다.

제7조 (노동조합의 보호요건)
①이 법에 의하여 설립된 노동조합이 아니면 노동위원회에 노동쟁의의 조정 및 부당노동행위의 구제를 신청할 수 없다.
②제1항의 규정은 제81조제1호·제2호 및 제5호의 규정에 의한 근로자의 보호를 부인하는 취지로 해석되어서는 아니된다.
③이 법에 의하여 설립된 노동조합이 아니면 노동조합이라는 명칭을 사용할 수 없다.

제8조 (조세의 면제)
노동조합에 대하여는 그 사업체를 제외하고는 세법이 정하는 바에 따라 조세를 부과하지 아니한다.

제9조(차별대우의금지<개정 2008.3.28>)
노동조합의 조합원은 어떠한 경우에도 인종, 종교, 성별, 연령, 신체적 조건, 고용형태, 정당 또는 신분에 의하여 차별대우를 받지 아니한다.<개정 2008.3.28>

제2절 노동조합의 설립

제10조 (설립의 신고)

①노동조합을 설립하고자 하는 자는 다음 각호의 사항을 기재한 신고서에 제11조의 규정에 의한 규약을 첨부하여 연합단체인 노동조합과 2 이상의 특별시·광역시·도·특별자치도에 걸치는 단위노동조합은 노동부장관에게, 2 이상의 시·군·구(자치구를 말한다)에 걸치는 단위노동조합은 특별시장·광역시장·도지사에게, 그 외의 노동조합은 특별자치도지사·시장·군수·구청장(자치구의 구청장을 말한다. 이하 제12조제1항에서 같다)에게 제출하여야 한다.<개정 1998.2.20, 2006.12.30>

1. 명칭
2. 주된 사무소의 소재지
3. 조합원수
4. 임원의 성명과 주소
5. 소속된 연합단체가 있는 경우에는 그 명칭
6. 연합단체인 노동조합에 있어서는 그 구성노동단체의 명칭, 조합원수, 주된 사무소의 소재지 및 임원의 성명·주소

②제1항의 규정에 의한 연합단체인 노동조합은 동종산업의 단위노동조합을 구성원으로 하는 산업별 연합단체와 산업별 연합단체 또는 전국규모의 산업별 단위노동조합을 구성원으로 하는 총연합단체를 말한다.

제11조 (규약)

노동조합은 그 조직의 자주적·민주적 운영을 보장하기 위하여 당해 노동조합의 규약에 다음 각호의 사항을 기재하여야 한다.<개정 2006.12.30>

1. 명칭
2. 목적과 사업
3. 주된 사무소의 소재지
4. 조합원에 관한 사항(연합단체인 노동조합에 있어서는 그 구성단체에 관한 사항)
5. 소속된 연합단체가 있는 경우에는 그 명칭
6. 대의원회를 두는 경우에는 대의원회에 관한 사항
7. 회의에 관한 사항
8. 대표자와 임원에 관한 사항
9. 조합비 기타 회계에 관한 사항
10. 규약변경에 관한 사항
11. 해산에 관한 사항
12. 쟁의행위와 관련된 찬반투표 결과의 공개, 투표자 명부 및 투표용지 등의 보존·열람에 관한 사항
13. 대표자와 임원의 규약위반에 대한 탄핵에 관한 사항
14. 임원 및 대의원의 선거절차에 관한 사항

15. 규율과 통제에 관한 사항

제12조 (신고증의 교부)

①노동부장관, 특별시장·광역시장·도지사·특별자치도지사 또는 시장·군수·구청장(이하 "행정관청"이라 한다)은 제10조제1항의 규정에 의한 설립신고서를 접수한 때에는 제2항 전단 및 제3항의 경우를 제외하고는 3일 이내에 신고증을 교부하여야 한다.<개정 1998.2.20, 2006.12.30>

②행정관청은 설립신고서 또는 규약이 기재사항의 누락등으로 보완이 필요한 경우에는 대통령령이 정하는 바에 따라 20일 이내의 기간을 정하여 보완을 요구하여야 한다. 이 경우 보완된 설립신고서 또는 규약을 접수한 때에는 3일 이내에 신고증을 교부하여야 한다.<개정 1998.2.20>

③행정관청은 설립하고자 하는 노동조합이 다음 각호의 1에 해당하는 경우에는 설립신고서를 반려하여야 한다.<개정 1998.2.20>

1. 제2조제4호 각목의 1에 해당하는 경우
2. 제2항의 규정에 의하여 보완을 요구하였음에도 불구하고 그 기간내에 보완을 하지 아니하는 경우

④노동조합이 신고증을 교부받은 경우에는 설립신고서가 접수된 때에 설립된 것으로 본다.

제13조 (변경사항의 신고등)

①노동조합은 제10조제1항의 규정에 의하여 설립신고된 사항중 다음 각호의 1에 해당하는 사항에 변경이 있는 때에는 그 날부터 30일 이내에 행정관청에게 변경신고를 하여야 한다.<개정 1998.2.20, 2001.3.28>

1. 명칭
2. 주된 사무소의 소재지
3. 대표자의 성명
4. 소속된 연합단체의 명칭

②노동조합은 매년 1월 31일까지 다음 각호의 사항을 행정관청에게 통보하여야 한다. 다만, 제1항의 규정에 의하여 전년도에 변경신고된 사항은 그러하지 아니하다.<개정 1998.2.20, 2001.3.28>

1. 전년도에 규약의 변경이 있는 경우에는 변경된 규약내용
2. 전년도에 임원의 변경이 있는 경우에는 변경된 임원의 성명
3. 전년도 12월 31일 현재의 조합원수(연합단체인 노동조합에 있어서는 구성단체별 조합원수)

제3절 노동조합의 관리

제14조 (서류비치등)

①노동조합은 조합설립일부터 30일 이내에 다음 각호의 서류를 작성하여 그 주된 사무소에 비치하여야 한다.

1. 조합원 명부(연합단체인 노동조합에 있어서는 그 구성단체의 명칭)
2. 규약

3. 임원의 성명·주소록
4. 회의록
5. 재정에 관한 장부와 서류

②제1항제4호 및 제5호의 서류는 3년간 보존하여야 한다.

제15조 (총회의 개최)

①노동조합은 매년 1회 이상 총회를 개최하여야 한다.

②노동조합의 대표자는 총회의 의장이 된다.

제16조 (총회의 의결사항)

①다음 각호의 사항은 총회의 의결을 거쳐야 한다.

1. 규약의 제정과 변경에 관한 사항
2. 임원의 선거와 해임에 관한 사항
3. 단체협약에 관한 사항
4. 예산·결산에 관한 사항
5. 기금의 설치·관리 또는 처분에 관한 사항
6. 연합단체의 설립·가입 또는 탈퇴에 관한 사항
7. 합병·분할 또는 해산에 관한 사항
8. 조직형태의 변경에 관한 사항
9. 기타 중요한 사항

②총회는 재적조합원 과반수의 출석과 출석조합원 과반수의 찬성으로 의결한다. 다만, 규약의 제정·변경, 임원의 해임, 합병·분할·해산 및 조직형태의 변경에 관한 사항은 재적조합원 과반수의 출석과 출석조합원 3분의 2 이상의 찬성이 있어야 한다.

③임원의 선거에 있어서 출석조합원 과반수의 찬성을 얻은 자가 없는 경우에는 제2항 본문의 규정에 불구하고 규약이 정하는 바에 따라 결선투표를 실시하여 다수의 찬성을 얻은 자를 임원으로 선출할 수 있다.

④규약의 제정·변경과 임원의 선거·해임에 관한 사항은 조합원의 직접·비밀·무기명투표에 의하여야 한다.

제17조 (대의원회)

①노동조합은 규약으로 총회에 갈음할 대의원회를 둘 수 있다.

②대의원은 조합원의 직접·비밀·무기명투표에 의하여 선출되어야 한다.

③대의원의 임기는 규약으로 정하되 3년을 초과할 수 없다.

④대의원회를 둔 때에는 총회에 관한 규정은 대의원회에 이를 준용한다.

제18조 (임시총회등의 소집)

①노동조합의 대표자는 필요하다고 인정할 때에는 임시총회 또는 임시대의원회를 소집할 수 있다.

노동조합의 대표자는 조합원 또는 대의원의 3분의 1 이상(연합단체인 노동조합에 있어서는 그 구성단체의 3분의 1 이상)이 회의에 부의할 사항을 제시하고 회의의 소집을 요구한 때에는 지체없이 임시총회 또는 임시대의원회를 소집하여야 한다.
③행정관청은 노동조합의 대표자가 제2항의 규정에 의한 회의의 소집을 고의로 기피하거나 이를 해태하여 조합원 또는 대의원의 3분의 1 이상이 소집권자의 지명을 요구한 때에는 15일 이내에 노동위원회의 의결을 요청하고 노동위원회의 의결이 있는 때에는 지체없이 회의의 소집권자를 지명하여야 한다.<개정 1998.2.20>
④행정관청은 노동조합에 총회 또는 대의원회의 소집권자가 없는 경우에 조합원 또는 대의원의 3분의 1 이상이 회의에 부의할 사항을 제시하고 소집권자의 지명을 요구한 때에는 15일 이내에 회의의 소집권자를 지명하여야 한다.<개정 1998.2.20>

제19조 (소집의 절차)
총회 또는 대의원회는 회의개최일 7일전까지 그 회의에 부의할 사항을 공고하고 규약에 정한 방법에 의하여 소집하여야 한다. 다만, 노동조합이 동일한 사업장내의 근로자로 구성된 경우에는 그 규약으로 공고기간을 단축할 수 있다.

제20조 (표결권의 특례)
노동조합이 특정 조합원에 관한 사항을 의결할 경우에는 그 조합원은 표결권이 없다.

제21조 (규약 및 결의처분의 시정)
①행정관청은 노동조합의 규약이 노동관계법령에 위반한 경우에는 노동위원회의 의결을 얻어 그 시정을 명할 수 있다.<개정 1998.2.20>
②행정관청은 노동조합의 결의 또는 처분이 노동관계법령 또는 규약에 위반된다고 인정할 경우에는 노동위원회의 의결을 얻어 그 시정을 명할 수 있다. 다만, 규약위반시의 시정명령은 이해관계인의 신청이 있는 경우에 한한다.<개정 1998.2.20>
③제1항 또는 제2항의 규정에 의하여 시정명령을 받은 노동조합은 30일 이내에 이를 이행하여야 한다. 다만, 정당한 사유가 있는 경우에는 그 기간을 연장할 수 있다.

제22조 (조합원의 권리와 의무)
노동조합의 조합원은 균등하게 그 노동조합의 모든 문제에 참여할 권리와 의무를 가진다. 다만, 노동조합은 그 규약으로 조합비를 납부하지 아니하는 조합원의 권리를 제한할 수 있다.

제23조 (임원의 선거등)
①노동조합의 임원은 그 조합원중에서 선출되어야 한다.
②임원의 임기는 규약으로 정하되 3년을 초과할 수 없다.

제24조 (노동조합의 전임자)
①근로자는 단체협약으로 정하거나 사용자의 동의가 있는 경우에는 근로계약 소정의 근로를 제

공하지 아니하고 노동조합의 업무에만 종사할 수 있다.
②제1항의 규정에 의하여 노동조합의 업무에만 종사하는 자(이하 "전임자"라 한다)는 그 전임기간동안 사용자로부터 어떠한 급여도 지급받아서는 아니된다.

제25조 (회계감사)
①노동조합의 대표자는 그 회계감사원으로 하여금 6월에 1회 이상 당해 노동조합의 모든 재원 및 용도, 주요한 기부자의 성명, 현재의 경리 상황등에 대한 회계감사를 실시하게 하고 그 내용과 감사결과를 전체 조합원에게 공개하여야 한다.
②노동조합의 회계감사원은 필요하다고 인정할 경우에는 당해 노동조합의 회계감사를 실시하고 그 결과를 공개할 수 있다.

제26조 (운영상황의 공개)
노동조합의 대표자는 회계연도마다 결산결과와 운영상황을 공표하여야 하며 조합원의 요구가 있을 때에는 이를 열람하게 하여야 한다.

제27조 (자료의 제출)
노동조합은 행정관청이 요구하는 경우에는 결산결과와 운영상황을 보고하여야 한다.<개정 1998.2.20>

제4절 노동조합의 해산

제28조 (해산사유)
①노동조합은 다음 각호의 1에 해당하는 경우에는 해산한다.<개정 1998.2.20>
1. 규약에서 정한 해산사유가 발생한 경우
2. 합병 또는 분할로 소멸한 경우
3. 총회 또는 대의원회의 해산결의가 있는 경우
4. 노동조합의 임원이 없고 노동조합으로서의 활동을 1년 이상 하지 아니한 것으로 인정되는 경우로서 행정관청이 노동위원회의 의결을 얻은 경우

②제1항제1호 내지 제3호의 사유로 노동조합이 해산한 때에는 그 대표자는 해산한 날부터 15일 이내에 행정관청에게 이를 신고하여야 한다.<개정 1998.2.20>

제3장 단체교섭 및 단체협약

제29조 (교섭 및 체결권한)
①노동조합의 대표자는 그 노동조합 또는 조합원을 위하여 사용자나 사용자단체와 교섭하고 단체협약을 체결할 권한을 가진다.
②노동조합과 사용자 또는 사용자단체로부터 교섭 또는 단체협약의 체결에 관한 권한을 위임받은 자는 그 노동조합과 사용자 또는 사용자단체를 위하여 위임받은 범위안에서 그 권한을 행사

할 수 있다.
③노동조합과 사용자 또는 사용자단체는 제2항의 규정에 의하여 교섭 또는 단체협약의 체결에 관한 권한을 위임한 때에는 그 사실을 상대방에게 통보하여야 한다.

제30조 (교섭등의 원칙)
①노동조합과 사용자 또는 사용자단체는 신의에 따라 성실히 교섭하고 단체협약을 체결하여야 하며 그 권한을 남용하여서는 아니된다.
②노동조합과 사용자 또는 사용자단체는 정당한 이유없이 교섭 또는 단체협약의 체결을 거부하거나 해태하여서는 아니된다.

제31조 (단체협약의 작성)
①단체협약은 서면으로 작성하여 당사자 쌍방이 서명 또는 날인하여야 한다.<개정 2006.12.30>
②단체협약의 당사자는 단체협약의 체결일부터 15일 이내에 이를 행정관청에게 신고하여야 한다.<개정 1998.2.20>
③행정관청은 단체협약중 위법한 내용이 있는 경우에는 노동위원회의 의결을 얻어 그 시정을 명할 수 있다.<개정 1998.2.20>

제32조 (단체협약의 유효기간)
①단체협약에는 2년을 초과하는 유효기간을 정할 수 없다.
②단체협약에 그 유효기간을 정하지 아니한 경우 또는 제1항의 기간을 초과하는 유효기간을 정한 경우에 그 유효기간은 2년으로 한다.
③단체협약의 유효기간이 만료되는 때를 전후하여 당사자 쌍방이 새로운 단체협약을 체결하고자 단체교섭을 계속하였음에도 불구하고 새로운 단체협약이 체결되지 아니한 경우에는 별도의 약정이 있는 경우를 제외하고는 종전의 단체협약은 그 효력만료일부터 3월까지 계속 효력을 갖는다. 다만, 단체협약에 그 유효기간이 경과한 후에도 새로운 단체협약이 체결되지 아니한 때에는 새로운 단체협약이 체결될 때까지 종전 단체협약의 효력을 존속시킨다는 취지의 별도의 약정이 있는 경우에는 그에 따르되, 당사자 일방은 해지하고자 하는 날의 6월전까지 상대방에게 통고함으로써 종전의 단체협약을 해지할 수 있다.<개정 1998.2.20>

제33조 (기준의 효력)
①단체협약에 정한 근로조건 기타 근로자의 대우에 관한 기준에 위반하는 취업규칙 또는 근로계약의 부분은 무효로 한다.
②근로계약에 규정되지 아니한 사항 또는 제1항의 규정에 의하여 무효로 된 부분은 단체협약에 정한 기준에 의한다.

제34조 (단체협약의 해석)
①단체협약의 해석 또는 이행방법에 관하여 관계 당사자간에 의견의 불일치가 있는 때에는 당사

자 쌍방 또는 단체협약에 정하는 바에 의하여 어느 일방이 노동위원회에 그 해석 또는 이행방법에 관한 견해의 제시를 요청할 수 있다.
②노동위원회는 제1항의 규정에 의한 요청을 받은 때에는 그 날부터 30일 이내에 명확한 견해를 제시하여야 한다.
③제2항의 규정에 의하여 노동위원회가 제시한 해석 또는 이행방법에 관한 견해는 중재재정과 동일한 효력을 가진다.

제35조 (일반적 구속력)
하나의 사업 또는 사업장에 상시 사용되는 동종의 근로자 반수 이상이 하나의 단체협약의 적용을 받게 된 때에는 당해 사업 또는 사업장에 사용되는 다른 동종의 근로자에 대하여도 당해 단체협약이 적용된다.

제36조 (지역적 구속력)
①하나의 지역에 있어서 종업하는 동종의 근로자 3분의 2 이상이 하나의 단체협약의 적용을 받게 된 때에는 행정관청은 당해 단체협약의 당사자의 쌍방 또는 일방의 신청에 의하거나 그 직권으로 노동위원회의 의결을 얻어 당해 지역에서 종업하는 다른 동종의 근로자와 그 사용자에 대하여도 당해 단체협약을 적용한다는 결정을 할 수 있다.<개정 1998.2.20>
②행정관청이 제1항의 규정에 의한 결정을 한 때에는 지체없이 이를 공고하여야 한다.<개정 1998.2.20>

제4장 쟁의행위

제37조 (쟁의행위의 기본원칙)
①쟁의행위는 그 목적·방법 및 절차에 있어서 법령 기타 사회질서에 위반되어서는 아니된다.
②조합원은 노동조합에 의하여 주도되지 아니한 쟁의행위를 하여서는 아니된다.

제38조 (노동조합의 지도와 책임)
①쟁의행위는 그 쟁의행위와 관계없는 자 또는 근로를 제공하고자 하는 자의 출입·조업 기타 정상적인 업무를 방해하는 방법으로 행하여져서는 아니되며 쟁의행위의 참가를 호소하거나 설득하는 행위로서 폭행·협박을 사용하여서는 아니된다.
②작업시설의 손상이나 원료·제품의 변질 또는 부패를 방지하기 위한 작업은 쟁의행위 기간중에도 정상적으로 수행되어야 한다.
③노동조합은 쟁의행위가 적법하게 수행될 수 있도록 지도·관리·통제할 책임이 있다.

제39조 (근로자의 구속제한)
근로자는 쟁의행위 기간중에는 현행범외에는 이 법 위반을 이유로 구속되지 아니한다.

제40조

삭제<2006.12.30>

제41조 (쟁의행위의 제한과 금지)

①노동조합의 쟁의행위는 그 조합원의 직접·비밀·무기명투표에 의한 조합원 과반수의 찬성으로 결정하지 아니하면 이를 행할 수 없다.

② 「방위사업법」 에 의하여 지정된 주요방위산업체에 종사하는 근로자중 전력, 용수 및 주로 방산물자를 생산하는 업무에 종사하는 자는 쟁의행위를 할 수 없으며 주로 방산물자를 생산하는 업무에 종사하는 자의 범위는 대통령령으로 정한다.<개정 2006.1.2>

제42조 (폭력행위등의 금지)

①쟁의행위는 폭력이나 파괴행위 또는 생산 기타 주요업무에 관련되는 시설과 이에 준하는 시설로서 대통령령이 정하는 시설을 점거하는 형태로 이를 행할 수 없다.

②사업장의 안전보호시설에 대하여 정상적인 유지·운영을 정지·폐지 또는 방해하는 행위는 쟁의행위로서 이를 행할 수 없다.

③행정관청은 쟁의행위가 제2항의 행위에 해당한다고 인정하는 경우에는 노동위원회의 의결을 얻어 그 행위를 중지할 것을 통보하여야 한다. 다만, 사태가 급박하여 노동위원회의 의결을 얻을 시간적 여유가 없을 때에는 그 의결을 얻지 아니하고 즉시 그 행위를 중지할 것을 통보할 수 있다.<개정 1998.2.20, 2006.12.30>

④제3항 단서의 경우에 행정관청은 지체없이 노동위원회의 사후승인을 얻어야 하며 그 승인을 얻지 못한 때에는 그 통보는 그때부터 효력을 상실한다.<개정 1998.2.20, 2006.12.30>

제42조의2 (필수유지업무에 대한 쟁의행위의 제한)

①이 법에서 "필수유지업무"라 함은 제71조제2항의 규정에 따른 필수공익사업의 업무 중 그 업무가 정지되거나 폐지되는 경우 공중의 생명·건강 또는 신체의 안전이나 공중의 일상생활을 현저히 위태롭게 하는 업무로서 대통령령이 정하는 업무를 말한다.

②필수유지업무의 정당한 유지·운영을 정지·폐지 또는 방해하는 행위는 쟁의행위로서 이를 행할 수 없다.[본조신설 2006.12.30]

제42조의3 (필수유지업무협정)

노동관계 당사자는 쟁의행위 기간 동안 필수유지업무의 정당한 유지·운영을 위하여 필수유지업무의 필요 최소한의 유지·운영 수준, 대상직무 및 필요인원 등을 정한 협정(이하 "필수유지업무협정"이라 한다)을 서면으로 체결하여야 한다. 이 경우 필수유지업무협정에는 노동관계 당사자 쌍방이 서명 또는 날인하여야 한다.[본조신설 2006.12.30]

제42조의4 (필수유지업무 유지·운영 수준 등의 결정)

①노동관계 당사자 쌍방 또는 일방은 필수유지업무협정이 체결되지 아니하는 때에는 노동위원회에 필수유지업무의 필요 최소한의 유지·운영 수준, 대상직무 및 필요인원 등의 결정을 신청하여야 한다.

②제1항의 규정에 따른 신청을 받은 노동위원회는 사업 또는 사업장별 필수유지업무의 특성 및 내용 등을 고려하여 필수유지업무의 필요 최소한의 유지·운영 수준, 대상직무 및 필요인원 등을 결정할 수 있다.
③제2항의 규정에 따른 노동위원회의 결정은 제72조의 규정에 따른 특별조정위원회가 담당한다.
④제2항의 규정에 따른 노동위원회의 결정에 대한 해석 또는 이행방법에 관하여 관계 당사자간에 의견이 일치하지 아니하는 경우에는 특별조정위원회의 해석에 따른다. 이 경우 특별조정위원회의 해석은 제2항의 규정에 따른 노동위원회의 결정과 동일한 효력이 있다.
⑤제2항의 규정에 따른 노동위원회의 결정에 대한 불복절차 및 효력에 관하여는 제69조와 제70조제2항의 규정을 준용한다.[본조신설 2006.12.30]

제42조의5 (노동위원회의 결정에 따른 쟁의행위)
제42조의4제2항의 규정에 따라 노동위원회의 결정이 있는 경우 그 결정에 따라 쟁의행위를 한 때에는 필수유지업무를 정당하게 유지·운영하면서 쟁의행위를 한 것으로 본다.
[본조신설 2006.12.30]

제42조의6 (필수유지업무 근무 근로자의 지명)
노동조합은 필수유지업무협정이 체결되거나 제42조의4제2항의 규정에 따른 노동위원회의 결정이 있는 경우 사용자에게 필수유지업무에 근무하는 조합원 중 쟁의행위 기간 동안 근무하여야 할 조합원을 통보하여야 하며, 사용자는 이에 따라 근로자를 지명하고 이를 노동조합과 그 근로자에게 통보하여야 한다. 다만, 노동조합이 쟁의행위 개시 전까지 이를 통보하지 아니한 경우에는 사용자가 필수유지업무에 근무하여야 할 근로자를 지명하고 이를 노동조합과 그 근로자에게 통보하여야 한다.[본조신설 2006.12.30]

제43조 (사용자의 채용제한)
①사용자는 쟁의행위 기간중 그 쟁의행위로 중단된 업무의 수행을 위하여 당해 사업과 관계없는 자를 채용 또는 대체할 수 없다.
②사용자는 쟁의행위기간중 그 쟁의행위로 중단된 업무를 도급 또는 하도급 줄 수 없다.
③제1항 및 제2항의 규정은 필수공익사업의 사용자가 쟁의행위 기간 중에 한하여 당해 사업과 관계 없는 자를 채용 또는 대체하거나 그 업무를 도급 또는 하도급 주는 경우에는 적용하지 아니한다.<신설 2006.12.30>
④제3항의 경우 사용자는 당해 사업 또는 사업장 파업참가자의 100분의 50을 초과하지 않는 범위 안에서 채용 또는 대체하거나 도급 또는 하도급 줄 수 있다. 이 경우 파업참가자 수의 산정방법 등은 대통령령으로 정한다.<신설 2006.12.30>

제44조 (쟁의행위 기간중의 임금지급 요구의 금지)
①사용자는 쟁의행위에 참가하여 근로를 제공하지 아니한 근로자에 대하여는 그 기간중의 임금을 지급할 의무가 없다.
②노동조합은 쟁의행위 기간에 대한 임금의 지급을 요구하여 이를 관철할 목적으로 쟁의행위를

하여서는 아니된다.

제45조 (조정의 전치)

①노동관계 당사자는 노동쟁의가 발생한 때에는 어느 일방이 이를 상대방에게 서면으로 통보하여야 한다.

②쟁의행위는 제5장제2절 내지 제4절의 규정에 의한 조정절차(제61조의2의 규정에 따른 조정종료 결정 후의 조정절차를 제외한다)를 거치지 아니하면 이를 행할 수 없다. 다만, 제54조의 규정에 의한 기간내에 조정이 종료되지 아니하거나 제63조의 규정에 의한 기간내에 중재재정이 이루어지지 아니한 경우에는 그러하지 아니하다.<개정 2006.12.30>

제46조 (직장폐쇄의 요건)

①사용자는 노동조합이 쟁의행위를 개시한 이후에만 직장폐쇄를 할 수 있다.

②사용자는 제1항의 규정에 의한 직장폐쇄를 할 경우에는 미리 행정관청 및 노동위원회에 각각 신고하여야 한다.<개정 1998.2.20>

제5장 노동쟁의의 조정

제1절 통칙

제47조 (자주적 조정의 노력)

이 장의 규정은 노동관계 당사자가 직접 노사협의 또는 단체교섭에 의하여 근로조건 기타 노동관계에 관한 사항을 정하거나 노동관계에 관한 주장의 불일치를 조정하고 이에 필요한 노력을 하는 것을 방해하지 아니한다.

제48조 (당사자의 책무)

노동관계 당사자는 단체협약에 노동관계의 적정화를 위한 노사협의 기타 단체교섭의 절차와 방식을 규정하고 노동쟁의가 발생한 때에는 이를 자주적으로 해결하도록 노력하여야 한다.

제49조 (국가등의 책무)

국가 및 지방자치단체는 노동관계 당사자간에 노동관계에 관한 주장이 일치하지 아니할 경우에 노동관계 당사자가 이를 자주적으로 조정할 수 있도록 조력함으로써 쟁의행위를 가능한 한 예방하고 노동쟁의의 신속·공정한 해결에 노력하여야 한다.

제50조 (신속한 처리)

이 법에 의하여 노동관계의 조정을 할 경우에는 노동관계 당사자와 노동위원회 기타 관계기관은 사건을 신속히 처리하도록 노력하여야 한다.

제51조 (공익사업등의 우선적 취급)

국가·지방자치단체·국공영기업체·방위산업체 및 공익사업에 있어서의 노동쟁의의 조정은 우선적으로 취급하고 신속히 처리하여야 한다.

제52조 (사적 조정·중재)

①제2절 및 제3절의 규정은 노동관계 당사자가 쌍방의 합의 또는 단체협약이 정하는 바에 따라 각각 다른 조정 또는 중재방법(이하 이 조에서 "사적조정등"이라 한다)에 의하여 노동쟁의를 해결하는 것을 방해하지 아니한다.<개정 2006.12.30>

②노동관계 당사자는 제1항의 규정에 의하여 노동쟁의를 해결하기로 한 때에는 이를 노동위원회에 신고하여야 한다.

③제1항의 규정에 의하여 노동쟁의를 해결하기로 한 때에는 다음 각호의 규정이 적용된다.

1. 조정에 의하여 해결하기로 한 때에는 제45조제2항 및 제54조의 규정. 이 경우 조정기간은 조정을 개시한 날부터 기산한다.
2. 중재에 의하여 해결하기로 한 때에는 제63조의 규정. 이 경우 쟁의행위의 금지기간은 중재를 개시한 날부터 기산한다.

④제1항의 규정에 의하여 조정 또는 중재가 이루어진 경우에 그 내용은 단체협약과 동일한 효력을 가진다.

⑤사적조정등을 수행하는 자는 「노동위원회법」 제8조제2항제2호 각 목의 자격을 가진 자로 한다. 이 경우 사적조정등을 수행하는 자는 노동관계 당사자로부터 수수료, 수당 및 여비 등을 받을 수 있다.<신설 2006.12.30>

제2절 조정

제53조 (조정의 개시)

①노동위원회는 관계 당사자의 일방이 노동쟁의의 조정을 신청한 때에는 지체없이 조정을 개시하여야 하며 관계 당사자 쌍방은 이에 성실히 임하여야 한다.

②노동위원회는 제1항의 규정에 따른 조정신청 전이라도 원활한 조정을 위하여 교섭을 주선하는 등 관계 당사자의 자주적인 분쟁 해결을 지원할 수 있다.<신설 2006.12.30>

제54조 (조정기간)

①조정은 제53조의 규정에 의한 조정의 신청이 있은 날부터 일반사업에 있어서는 10일, 공익사업에 있어서는 15일 이내에 종료하여야 한다.

②제1항의 규정에 의한 조정기간은 관계 당사자간의 합의로 일반사업에 있어서는 10일, 공익사업에 있어서는 15일 이내에서 연장할 수 있다.

제55조 (조정위원회의 구성)

①노동쟁의의 조정을 위하여 노동위원회에 조정위원회를 둔다.

②제1항의 규정에 의한 조정위원회는 조정위원 3인으로 구성한다.
③제2항의 규정에 의한 조정위원은 당해 노동위원회의 위원중에서 사용자를 대표하는 자, 근로자를 대표하는 자 및 공익을 대표하는 자 각 1인을 그 노동위원회의 위원장이 지명하되, 근로자를 대표하는 조정위원은 사용자가, 사용자를 대표하는 조정위원은 노동조합이 각각 추천하는 노동위원회의 위원중에서 지명하여야 한다. 다만, 조정위원회의 회의 3일전까지 관계 당사자가 추천하는 위원의 명단제출이 없을 때에는 당해 위원을 위원장이 따로 지명할 수 있다.
④노동위원회의 위원장은 근로자를 대표하는 위원 또는 사용자를 대표하는 위원의 불참 등으로 인하여 제3항의 규정에 따른 조정위원회의 구성이 어려운 경우 노동위원회의 공익을 대표하는 위원 중에서 3인을 조정위원으로 지명할 수 있다. 다만, 관계 당사자 쌍방의 합의로 선정한 노동위원회의 위원이 있는 경우에는 그 위원을 조정위원으로 지명한다.<신설 2006.12.30>

제56조 (조정위원회의 위원장)
①조정위원회에 위원장을 둔다.
②위원장은 공익을 대표하는 조정위원이 된다. 다만, 제55조제4항의 규정에 따른 조정위원회의 위원장은 조정위원 중에서 호선한다.<개정 2006.12.30>

제57조 (단독조정)
①노동위원회는 관계 당사자 쌍방의 신청이 있거나 관계 당사자 쌍방의 동의를 얻은 경우에는 조정위원회에 갈음하여 단독조정인에게 조정을 행하게 할 수 있다.
②제1항의 규정에 의한 단독조정인은 당해 노동위원회의 위원중에서 관계 당사자의 쌍방의 합의로 선정된 자를 그 노동위원회의 위원장이 지명한다.

제58조 (주장의 확인등)
조정위원회 또는 단독조정인은 기일을 정하여 관계 당사자 쌍방을 출석하게 하여 주장의 요점을 확인하여야 한다.

제59조 (출석금지)
조정위원회의 위원장 또는 단독조정인은 관계 당사자와 참고인외의 자의 출석을 금할 수 있다.

제60조 (조정안의 작성)
①조정위원회 또는 단독조정인은 조정안을 작성하여 이를 관계 당사자에게 제시하고 그 수락을 권고하는 동시에 그 조정안에 이유를 붙여 공표할 수 있으며, 필요한 때에는 신문 또는 방송에 보도등 협조를 요청할 수 있다.
②조정위원회 또는 단독조정인은 관계 당사자가 수락을 거부하여 더 이상 조정이 이루어질 여지가 없다고 판단되는 경우에는 조정의 종료를 결정하고 이를 관계 당사자 쌍방에 통보하여야 한다.
③제1항의 규정에 의한 조정안이 관계 당사자의 쌍방에 의하여 수락된 후 그 해석 또는 이행방법에 관하여 관계 당사자간에 의견의 불일치가 있는 때에는 관계 당사자는 당해 조정위원회 또

는 단독조정인에게 그 해석 또는 이행방법에 관한 명확한 견해의 제시를 요청하여야 한다.
④조정위원회 또는 단독조정인은 제3항의 규정에 의한 요청을 받은 때에는 그 요청을 받은 날부터 7일 이내에 명확한 견해를 제시하여야 한다.
⑤제3항 및 제4항의 해석 또는 이행방법에 관한 견해가 제시될 때까지는 관계 당사자는 당해 조정안의 해석 또는 이행에 관하여 쟁의행위를 할 수 없다.

제61조 (조정의 효력)
①제60조제1항의 규정에 의한 조정안이 관계 당사자에 의하여 수락된 때에는 조정위원 전원 또는 단독조정인은 조정서를 작성하고 관계 당사자와 함께 서명 또는 날인하여야 한다.<개정 2006.12.30>
②조정서의 내용은 단체협약과 동일한 효력을 가진다.
③제60조제4항의 규정에 의하여 조정위원회 또는 단독조정인이 제시한 해석 또는 이행방법에 관한 견해는 중재재정과 동일한 효력을 가진다.

제61조의2 (조정종료 결정 후의 조정)
①노동위원회는 제60조제2항의 규정에 따른 조정의 종료가 결정된 후에도 노동쟁의의 해결을 위하여 조정을 할 수 있다.
②제1항의 규정에 따른 조정에 관하여는 제55조 내지 제61조의 규정을 준용한다.
[본조신설 2006.12.30]

제3절 중재

제62조 (중재의 개시)
노동위원회는 다음 각 호의 어느 하나에 해당하는 때에는 중재를 행한다.<개정 2006.12.30>
1. 관계 당사자의 쌍방이 함께 중재를 신청한 때
2. 관계 당사자의 일방이 단체협약에 의하여 중재를 신청한 때
3. 삭제<2006.12.30>

제63조 (중재시의 쟁의행위의 금지)
노동쟁의가 중재에 회부된 때에는 그 날부터 15일간은 쟁의행위를 할 수 없다.

제64조 (중재위원회의 구성)
①노동쟁의의 중재 또는 재심을 위하여 노동위원회에 중재위원회를 둔다.
②제1항의 규정에 의한 중재위원회는 중재위원 3인으로 구성한다.
③제2항의 중재위원은 당해 노동위원회의 공익을 대표하는 위원중에서 관계 당사자의 합의로 선정한 자에 대하여 그 노동위원회의 위원장이 지명한다. 다만, 관계 당사자간에 합의가 성립되지 아니한 경우에는 노동위원회의 공익을 대표하는 위원중에서 지명한다.

제65조 (중재위원회의 위원장)

①중재위원회에 위원장을 둔다.
②위원장은 중재위원중에서 호선한다.

제66조 (주장의 확인등)

①중재위원회는 기일을 정하여 관계 당사자 쌍방 또는 일방을 중재위원회에 출석하게 하여 주장의 요점을 확인하여야 한다.
②관계 당사자가 지명한 노동위원회의 사용자를 대표하는 위원 또는 근로자를 대표하는 위원은 중재위원회의 동의를 얻어 그 회의에 출석하여 의견을 진술할 수 있다.

제67조 (출석금지)

중재위원회의 위원장은 관계 당사자와 참고인외의 자의 회의출석을 금할 수 있다.

제68조 (중재재정)

①중재재정은 서면으로 작성하여 이를 행하며 그 서면에는 효력발생 기일을 명시하여야 한다.
②제1항의 규정에 의한 중재재정의 해석 또는 이행방법에 관하여 관계 당사자간에 의견의 불일치가 있는 때에는 당해 중재위원회의 해석에 따르며 그 해석은 중재재정과 동일한 효력을 가진다.

제69조 (중재재정등의 확정)

①관계 당사자는 지방노동위원회 또는 특별노동위원회의 중재재정이 위법이거나 월권에 의한 것이라고 인정하는 경우에는 그 중재재정서의 송달을 받은 날부터 10일 이내에 중앙노동위원회에 그 재심을 신청할 수 있다.
②관계 당사자는 중앙노동위원회의 중재재정이나 제1항의 규정에 의한 재심결정이 위법이거나 월권에 의한 것이라고 인정하는 경우에는 행정소송법 제20조의 규정에 불구하고 그 중재재정서 또는 재심결정서의 송달을 받은 날부터 15일 이내에 행정소송을 제기할 수 있다.
③제1항 및 제2항에 규정된 기간내에 재심을 신청하지 아니하거나 행정소송을 제기하지 아니한 때에는 그 중재재정 또는 재심결정은 확정된다.
④제3항의 규정에 의하여 중재재정이나 재심결정이 확정된 때에는 관계 당사자는 이에 따라야 한다.

제70조 (중재재정 등의 효력)

①제68조제1항의 규정에 따른 중재재정의 내용은 단체협약과 동일한 효력을 가진다.
②노동위원회의 중재재정 또는 재심결정은 제69조제1항 및 제2항의 규정에 따른 중앙노동위원회에의 재심신청 또는 행정소송의 제기에 의하여 그 효력이 정지되지 아니한다.[전문개정 2006.12.30]

제4절 공익사업등의 조정에 관한 특칙

제71조 (공익사업의 범위등)

①이 법에서 "공익사업"이라 함은 공중의 일상생활과 밀접한 관련이 있거나 국민경제에 미치는 영향이 큰 사업으로서 다음 각호의 사업을 말한다.<개정 2006.12.30>

1. 정기노선 여객운수사업 및 항공운수사업
2. 수도사업, 전기사업, 가스사업, 석유정제사업 및 석유공급사업
3. 공중위생사업, 의료사업 및 혈액공급사업
4. 은행 및 조폐사업
5. 방송 및 통신사업

②이 법에서 "필수공익사업"이라 함은 제1항의 공익사업으로서 그 업무의 정지 또는 폐지가 공중의 일상생활을 현저히 위태롭게 하거나 국민경제를 현저히 저해하고 그 업무의 대체가 용이하지 아니한 다음 각호의 사업을 말한다.<개정 2006.12.30>

1. 철도사업, 도시철도사업 및 항공운수사업
2. 수도사업, 전기사업, 가스사업, 석유정제사업 및 석유공급사업
3. 병원사업 및 혈액공급사업
4. 한국은행사업
5. 통신사업

제72조 (특별조정위원회의 구성)

①공익사업의 노동쟁의의 조정을 위하여 노동위원회에 특별조정위원회를 둔다.

②제1항의 규정에 의한 특별조정위원회는 특별조정위원 3인으로 구성한다.

③제2항의 규정에 의한 특별조정위원은 그 노동위원회의 공익을 대표하는 위원중에서 노동조합과 사용자가 순차적으로 배제하고 남은 4인 내지 6인중에서 노동위원회의 위원장이 지명한다. 다만, 관계 당사자가 합의로 당해 노동위원회의 위원이 아닌 자를 추천하는 경우에는 그 추천된 자를 지명한다.<개정 2006.12.30>

제73조 (특별조정위원회의 위원장)

①특별조정위원회에 위원장을 둔다.

②위원장은 공익을 대표하는 노동위원회의 위원인 특별조정위원중에서 호선하고, 당해 노동위원회의 위원이 아닌 자만으로 구성된 경우에는 그중에서 호선한다. 다만, 공익을 대표하는 위원인 특별조정위원이 1인인 경우에는 당해 위원이 위원장이 된다.

제74조

삭제<2006.12.30>

제75조

삭제<2006.12.30>

제5절 긴급조정

제76조 (긴급조정의 결정)

①노동부장관은 쟁의행위가 공익사업에 관한 것이거나 그 규모가 크거나 그 성질이 특별한 것으로서 현저히 국민경제를 해하거나 국민의 일상생활을 위태롭게 할 위험이 현존하는 때에는 긴급조정의 결정을 할 수 있다.

②노동부장관은 긴급조정의 결정을 하고자 할 때에는 미리 중앙노동위원회 위원장의 의견을 들어야 한다.

③노동부장관은 제1항 및 제2항의 규정에 의하여 긴급조정을 결정한 때에는 지체없이 그 이유를 붙여 이를 공표함과 동시에 중앙노동위원회와 관계 당사자에게 각각 통고하여야 한다.

제77조 (긴급조정시의 쟁의행위 중지)

관계 당사자는 제76조제3항의 규정에 의한 긴급조정의 결정이 공표된 때에는 즉시 쟁의행위를 중지하여야 하며, 공표일부터 30일이 경과하지 아니하면 쟁의행위를 재개할 수 없다.

제78조 (중앙노동위원회의 조정)

중앙노동위원회는 제76조제3항의 규정에 의한 통고를 받은 때에는 지체없이 조정을 개시하여야 한다.

제79조 (중앙노동위원회의 중재회부 결정권)

①중앙노동위원회의 위원장은 제78조의 규정에 의한 조정이 성립될 가망이 없다고 인정한 경우에는 공익위원의 의견을 들어 그 사건을 중재에 회부할 것인가의 여부를 결정하여야 한다.

②제1항의 규정에 의한 결정은 제76조제3항의 규정에 의한 통고를 받은 날부터 15일 이내에 하여야 한다.

제80조 (중앙노동위원회의 중재)

중앙노동위원회는 당해 관계 당사자의 일방 또는 쌍방으로부터 중재신청이 있거나 제79조의 규정에 의한 중재회부의 결정을 한 때에는 지체없이 중재를 행하여야 한다.

제6장 부당노동행위

제81조 (부당노동행위)

사용자는 다음 각 호의 어느 하나에 해당하는 행위(이하 "부당노동행위"라 한다)를 할 수 없다.<개정 2006.12.30>

1. 근로자가 노동조합에 가입 또는 가입하려고 하였거나 노동조합을 조직하려고 하였거나 기타 노동조합의 업무를 위한 정당한 행위를 한 것을 이유로 그 근로자를 해고하거나 그 근로자에게 불이익을 주는 행위
2. 근로자가 어느 노동조합에 가입하지 아니할 것 또는 탈퇴할 것을 고용조건으로 하거나 특정

한 노동조합의 조합원이 될 것을 고용조건으로 하는 행위. 다만, 노동조합이 당해 사업장에 종사하는 근로자의 3분의 2 이상을 대표하고 있을 때에는 근로자가 그 노동조합의 조합원이 될 것을 고용조건으로 하는 단체협약의 체결은 예외로 하며, 이 경우 사용자는 근로자가 그 노동조합에서 제명된 것 또는 그 노동조합을 탈퇴하여 새로 노동조합을 조직하거나 다른 노동조합에 가입한 것을 이유로 근로자에게 신분상 불이익한 행위를 할 수 없다. <시행일 2010.1.1>

3. 노동조합의 대표자 또는 노동조합으로부터 위임을 받은 자와의 단체협약체결 기타의 단체교섭을 정당한 이유없이 거부하거나 해태하는 행위
4. 근로자가 노동조합을 조직 또는 운영하는 것을 지배하거나 이에 개입하는 행위와 노동조합의 전임자에게 급여를 지원하거나 노동조합의 운영비를 원조하는 행위. 다만, 근로자가 근로시간중에 사용자와 협의 또는 교섭하는 것을 사용자가 허용함은 무방하며, 또한 근로자의 후생자금 또는 경제상의 불행 기타 재액의 방지와 구제등을 위한 기금의 기부와 최소한의 규모의 노동조합사무소의 제공은 예외로 한다.
5. 근로자가 정당한 단체행위에 참가한 것을 이유로 하거나 또는 노동위원회에 대하여 사용자가 이 조의 규정에 위반한 것을 신고하거나 그에 관한 증언을 하거나 기타 행정관청에 증거를 제출한 것을 이유로 그 근로자를 해고하거나 그 근로자에게 불이익을 주는 행위

第82조 (구제신청)

①사용자의 부당노동행위로 인하여 그 권리를 침해당한 근로자 또는 노동조합은 노동위원회에 그 구제를 신청할 수 있다.

②제1항의 규정에 의한 구제의 신청은 부당노동행위가 있은 날(계속하는 행위는 그 종료일)부터 3월 이내에 이를 행하여야 한다.

第83조 (조사등)

①노동위원회는 제82조의 규정에 의한 구제신청을 받은 때에는 지체없이 필요한 조사와 관계 당사자의 심문을 하여야 한다.

②노동위원회는 제1항의 규정에 의한 심문을 할 때에는 관계 당사자의 신청에 의하거나 그 직권으로 증인을 출석하게 하여 필요한 사항을 질문할 수 있다.

③노동위원회는 제1항의 규정에 의한 심문을 함에 있어서는 관계 당사자에 대하여 증거의 제출과 증인에 대한 반대심문을 할 수 있는 충분한 기회를 주어야 한다.

④제1항의 규정에 의한 노동위원회의 조사와 심문에 관한 절차는 중앙노동위원회가 따로 정하는 바에 의한다.

第84조 (구제명령)

①노동위원회는 제83조의 규정에 의한 심문을 종료하고 부당노동행위가 성립한다고 판정한 때에는 사용자에게 구제명령을 발하여야 하며, 부당노동행위가 성립되지 아니한다고 판정한 때에는 그 구제신청을 기각하는 결정을 하여야 한다.

②제1항의 규정에 의한 판정·명령 및 결정은 서면으로 하되, 이를 당해 사용자와 신청인에게 각

각 교부하여야 한다.
③관계 당사자는 제1항의 규정에 의한 명령이 있을 때에는 이에 따라야 한다.

제85조 (구제명령의 확정)

①지방노동위원회 또는 특별노동위원회의 구제명령 또는 기각결정에 불복이 있는 관계 당사자는 그 명령서 또는 결정서의 송달을 받은 날부터 10일 이내에 중앙노동위원회에 그 재심을 신청할 수 있다.
②제1항의 규정에 의한 중앙노동위원회의 재심판정에 대하여 관계 당사자는 그 재심판정서의 송달을 받은 날부터 15일 이내에 행정소송법이 정하는 바에 의하여 소를 제기할 수 있다.
③제1항 및 제2항에 규정된 기간내에 재심을 신청하지 아니하거나 행정소송을 제기하지 아니한 때에는 그 구제명령·기각결정 또는 재심판정은 확정된다.
④제3항의 규정에 의하여 기각결정 또는 재심판정이 확정된 때에는 관계 당사자는 이에 따라야 한다.
⑤사용자가 제2항의 규정에 의하여 행정소송을 제기한 경우에 관할법원은 중앙노동위원회의 신청에 의하여 결정으로써, 판결이 확정될 때까지 중앙노동위원회의 구제명령의 전부 또는 일부를 이행하도록 명할 수 있으며, 당사자의 신청에 의하여 또는 직권으로 그 결정을 취소할 수 있다.

제86조 (구제명령등의 효력)

노동위원회의 구제명령·기각결정 또는 재심판정은 제85조의 규정에 의한 중앙노동위원회에의 재심신청이나 행정소송의 제기에 의하여 그 효력이 정지되지 아니한다.

제7장 보칙

제87조 (권한의 위임)

이 법에 의한 노동부장관의 권한은 대통령령이 정하는 바에 따라 그 일부를 지방노동관서의 장에게 위임할 수 있다.

제8장 벌칙

제88조 (벌칙)

제41조제2항의 규정에 위반한 자는 5년 이하의 징역 또는 5천만원 이하의 벌금에 처한다.

제89조 (벌칙)

다음 각 호의 어느 하나에 해당하는 자는 3년 이하의 징역 또는 3천만원 이하의 벌금에 처한다.<개정 2006.12.30>

1. 제37조제2항, 제38조제1항, 제42조제1항 또는 제42조의2제2항의 규정에 위반한 자
2. 제85조제3항의 규정에 의하여 확정되거나 행정소송을 제기하여 확정된 구제명령에 위반한 자

제90조 (벌칙)

제44조제2항, 제69조제4항, 제77조 또는 제81조의 규정에 위반한 자는 2년 이하의 징역 또는 2천만원 이하의 벌금에 처한다.

제91조 (벌칙)

제38조제2항, 제41조제1항, 제42조제2항, 제43조제1항·제2항·제4항, 제45조제2항 본문, 제46조제1항 또는 제63조의 규정을 위반한 자는 1년 이하의 징역 또는 1천만원 이하의 벌금에 처한다. [전문개정 2006.12.30]

제92조 (벌칙)

다음 각호의 1에 해당하는 자는 1천만원 이하의 벌금에 처한다.<개정 2001.3.28>

1. 제31조제1항의 규정에 의하여 체결된 단체협약의 내용중 다음 각목의 1에 해당하는 사항을 위반한 자

가. 임금·복리후생비, 퇴직금에 관한 사항

나. 근로 및 휴게시간, 휴일, 휴가에 관한 사항

다. 징계 및 해고의 사유와 중요한 절차에 관한 사항

라. 안전보건 및 재해부조에 관한 사항

마. 시설·편의제공 및 근무시간중 회의참석에 관한 사항

바. 쟁의행위에 관한 사항

2. 제61조제1항의 규정에 의한 조정서의 내용 또는 제68조제1항의 규정에 의한 중재재정서의 내용을 준수하지 아니한 자

제93조 (벌칙)

다음 각호의 1에 해당하는 자는 500만원 이하의 벌금에 처한다.

1. 제7조제3항의 규정에 위반한 자
2. 제21조제1항·제2항 또는 제31조제3항의 규정에 의한 명령에 위반한 자

제94조 (양벌규정)

법인 또는 단체의 대표자, 법인·단체 또는 개인의 대리인·사용인 기타의 종업원이 그 법인·단체 또는 개인의 업무에 관하여 제88조 내지 제93조의 위반행위를 한 때에는 행위자를 벌하는 외에 그 법인·단체 또는 개인에 대하여도 각 해당 조의 벌금형을 과한다.

제95조 (과태료)

제85조제5항의 규정에 의한 법원의 명령에 위반한 자는 500만원 이하의 금액(당해 명령이 작위를 명하는 것일 때에는 그 명령의 불이행 일수 1일에 50만원 이하의 비율로 산정한 금액)의 과태료에 처한다.

제96조 (과태료)

①다음 각호의 1에 해당하는 자는 500만원 이하의 과태료에 처한다.
1. 제14조의 규정에 의한 서류를 비치 또는 보존하지 아니한 자
2. 제27조의 규정에 의한 보고를 하지 아니하거나 허위의 보고를 한 자
3. 제46조제2항의 규정에 의한 신고를 하지 아니한 자
②제13조, 제28조제2항 또는 제31조제2항의 규정에 의한 신고 또는 통보를 하지 아니한 자는 300만원 이하의 과태료에 처한다.
③제1항 및 제2항의 규정에 의한 과태료는 대통령령이 정하는 바에 의하여 행정관청이 부과·징수한다.<개정 1998.2.20>
④제3항의 규정에 의한 과태료의 처분에 불복이 있는 자는 그 처분의 고지를 받은 날부터 30일 이내에 행정관청에게 이의를 제기할 수 있다.<개정 1998.2.20>
⑤제3항의 규정에 의한 과태료의 처분을 받은 자가 제4항의 규정에 의하여 이의를 제기한 때에는 행정관청은 지체없이 관할법원에 그 사실을 통보하여야 하며, 그 통보를 받은 관할법원은 비송사건절차법에 의한 과태료의 재판을 한다.<개정 1998.2.20>
⑥제4항의 규정에 의한 기간내에 이의를 제기하지 아니하고 과태료를 납부하지 아니한 때에는 국세체납처분의 예에 의하여 이를 징수한다.

부칙 <제5310호, 1997.3.13>

제1조 (시행일)
이 법은 공포한 날부터 시행한다.

제2조 (적용시한)
제71조제2항의 규정중 제1호의 시내버스 운송사업에 관한 규정 및 제4호의 은행사업(한국은행법에 의한 한국은행은 제외한다)에 관한 규정은 2000년 12월 31일까지 적용한다.

제3조 (노동조합에 관한 경과조치)
이 법 시행당시 종전의 규정에 의하여 설립신고증을 교부받은 노동조합은 이 법에 의하여 설립된 노동조합으로 본다.

제4조 (해고자에 관한 경과조치)
이 법 시행당시 해고의 효력을 다투고 있는 자는 제2조제4호 라목 단서의 규정에 불구하고 근로자가 아닌 자로 해석하여서는 아니된다.

제5조 (노동조합 설립에 관한 경과조치)
①하나의 사업 또는 사업장에 노동조합이 조직되어 있는 경우에는 제5조의 규정에 불구하고 2009년 12월 31일까지는 그 노동조합과 조직대상을 같이 하는 새로운 노동조합을 설립할 수 없다.<개정 2001.3.28, 2006.12.30>
②행정관청은 설립하고자 하는 노동조합이 제1항의 규정에 위반한 경우에는 그 설립신고서를 반

려하여야 한다.<개정 1998.2.20>

③노동부장관은 2009년 12월 31일까지 제1항의 기한이 경과된 후에 적용될 교섭창구 단일화를 위한 단체교섭의 방법·절차 기타 필요한 사항을 강구하여야 한다.<개정 2001.3.28, 2006.12.30>

제6조 (노동조합 전임자에 관한 적용의 특례<개정 2001.3.28>)

①제24조제2항 및 제81조제4호의 규정(노동조합의 전임자에 대한 급여지원에 관한 규정에 한한다)은 이를 2009년 12월 31일까지 적용하지 아니한다.<개정 2001.3.28, 2006.12.30>

②노동조합과 사용자는 전임자에 대한 급여지원 규모를 노사협의에 의하여 점진적으로 축소하도록 노력하되, 이 경우 그 재원을 노동조합의 재정자립에 사용하도록 한다.<개정 2001.3.28>

제7조 (단체협약의 효력에 관한 경과조치)

이 법 시행당시 종전의 규정에 의하여 체결한 단체협약은 이 법에 의하여 행한 것으로 본다.

제8조 (노동쟁의의 조정에 관한 경과조치)

①이 법 시행당시 종전의 규정에 의하여 신청한 사적조정·중재는 이 법에 의한 사적조정·중재를 신청한 것으로 본다.

②이 법 시행당시 종전의 규정에 의하여 노동위원회에 신청한 조정·중재는 이 법에 의한 조정·중재를 신청한 것으로 본다. 이 경우 조정기간을 산정함에 있어서는 제54조의 규정에도 불구하고 종전의 규정에 의한다.

③이 법 시행당시 종전의 규정에 의하여 조정이 종료된 노동쟁의는 제45조의 규정을 적용함에 있어서 조정을 거친 것으로 본다.

제9조 (노동조합업무등에 관한 경과조치)

①이 법 시행당시 종전의 규정에 의하여 근로자, 노동조합 또는 사용자가 노동부장관, 행정관청 또는 노동위원회에 행한 신고, 신청, 요구등은 각각 이 법에 의하여 행한 것으로 본다.

②이 법 시행당시 종전의 규정에 의하여 노동부장관 또는 행정관청이 노동위원회에 행한 요청등은 각각 이 법에 의하여 행한 것으로 본다.

③이 법 시행당시 종전의 규정에 의하여 노동부장관 또는 행정관청이 행한 명령, 지명, 결정등은 각각 이 법에 의하여 행한 것으로 본다.

제10조 (벌칙에 관한 경과조치)

이 법 시행전의 행위에 대한 벌칙의 적용에 있어서는 종전의 규정에 의한다.

제11조 (다른 법률과의 관계)

이 법 시행당시 다른 법령에서 종전의 노동조합및노동관계조정법 또는 그 규정을 인용한 것은 이 법중 그에 해당하는 규정이 있는 경우에는 이 법 또는 이 법의 해당 조항을 인용한 것으로 본다.

부칙 <제5511호, 1998.2.20>

제1조 (시행일)
이 법은 1998년 5월 1일부터 시행한다.

제2조 (일방해지에 관한 경과조치)
이 법 시행당시 종전의 제32조제3항의 규정에 의하여 단체협약을 일방해지한 경우에는 종전의 규정에 의한다.

제3조 (권한변경에 따른 경과조치)
①이 법 시행당시 종전의 규정에 의하여 노동부장관이 행한 신고증의 교부·명령 기타의 행위(연합단체인 노동조합과 2 이상의 특별시·광역시·도에 걸치는 단위노동조합 외의 노동조합에 관한 사항에 한한다)는 이 법에 의한 특별시장·광역시장·도지사가 행한 행위로 본다.
②이 법 시행당시 종전의 규정에 의하여 노동부장관에 대하여 행한 신고·신청 기타의 행위(연합단체인 노동조합과 2 이상의 특별시·광역시·도에 걸치는 단위노동조합 외의 노동조합에 관한 사항에 한한다)는 이 법에 의한 특별시장·광역시장·도지사에 대하여 행한 행위로 본다.

부칙 <제6456호, 2001.3.28>

① (시행일) 이 법은 공포한 날부터 시행한다. 다만, 제13조의 개정규정은 공포후 6월이 경과한 날부터 시행한다.
② (다른 법률의 개정) 법률 제5727호 교원의노동조합설립및운영등에관한법률 부칙 제2항중 "2001년"을 "2006년"으로 한다.

부칙(방위사업법) <제7845호, 2006.1.2>

제1조 (시행일)
이 법은 공포한 날부터 시행한다. <단서 생략>

제2조
내지 제14조 생략

제15조 (다른 법률의 개정)
①및 ②생략
③노동조합및노동관계조정법 일부를 다음과 같이 개정한다.
제41조제2항중 "방위산업에관한특별조치법"을 "「방위사업법」"으로 한다.
④내지 ⑦생략

제16조
생략

부칙 <제8158호, 2006.12.30>

제1조 (시행일)
이 법은 2007년 7월 1일부터 시행한다. 다만, 제42조의2 내지 제42조의6, 제43조제3항·제4항, 제62조제3호, 제71조, 제74조, 제75조, 제89조제1호(필수유지업무에 대한 쟁위행위의 제한에 관한 부분에 한한다)의 개정규정은 2008년 1월 1일부터, 제81조제2호의 개정규정은 2010년 1월 1일부터, 법률 제5310호 노동조합및노동관계조정법 부칙(법률 제6456호 노동조합및노동관계조정법중개정법률에 따라 개정된 내용을 포함한다) 제5조제1항·제3항 및 제6조제1항의 개정규정은 2007년 1월 1일부터 시행한다.

제2조 (필수유지업무 도입을 위한 준비행위)
노동관계 당사자 또는 노동위원회는 필수유지업무의 도입을 위하여 필요한 다음 각 호의 사항에 대하여는 이 법 시행 전에 할 수 있다.
1. 필수유지업무협정의 체결2. 제42조의4제2항의 결정

제3조 (권한변경에 따른 경과조치)
①이 법 시행 당시 종전의 규정에 따라 특별시장·광역시장·도지사가 행한 신고증의 교부, 명령 그 밖의 행위(2 이상의 시·군·구에 걸치는 단위노동조합 외의 노동조합에 관한 사항에 한한다)는 이 법에 따른 특별자치도지사·시장·군수·구청장이 행한 행위로 본다.
②이 법 시행 당시 종전의 규정에 따라 특별시장·광역시장·도지사에 대하여 행한 신고·신청 그 밖의 행위(2 이상의 시·군·구에 걸치는 단위노동조합 외의 노동조합에 관한 사항에 한한다)는 이 법에 따른 특별자치도지사·시장·군수·구청장에 대하여 행한 행위로 본다.

제4조 (필수공익사업의 조정사건에 관한 경과조치)
부칙 제1조 단서의 규정에 따른 제62조제3호, 제71조, 제74조 및 제75조의 개정규정의 시행 전에 노동위원회에 신청한 필수공익사업에 대한 조정사건에 대하여는 종전의 규정에 따른다.

제5조 (벌칙에 관한 경과조치)
이 법 시행 전에 행한 행위에 대한 벌칙의 적용에 있어서는 종전의 규정에 따른다. 다만, 제42조제3항의 규정에 따른 명령에 위반한 행위에 대한 벌칙의 적용에 관하여는 그러하지 아니하다.

부칙 <제9041호, 2008.3.28>

이 법은 공포한 날부터 시행한다.

색 인

노동법 I (집단노동관계법)

유각근 지음

초판 인쇄 | 2009년 8월 25일
초판 발행 | 2009년 8월 27일

펴낸곳 | 선문대학교 출판부
336-708 충남 아산시 탕정면 갈산리 100
전화 041-530-2827, 팩스 041-530-2979
등록 | 1998년 9월 25일 (제9호)
펴낸이 | 김봉태

ISBN | 978-89-8423-657-8 정가 20,000원